라티노/라티나

Latino/Latina

이 저서는 2008년도 정부(교육과학기술부)의 재원으로 한국연구재단의 지원을 받아 연구되었음(NRF-2008-362-B00015).

이 도서의 국립중앙도서관 출판시도서목록(CIP)은 서지정보유통지원시스템 홈페이지(http://seoji.nl.go.kr)와 국가자료공동목록시스템(http://www.nl.go.kr/kolisnet)에서 이용하실 수 있습니다(CIP제어번호 : CIP2013007568)

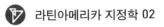

라틴아메리카 지정학 02

라티노 / 라티나

혼성문화의 빛과 그림자

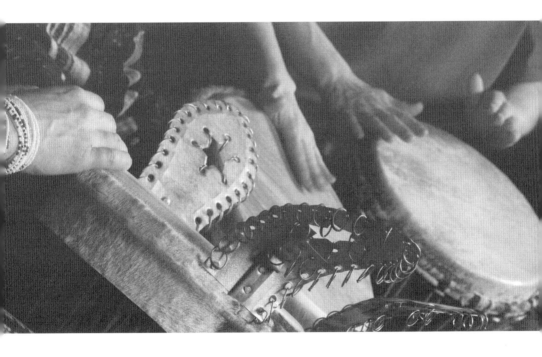

서울대학교 라틴아메리카연구소 ┃ 기획 김현균·이은아 엮음

한울
아카데미

라티노/라티나
혼성문화의 빛과 그림자

한동안 미국 대선이 중요한 시사 이슈로 대중매체에 자주 오르내렸다. 라티노의 표심을 잡고자 하는 대선 주자들의 이야기 또한, 이제는 우리에게 낯설지 않다. 대선 이후 라티노 유권자의 정치적 성향과 선거 결과의 관계에 대해 분석하는 기사들이 쏟아졌다. 이렇듯 5,000만 명이 넘는 라티노 인구는 막강한 정치적 파워와 소비구매력으로 인해 이제 단순히 제1의 소수인종으로 부상했다는 인구학적 의미뿐 아니라 미국의 미래상을 변화시키는 국가 구성적 잠재력을 지녔다는 점에서 학계 안팎의 지대한 관심을 끌고 있다.

라티노 혹은 히스패닉은 사실상 누구를, 어느 시점에서 지칭하는지부터가 논의의 대상이다. 미국 남서부지역 태생의 멕시코계 미국인에서부터 최근의 불법 이민자까지 그 스펙트럼이 다양한 만큼 자타가 규정하는 정체성 또한 매우 복잡하고 혼란스럽다. 역사적으로 오랜 기간 소외계층에 속한 데다 부시 행정부에서 재차 강화된 불법 이민자에 대한 통제와 국경지대의 군사화로 라티노를 바라보는 시선이 그다지 곱지 않다. 그러나 라틴아메리카 출신 불법 이민자에 대한 경계 어린 시선과 행정적 조치에도 단순일용직, 서비스직, 저임금 고용직에 종사하는 이들의 노동력은 미국 경제에 필수적이다. 이 책에서도 다룬 히스패닉의 도전에 대한 새뮤얼 헌팅턴(Samuel Huntington)의 비판이 참으로 무색할 지경이다.

한동안 라티노 정체성에 대한 논의로 한창 학계가 뜨거웠지만 최근에는 연구 초점이 선회하거나 분산되는 양상을 보이고 있다. 1980~1990년대에는 지배층의 정형화된 범주화가 초래한 정치적 무시와 인식적 경멸에 도전하기 위해 각 출신국에 근거한 문화적 정체성을 드러내는 데 역점을 두었지만, 최근 20여 년간은 범라티노적 혹은 탈국가적 정체성의 구현을 탐구하는 데 더 주목하는 듯하다. 물론 마이애미의 쿠바인, 필라델피아나 뉴욕의 푸에르토리코인, 로스앤젤레스나 시카고의 치카노라는 도식을 지닌 문화민족주의의 기반이 여전히 건재하다. 그러나 이제 범라티노적 정체성의 정치적·문화적 잠재력을 탐구한다는 말은 특정 민족이나 지역과의 관련을 넘어 범라티노적 공동 연대를 현실 속에서 형성하고 있다는 근거가 될 것이다.

이 책은 서울대학교 라틴아메리카연구소가 펴내는 지정학연구시리즈 제2권으로 기획되었다. 제1부와 제2부에 실린 글들은 ≪누에바 소시에다드(Nueva Sociedad)≫ 201호(2006년 라티노 특집호)에서, 그리고 제3부의 두 편은 2011년 다른 호(233, 236호)에서 취했다. 2005년 사건과 자료를 토대로 작성된 글들의 경우, 특정 사건과 별개로 여전히 시의성을 지닌다 하더라도 수치화된 데이터는 현재와 상당한 차이를 보인다. 원문의 출처와 작성 동기 등도 제각각이어서 내용상 불균형적이라는 느낌을 지울 수 없다. 정치·문화비평, 문학 논문, 개인 르포 같은 글에서부터 보고서나 발표문에 이르기까지 형식 또한 다양하다. 두어 편의 글은 번역상 어려운 문구들을 포함하고 있어 가독성이 다소 떨어지는 것 또한 사실이다.

세계화의 흐름 속에서 탈민족적·탈국가적·탈경계적 상황을 맞고 있는 한국사회의 뿌리 깊은 폐쇄적 민족주의와 타자성, 다문화주의 논의에서 다양성과 혼종성을 본질로 하는 라티노 사회는 분명히 의미 있는 참조가 될 수 있을 것이다. 그러나 현재 우리나라에는 라티노 관련 학술 서적이

미비하고 학문적 성과도 문학비평과 과거의 정치적·역사적 흐름을 논하는 연구에 한정되어 있다. 이런 측면에서, 이 책은 라티노 연구 동향에 대한 개괄적 소개서로서 나름의 의미를 가질 것이다. 비록 대부분의 글이 간략한 논문 형태를 띠고 있지만, 그동안 축적된 다양한 연구 패턴을 일별할 수 있기 때문이다. 라티노 연구는 학제적 연구의 특징을 강하게 지니고 있고 연결된 두 공간을 다루고 있을뿐더러 대상 또한 혼종적이기 때문에 다른 분야에 비해 상당히 유연하고 자유롭다. 이주, 이민, 식민성, 문화, 도시, 라틴아메리카와 미국과의 국제관계도 라티노 연구의 중요한 관심사들이다. 이 책에 실린 글들은 개별 민족적 흐름과 더불어 라티노 사이의 대화적 관계를 다루고 있고 학계의 관심을 받고 있는 주제와 최근 유행하는 방법론을 포함하고 있기 때문에 흥미를 가질 만하다. 그러나 미국의 라티노 연구가 매우 분화된 까닭에 시의적이면서 구체적인 내용을 다루는 경우, 사전 지식 없이는 이해에 다소 어려움을 겪을 수 있다는 점을 미리 밝혀둔다.

이 책은 3부로 구성되어 있다. 제1부는 라티노의 이민과 성장이 촉발시킨 정체성 문제를 고찰한 글들로 묶었다. 미국 주류 사회든 주류 문학이든, 라티노가 지닌 다양성·혼종성·다문화성과 관련한 논의를 펼치고 있기에 이에 관한 논쟁을 두루 살펴보는 글들을 택했다. 제2부에서는 대도시 내 라티노 공동체의 확산과 특히, 음악을 통해 탈국가적 흐름을 형성해온 이들의 문화적 저력과 적응력을 다룬 글들을 묶었다. 제3부에서는 미국-멕시코 국경과 이민 문제를 살핀 사회학적 보고서 형식의 글들과 이를 주제로 한 문학적 내용의 글들을 엮었다.

내용을 구체적으로 살펴보면, 1부의 「내부의 적: 헌팅턴과 '라티노의 침범'」은 헌팅턴의 저서 『새뮤얼 헌팅턴의 미국(Who Are We?)』에 대한 비판적 주해다. 헌팅턴은 이 책에서 미국적 정체성에 대한 위협으로 히스패닉의 도전을 지목하고, 하나의 정체성을 지향하는 미국에 다문화주의나 소규모 정체성은 위험하다고 주장한다. 이는 그가 단순하게 내부의 적을 겨냥한 희생주의 수사학에 기대고 있기 때문이다. 라티노의 이민은 21세기에 일어난 전 세계적 현상의 하나로 이런 왜곡된 호전적 문화주의 관점은 정체성 논의 자체가 얼마나 정치적 목적을 배후에 두고 있는가를 여실히 드러내 준다.

「단일한 혹은 다양한 정체성? : 문화, 세계화 그리고 이주」는 중미 엘살바도르 출신 라티노 이민자들의 삶을 상세히 고찰한 글이다. 저자는 세계화와 대규모 이주를 통해 현재 라티노들이 범라티노성을 형성해 가는 것은 사실이지만, 이러한 단일한 논점이 특정한 종족적 정체성에는 여전히 문제적일 수 있다고 주장한다. 엘살바도르 이민의 흐름을 이끌어 낸 국내적 요인과 정치적 성향, 경제적 송금, 문화적 교류, 범죄적 현상 등을 면밀히 살피면서 '엘살바도르성'이 다른 종족적 성향과 차별화되는 부분을 규명한다.

「문학, 이종성 그리고 탈국가적 이주」는 루벤 마르티네스(Ruben Martinez)의 『국경 넘기(Crossing over)』라는 텍스트의 독해를 통해 라티노 문학이 상정하는 두 가지 가정을 제시한다. 비유럽 출신의 신식민적 존재인 라티노 이민자들에 대한 이해를 도모하면서 그들 문학의 새로운 지향성을 시사하고 있다. 라티노 문학은 본질적으로 이종성을 내포하기 때문에 미국의 국가 문학 내에서 문화적·언어적 번역의 불가피성을 노출시키며 민족주의적인 것의 의미를 확대·변화시킨다. 저자는 미국 대도시 독자들에게 낯선 이민자의 상황을 전달해야 하는 절실함으로 인해, 라티노 문학은 허구적 텍스트의 문화적 잠재력을 혁신함으로써 세계화 시대 속에서 민족 문학의 가능성을 재형상화할 수 있다고 주장한다.

제2부에 실린 「바리오의 크레올 문화: 카리브 디아스포라의 뿌리와 도

전」은 뉴욕 디아스포라와 카리브 섬 주민 사이의 문화적 교류를 통해 탈국가주의적 문화가 창조적으로 형성되어 이동하고 있음을 보여준다. 이 글은 일방적으로 섬 문화가 디아스포라에 이식되는 방식이나 메트로폴리스 중심의 문화적 패권이 위계적으로 작동하는 방식 둘 다에 대해 도전하고 있다. 저자는 살사, 힙합, 메렝게 등의 카리브 음악을 실례로 들면서 쌍방향의 문화 창출이 빚어내는 역동적 변화를 역사적으로 추적하고 있다. 이런 변화의 산물이 바로 뉴욕 바리오 크레올 문화의 탄생이라고 역설한다.

「제니퍼 로페스의 엉덩이」는 라티나 신체를 가치화한 장본인으로 세계적인 가수이자 배우인 제니퍼 로페스를 지목하면서, 이른바 후위 인식론인 '엉덩이 미학'에 대해 논하고 있다. 로페스는 영화 <셀레나>에서 고인이 된 치카나 가수 셀레나 킨타니야를 연기하면서 미국 대중문화 속에 화려하게 부상했는데, 당시에 전략적으로 신체적 유사성에 근거한 범라티노적 동일시를 선택했다. 저자는 로페스가 큰 엉덩이에 대해 자부심을 갖고 공적으로 언급한다는 사실 자체가 인식론적·문화적 맥락에서 도전적인 힘을 지닌다고 강조하면서, 라티노의 정체성을 규정하는 데 이것이 어떻게 대중적으로 점유되는지를 밝힌다.

「바리오를 넘어: 플로리다 지역의 푸에르토리코인 디아스포라」는 쿠바인이 다수를 점했던 플로리다에서 제2의 히스패닉 인구로 부상한 푸에르토리코인들의 지정학적 위치에 대해 고찰한다. 이로써 라티노가 과거의 전통적 밀집 지역을 벗어나 분산되는 현상이 그들의 정체성 및 사회적·경제적 발전에 어떤 영향을 가져오는지 밝히고 있다. 플로리다로의 이주 원인, 직업 구성, 경제적 위치, 인종적 인식, 정치적 성향, 문화적 변화를 중심으로, 대도시의 푸에르토리코 대규모 이민자 이동이 가져올 정치적·문화적 파장과 라티노 전체에 미칠 정체성 변화를 가늠해본다.

「뉴올리언스, 카리브가 침투할 수 있는 북쪽 끝」은 1995년 뉴올리언스를 강타한 허리케인 카트리나가 야기한 도시 파괴로 인해 본격적으로 가시화된 인종적·종족적 문제를 다룬다. 이 도시의 라티노성을 역사적 관점에서 점검하면서 새로운 라티노 이민자의 유입으로 시작된 인종 논쟁을 소개하고 있다. 흑인 노예 유입의 예외성, 프랑스와 스페인의 식민 역사, 카리브 유역이라는 지리적 위치로 인해 도입된 바나나 플랜테이션 제도 등의 복합적 요인에 의해 뉴올리언스는 예외적 도시가 되었다. 그러나 허리케인을 통해 미국 민주주의 정치의 위선과 허상이 드러났고 동시에 도시의 재라티노화로 인해 배제와 소외의 역사가 다시 되풀이될 수 있다고 지적한다.

제3부의 「멕시코 북부 국경 지역이 이민과 범죄에 미치는 작용의 변화와 악순환」은 2011년 5월 라틴아메리카연구소 석학 강좌에 초청된 미국 텍사스 대학교 오스틴캠퍼스 사회학과의 브라이언 로버츠 교수의 발표문이다. 1990년대 초까지 통합된 미국-멕시코 국경의 경제, 멕시코 경제의 붕괴로 야기된 21세기 초 월경, 이주에 의한 극적 변화, 재국경화에 따른 이민 정책의 역할, 멕시코에서 범죄와 폭력의 증가에 따라 국경 이동과 소통이 어려워진 현실 등을 사회학적으로 고찰하고 있다. 수십 년의 시기를 거쳐 탈국경화에서 재국경화로 이행하는 사회적·경제적 요인들을 분석하면서 국경의 의미와 역할에 대해 탐구한다.

「멕시코 이민과 미국에서의 논쟁: 티파티(Tea Party) 운동의 그늘에서」는 보수주의적 정치 지향성을 지닌 티파티 운동에 대한 설명으로, 그들의 주장과 우파적 성향, 이민과 관련한 편견과 정치적 입장을 소개한다. 저자는 그들의 입장을 논박하기 위한 자료로 멕시코 이민의 지형도 변화, 인구 수, 유권자 수 등의 구체적인 데이터를 제시함으로써, 이민자들이 미국 국가 경제에 공헌하는 긍정적 효과를 강조하고 있다. 통합 이민 정책이 미국 경제에 가져올 우호적 가능성을 논하지만 정당들의 정치적 손익 계산 때문에 쉽지 않을 것이라는 회의적 전망을 내놓는다. 멕시코 내부의 이민법 문제에 대한 의식 개선, 이민에 대한 양국 간의 상호보완적 관계 개선, 인구 이동과 노동시장에 대한 협정 개선 등을 제안하고 있다.

「포스트모던한 플라타노의 트루히요: 주노 디아스의 『오스카 와오의 짧고 놀라운 삶』, 맥콘도(McOndo)보다 마콘도(Macondo)에 더 가까운」은 캘리포니아 대학교 머시드캠퍼스의 이그나시오 로페스-칼보 교수가 주노 디아스의 2008년 퓰리처 수상작 『오스카 와오의 짧고 놀라운 삶』에 대해 쓴 문학비평이다. 2009년 ≪안티포다스(Antípodas)≫ 20호에 실린 글로 소설에 나타난 마술적 사실주의의 영향과 '토착 정보원'이라는 문화적 번역자의 성격에 대해 논의하고 있다. 이 소설은 현재 뉴저지에 거주하는 도미니카공화국 출신의 이민자 2세대 주인공과 주변인들, 과거 도미니카공화국의 부모, 조부모의 삶을 이야기하면서, 트루히요의 영향력이 그들의 일상 속에 건재함을 유머러스하게 드러낸다. 이 작품에 구현된 독재상이 불가피하게도 초자연적·신화적 요소에 의존하기 때문에 작가의 부인에도 불구하고 마술적 사실주의라는 문학적 전통에 상당 부분 빚지고 있음을 주장한다.

「베이비, 네가 싫다 해도 어쩔 수 없어!: 국경 르포— 젖과 꿀이 흐르는 땅인가, 공포의 땅인가」는 텍사스의 샌안토니오 시에 사는 사람들에 대한 크로니카적 성격의 글이다. 멕시코의 크로니카는 장르상 신문의 시사성과 문화비평적 성격을 지닌 일종의 연대기로서 냉소와 유머를 특징으로 한다. 르포 형태를 띤 이 글 또한 이 도시에서 복잡한 애정관계를 맺고 있거나 단순히 안면이 있는 라티노들의 생생한 삶의 목소리를 전해준다. 라티노 혈통을 지닌 프랭크, 테노츠, 비키와 그들을 둘러싼 사람들은 이주자, 불법 이민자, 전통적으로 이 지역에 거주했던 치카노들이다. 이들이 서로 얽히면서 빚어내는 소소한 일상, 고민과 갈등, 고통을 신랄하면서 가벼운 필치로 그리고 있다.

「'저쪽'에서의 나의 인생」은 멕시코 출신 라티나 여성 작가인 레이나 그란데가 2011년 4월 인천에서 열린 제2회 아시아·아프리카·라틴아메리카(AALA) 문학포럼에서 발표한 짧은 글이다. 레이나 그란데는 미국 도서상, 아스틀란문학상, 라티노우수도서상 등을 수상한 젊은 작가로서 불법 월경과 이민이라는 자전적 경험을 담은 호소력 짙은 소설을 창작하고 있다. 이 글을 통해서 미국으로 떠나간 부모와 고향에 남겨진 자식들, 본인의 밀입국 경험을 중심으로 가족사와 작가로서의 경력을 단편적으로 들려준다. 그란데는 소설 창작을 통해 이민자가 겪는 두려움, 원한, 분노, 좌절을 토로할 수 있었고 작가로서의 사명감 또한 분명해졌음을 진솔하게 밝히고 있다.

앞서 언급한 것처럼 이 책은 라틴아메리카연구소의 지정학 시리즈 기획에 포함되어 세상 빛을 볼 수 있게 되었지만, 또한 2009년도 정부재원(교육과학기술부 인문사회연구 역량강화 사업비)으로 한국연구재단의 지원을 받은 연구과제 '탈민족주의 시대의 라티노 정체성 연구'(NRF-2009-32A-A00170)의 후속연구이기도 하다. 이 연구과제에 참여한 두 편자와 강성식 박사가 또다시 후속연구를 기획하게 된 것은 라티노 문제가 미국과 라틴아메리카에서 매우 뜨거운 관심사인 데 반해 국내 연구는 아직 미진하기 때문이다. 모쪼록 이 책이 일반 독자들에게는 라티노 사회에 대한 폭넓은 이해의 장을 제공하고, 학문의 후대에게는 미약하나마 학문적 길라잡이 역할을 할 수 있기를 바란다. 마지막으로 글을 번역하느라 땀 흘린 동학들에게 이 자리를 빌려 진심으로 감사의 뜻을 전한다. 또한 교정 작업에 도움을 준 라틴아메리카연구소의 최수진 조교에게도 고마움을 표하고 싶다.

김현균·이은아

제2부 라티노 도시와 문화적 확장

표·그림 차례

제1부
라티노 이주와 다문화적 정체성

제1장

내부의 적

헌팅턴과 '라티노의 침범'

페르난도 에스칼란테 곤살보 _강성식 옮김

미국의 정체성 규정을 다루고 있는 새뮤얼 P. 헌팅턴(Samuel P. Huntington)의 최근 책은 특히 하나의 징후라는 면에서 흥미를 끈다. 그것은 공고하고도 공존 불가능하며 적대적인 문화정체성이라는 용어로 세상을 파악하는 미국 보수주의자들 간의 지배적인 견해가 내포한 풍토의 한 징표다. 그중 가장 주목할 만하고 가장 잘 알려진 사실은 이슬람이 서구의 적이라는 전형성을 구축한 일이다. 헌팅턴의 책은 위험한 문구에서 바로 그 적을 내부에서, 구체적으로는 라틴아메리카 이민자들, 특히 멕시코인들에게서 찾고 있는데, 그의 주장에 따르면 그들은 동화될 수 없고 따라서 미국의 안전에 대한 위협을 상징하는 자들이다.

페르난도 에스칼란테 곤살보 Fernando Escalante Gonzalbo 사회학 박사. 콜레히오 데 멕시코 대학교 국제연구소 교수. 주요 저서로 *Ciudadanos imaginarios*(El Colegio de México, 1992), *Una idea de las Ciencias Sociales*(Paidós, 1999), *La mirada de Dios. Estudio sobre la cultura del sufrimiento*(Paidós, 2000), *Otro sueño americano, Entorno a ¿Quiénes somos?, de Samuel P. Huntington*(Paidós, 2005) 등이 있다.

* 이 글은 ≪Nueva Sociedad≫ 201호(2006년 라티노 특집호)에 실린 글을 옮긴 것이다.

1. 들어가며

어느 집단과 관련해서든 정체성 문제라면 무궁무진하게 말할 수 있다. 그것은 항상 혼란스럽고 논쟁거리이며 다루기 어려운 주제인데, 그 자체가 다른 것보다 복잡하기 때문이 아니라 정체성은 가상의 규정이라는 성향이 있고 그 구성에 어떤 것의 도움이라도 다 받을 수 있기 때문이다. 문제는 "정체성에 대해 이야기하는 것은 정치를 하는 것이다"라는 한 문장으로 요약된다. 그 의도가 알려지건 아니건 혹은 그런 의도를 통해서 한 일이건 아니건 간에 어떤 정체성을 표명하고 규정하며 옹호하는 일은 가장 근본적인 의미의 정치를 하는 것이다. 즉 핵심은 우리를 타인들로부터 분리시키는 어떤 것, 우리를 타인들과 다르게 만들어주는 그 무엇을 설정하는 문제다. 정체성은 언제나 전략적 요충지, 즉 경계가 중요한 지역에서 규정된다. 그 사실 자체가 나쁜 것은 아니지만 명확히 해둘 필요는 있다.

집단 정체성치고 당연하다거나 결정적인 것은 없다. 종교, 언어, 법률 등에 기초해 여러 가지가 제시될 수 있으며, 그 각각은 상이한 무리 짓기를 의미한다. 모두가 근소하나마 사실을 담고 있거나 최소한 어느 정도는 그럴듯하다. 하지만 또한 모두가 눈속임이기도 한데, 우리가 그들, 즉 타인들과 공유하고 있는 것 중 무언가를, 아마도 많은 것을 누락시키거나 우리들 사이에 존재하는 모든 혹은 대부분의 차이를 단번에 덮어버리기 때문이다. 우리 스스로 아메리카인, 라틴아메리카인, 멕시코인, 원주민, 오토미족이라고 여기는 것이 기독교인, 좌익 혹은 노동자라고 느끼는 것보다 더 자연스럽지도 그렇다고 더 명확하지도 않다. 한 개인에게 본질적으로 딱 들어맞는 것은 그중 단 하나도 없다. 바로 그 허망함이 호전적인 방식으로 정체성을 규정하도록 만들고 그러면 그럴수록 그들과 우리 사이의 경계는 논란거리가 된다.

내 말 중 새삼스러운 말은 한마디도 없다. 본질적으로 모든 정치는 정체성의 정치라 할 수 있다. 가령 소비자, 공급자, 시민 등의 개인적 이익 문제에 한해 따지는 경우에도 결국 그 유효성은 개인들이 스스로를 실제 소비자, 공급자, 시민으로 인식하느냐에 달렸다. 하지만 내 관심사는 그것이 아니라 인종적·민족적·종교적 정체성 틀, 즉 삶의 방식, 존재 방식을 구성하는 근본적이고 고정불변인 특징을 내세우고 전제하는 문화정체성 틀을 염두에 두는 최근의 경향이다. 그 경계가 완벽히 명확하며 객관적이고 논쟁의 여지가 없는 실재로서의 공고한 대상으로 생각되고 형상화되는 정체성 말이다. 지난 세기의 1930년대에서 빌려 왔음 직한 어법으로 너무나 태연자약하게 문명이니 민족성이니 문화니 떠드는 말들이 들려오고 있는데, 그 어법이 지금도 성공을 거두고 있다. 거기에 무슨 대단한 신비가 있는 것도 아닌데, 실제적이고 실체가 있는 공동체의 일부로 느끼는 일이 매력적이듯, 전형을 통해 생각하는 것은 아주 단순하다.

비극적으로 보자면, 문화정체성과 관련된 그 새로운 붐은 계몽주의적 이상의 쇠퇴를 가리키는 것일 수 있다. 사실이다. 그것 역시 바로 그 이상들, 즉 권리의 평등이니 대중의 주권이니 하는 것들에서 나온 예상치 못한 부산물이다. 어쨌든 지극히 정당하게도, 그것은 우리 시대의 주제이다.

2. 예기치 못한 (출판) 실패의 연대기

새뮤얼 헌팅턴 교수는 특히 한 가지 표현으로 최근 문화 풍토에 기여해왔는데, 그에게 행운이 되어주었던 '문명의 충돌'이라는 표현이다. 그의 최근 책『새뮤얼 헌팅턴의 미국(Who are we?)』은 그 전작들만큼이나 아주 선풍적이고 인기 있을 것으로 기대되었으나 그렇지 않았다. 다른 책들만큼 쉽사리 여론을 끌지는 못했다. 그 책은 미국의 정체성에 대한 연구로 학술 논문과 선동 문학, 길거리 선전물 양식의 혼합이라는 동일한 방식으로 쓰였다. 그의 다른 책들과 비교할 때, 그 책은 거의 이목을 끌지 못하고 지나갔다. 더 낫지도 더 못하지도 않으며 대중성이 부족하지도 않고, 그저 운이 없었던 것으로 보인다. 아마도 역시 정체성 수사학의 기본적 취약성이 문제인 듯한데, 그들을 하나의 전형으로 묘사하고 환원하는 방식이 우리 자신에 대해 정의하는 방식에 비해 지나치게 단순하다.

헌팅턴은 미국의 지적 '스타 시스템'의 대단한 명사들 중 한 명으로 하버드 대학교 교수이며, 그 대학교 국제연구소 소장이다. 특히 책 출간으로 두각을 나타냈는데, 완전히 선동적인 책이라고 하는 것이 지나치다면, 다수 대중을 향한 책이며 미국인들의 여론에 상당한 자극을 가한 책이라는 점만큼은 분명한 사실이다. 그는 그 나라 보수주의 내에서 가장 저명한 인사들 중 한 명이고, 일방적 대외정책 결정 찬성자이고, 당연하게도 국제형사재판소는 물론 여타 유엔기구 체제의 반대자이기도 하다. 몇몇 소수가 그랬듯, 그 역시 이슬람을 '서구 문명'의 화해 불가능한 적으로 규정하는 데 기여했고, 2001년 9월 11일 테러 이후에는 미국 정체성을 방어하려는 엄청난 양의 변론을 쏟아내 왔다.

이 책은 그 결과물이자 기존 책들의 논리적 귀결이다. 서문에 따르면 이 책은 애국주의적인 의도로 쓰였는데, 그 목적은 '문명의 충돌'이라는 맥락에서 미국식 가치를 회복시키는 것이다. 헌팅턴이 우려하고 있는 것은 미국 문화의 타락이며, 정체성이 상실되어 사라질지도 모른다는 위험성도 포함된다. 그의 생각에 따르면 미국 문화는 18세기 말에 형성되었고, 그의 가치관이나 정의에 의하면 그것은 백인, 영국인, 프로테스탄트 문화이며, 나중에 건너왔으면서 백인도, 영국인도, 프로테스탄트도 아닌 사람들은 그 문화에 동화됨으로써 미국인이 되기 위해 온 것이다. 하나의 캐리커처처럼 보일 수도 있으나 그렇지 않다. 저자 자신만의 말로 하는 저자 자신만의 주장일 뿐이다.

　책의 절반은 미국 문화를 묘사하고 설명하는 데 할애되고 있고 또 다른 절반은 우리 시대 미국이 직면한 위험들에 대해 다루고 있다. 한편으로는 부평초 같은 엘리트, 즉 미국식 가치들을 경시하는 일부 엘리트들의 위협을 지적한다. 고위 공무원, 기업 경영인, 신흥 부유층이 그들로, 그들은 일반 서민들과는 생각도 감정도 공유하지 않는 것을 신분 차이의 표현으로 받아들이고 스스로를 세계주의자이자 지성인이라고 여긴다. 또 다른 한편으로는 스페인어권 국가들 출신, 특히 멕시코 출신 이민자들의 위협을 규정한다. 후자가 가장 근본적인 주제, 즉 헌팅턴이 가장 우려하는 주제라고 받아들일 만한 이유들이 있는데, 거기에 할애하고 있는 많은 분량, 일부 묘사에 나타나는 섬뜩한 어조, 그가 말하는 전형적인 '히스패닉' 혹은 멕시코인들의 참으로 사악한 특색 때문만이 아니라 책에 대한 사전 홍보로 잡지 ≪포린 폴리시(Foreign Policy)≫에 발표한 글의 제목이 다름 아닌 「히스패닉의 도전(El desafío hispano)」[1]이었기 때문이기도 하다. 책은 바로 그 문제를 다루고 있고, 그것이 바로 그가 긋고 싶은 경계선인 것이다.

　학문적인 견지에서 보자면, 헌팅턴의 텍스트는 완전히 무방비 상태이다. 개념적·방법론적 재앙이며 아주 어처구니없고 그 자체로 진지하게

---

1) <www.fp-es.org/abr_may_2004/story_2_6.asp>에서 볼 수 있음.

논의할 가치조차 없다. 어떤 경우에는 그의 논증 전략이라는 것이 우스 꽝스럽기도 한데, 예를 들어 지적해볼 만한 내용은 18세기 미국 사회는 거의 전적으로 백인, 영국인, 프로테스탄트 사회였다는 주장이다. 그래 서 그는 아주 몹시도 깔끔하게 당시에 400만 명의 주민이 존재하고 있었다고 계산함으로써 원주민과 100만 명에 이르는 아프리카 출신 노예들을 배제해버리는데, 그들은 구성원으로 볼 수 없기 때문에 계산 에 넣지 않았다. 나머지는 방식 문제다. 그렇다고는 해도 특히 하나의 징후, 지표라는 면에서 흥미를 끈다.

지극히 현시적인 것이 또 있다. 바로 그 책에 대한 비판 대부분이 그 책만큼이나 개탄스럽다는 점인데, 왜냐하면 모두가 그와 동일한 개 념을 염두에 두고 있었기 때문이다. 거의 모든 비평이 동일한 관점, 우리가 말하는 이른바 호전적 문화주의 관점을 취하고 있다. '민족성'에 대한 전형성과 환상에 근거하고 있는 관점 말이다. 다들 그의 가치 평가를 뒤집어 라틴아메리카인들이나 멕시코인들의 잘난 장점을 부각 시키는 데에만 정신이 팔려 있다. 즉 논쟁이 '문명의 충돌'의 구구절절 한 각색이 되고 만 것인데, 정체성을 본질적이고 객관적인 그 무엇으로 받아들이면서 정체성 관련 논쟁을 벌일 때마다 흔히 벌어지는 일이다.

3. 문화주의의 역설

헌팅턴의 책은 주제 면에서도 논증 방식 면에서도 전혀 새롭지 않다. 정반대로 20세기 마지막 몇십 년 동안 정치 논쟁의 대부분을 주도했던 '정체성 분화'라고 칭할 만한 것의 일부를 형성하고 있다. 당시에는 지구 모든 곳에 문화적 모욕, 차별적이거나 몰인식적인 정체성, 강한 소속감, 인종의식, 민족의식, 문명의식 등이 존재했다. 유럽에는 해묵은 그리고 새로운 민족주의가 있었는데, 세르비아, 크로아티아, 체코, 바스크, 아일랜드, 코르시카가 그랬으며, 마찬가지로 라틴아메리카에는 새로운 원주민주의와 그것의 모든 변형이 있었고, 이슬람 통합주의, 기독교-서구 통합주의, 미국 소수자 정체성 운동의 폭발적인 번성이 있었다.

관심을 끄는 것은 헌팅턴이 '다문화주의'에 대해 보이는 적개심, 다문화주의를 반서구적 이데올로기이자 미국 타락의 결정적인 요소라고 비난하는 데 할애한 분량이다. 특히 관심을 끄는 이유는 그의 논리전개와 그의 모든 혼란스러운 개념적 장치가 바로 거기에서 비롯되기 때문이다. 과거 그의 '문명의 충돌' 견해는 문화주의적이었고 미국 정체성에 대한 지금의 생각도 문화주의적이다. 그는 거대하고 덩치 큰 권역을 선호하지만 그의 표현 방식은 세르비아 민족주의자, 이슬람 통합주의자, 미국 내에서 '히스패닉' 정체성을 옹호하는 투사들의 방식과 동일하다.

다시 말하지만 새로운 말은 없다. 정체성 분화는 소련권의 붕괴로 중부 유럽과 코카서스 민족주의가 분출하면서 정점에 달했다. 그것은 더욱 먼 곳으로부터 왔고 또한 다른 기원들도 갖고 있다. 한편으로는 여성주의, 특히 미국 내 소수자 보호 운동의 변형에 영향을 미쳤다. 1960년대의 투쟁은 시민권을 향한 것이었고, 1980년대에는 새로운 전략을 채택해서 근본적으로는 이른바 '소수자 배려 정책(acciones afirma-tivas)'을 지향했고, 다름 및 다름의 가치에 대한 호전적 긍정에 기댄 새로운 수사를 채택했다.

이러한 정체성 분화에는 '제3세계주의'라는 새로운 개화도 영향을 미쳤는데, 그것은 대응문화적인(contracultural) 강력한 반향을 일으켜 베를린 장벽 붕괴 이후 그리고 사회민주주의로부터 자유주의로의 선회

이후 갈팡질팡하던 유럽 좌파 진영에서 큰 성공을 거둔 바 있다. 라틴아
메리카 원주민 운동이나 팔레스타인주의는 어떻게 보면 일종의 대안
이데올로기 같은 것을 제공했다. 거기에는 서구식 삶의 방식에 대한
급진적인 비판을 가능케 해주는 장점이 있었지만, 그런 비판이 서구식
삶의 방식에 딱히 남긴 결과는 없었다. 유럽이라는 거울은 유럽 외부의
갈등들에서 정체성과 관련된 요소가 더 강해지도록 만들었다.

　학문적 영역에서는 그 사실이 자유주의자와 공산주의자 간, 자유주의
자와 다문화주의자 간의 논쟁에 반영되었다. 한편에는 보편적 가치와
개인의 권리 같은 계몽주의의 유산을 옹호하는 사람들이 있었고, 다른
한편에는 집단적 권리, 문화 다양성을 찬성하는 파가 있었다. 일반적으
로 아주 혼란스러운 논쟁을 불러일으켰던 흥미로운 사실은 공산주의자
와 문화주의자들의 주장이 근본적으로 자유주의적 전통의 논리적 파생
이었다는 점이다. 즉 개인의 권리 옹호에서 출발했지만 모든 개개인이
고유의 문화 영역 내에서 살고 표현할 권리까지도 포함하고 있었다.
또한 민주주의적 이상을 표준으로 삼았지만 행동에만 한정되는 것이
아니라 도덕적 내용도 가진 민주주의, 즉 각 공동체의 구체적 가치를
표현하는 민주주의였다. 마지막으로 관용이라는 자유주의적 이상에서
출발해 모든 문화들에 대한 동등한 존중 요구로 귀결되었다.

　문화주의자들 주장의 현실적 어려움은 두어 문장으로 설명될 수 있
다. 문화 권리는 정의 그 자체로 집단 권리이지 개인 권리가 아니어서,
흔히 개인을 초월한 집단의 권리 문제를 다룬다. 원주민 대중, 바스크
주민, 이슬람 공동체는 상상의 주체지만 항상 옹호 입장을 펴는 대변인,
대표자, 당국자를 갖고, 그들의 정통성은 정체성으로부터 나오는데, 그
정체성은 그런 인간 집단의 가능한 여러 정체성 중의 하나로 구성원
대다수들에게 반드시 최우선적인 정체성은 아니다. 자신들의 문화 보존

이라는 공동체의 권리는 다른 문화에 예속되지 않도록 지킬 권리를 의미한다. 하지만 또한 그 공동체를 구성하는 개인들의 이탈이나 이단을 금할 권리도 사실상 포함하고 있다.

우리는 이미 보스니아, 바스크 주, 치아파스 원주민들 사이에서 그 실제 결과를 충분히 목격해왔기에 그렇지 않다고 우길 수 없다. 다문화주의가 강압적이고 언제나 비관용적이라는 말이 아니라 현실적인 위험이라는 의미이다. 그런 일이 생기고 있다. 우연한 사고로서가 아니라 그런 의도가 지닌 논리 자체의 결과로서 말이다. 문화적 특색, 역사의 일시적 특색, 향수를 자극하는 특색들의 통합체 같은 것이 선택되고 그래서 어떤 집단이 되었든 그 집단의 '진정한 정체성'에 대한 정의를 내릴 하나의 절대적 가치가 부여된다. 바로 그것을 통해 정치권력에 대한 절대적이고 군말이 필요 없는 정당화가 이루어진다.

그 연장 선상에 헌팅턴의 최근 책들이 그 이름을 올리고 있다. 다문화주의, 소규모 정체성을 향한 그의 증오는 서구 문명, 미국 문화와 같은 거대 정체성 구성이라는 맞은편에서의 대응이다. 간단히 말해 그는 진정한 정체성과 잘못된 정체성이 있다고 전제하고 있다. 『새뮤얼 헌팅턴의 미국』에서 그가 되찾고자 하는 것은 미국의 진정한 정체성, 미국의 진정한 문화인데, 그것은 유일한 실체이고 그 한계는 미국의 정치적 국경과 일치한다.

그는 다문화주의의 정반대 방향에서 복무하는데, 다문화주의는 국가라는 기존 나라 내의 상이하고 심지어는 공존 불가능하기까지 한 다양한 집단을 찾아내지만 생겨나는 방식은 그런 집단과 동일하다. 먼저 결정적인 고유의 본질을 가진 집단 주체의 존재를 상정하고 그 다음에는 완전한 하나의 틀을 가질 때까지, 소속되지 않는 사람들을 규정하기 위해 필요한 모든 특성을 포함한, 역사와 통계의 이삭줍기를 통해 정체성의 특색들을 재구성한다. 문화주의자들의 모든 주장이 그렇듯 헌팅턴의 주장에도 맹목적인 점이 있고, 그 맹목성 안에 그의 정치적 특성이 선명하게 자리하는데, 왜냐하면 합리성에 맞서고 있기 때문이다. 그와 같은 집단 주체, 즉 유일하고 고정불변의 정체성을 가진 주체의 존재에 대한 의심마저 허용이 안 된다. 그 점은 논의하지도 설명하지도 않고 마치 절대적 자명성이라도 되는 듯 당연하게 제시한다.

그렇게 했기에, 즉 미국의 본질, 멕시코인과 히스패닉 등등의 본질이 존재하는 양 기정사실화했기에 그의 논증이 그런 터무니없는 말을 늘어놓을 수 있는 것으로 이해되는데, 왜 터무니없다고 하느냐 하면 논의 전반이 허공을 맴돌기 때문이다.

4. 타락의 수사학

그런 정체성 주장의 논리학을 이해하기 위해 좀 더 되짚어 볼 수도 있다. 그 출발점에는 보편적 가치에 저항하는, 즉 계몽주의에 의해 형성된 인간성의 이상에 저항하는 반응들이 있고, 프랑스 혁명과 나폴레옹 전쟁에 저항하는 반응이 있다. 요지는 '인간과 시민의 권리선언(과 단두대, 공포정치, 나폴레옹 제국)'을 낳은 계약 모델, 즉 개인주의 모델의 대안으로서 더도 말고 사회적 삶과 정치적 행동의 비합리적 토대, 제도를 가로막는 비합리적 토대만큼은 찾아내자는 것이었다. 염두에 둘 사실은 비합리적이지만 근대적 감수성에서는 납득 가능한 토대라는 점과 프랑스 사상의 오염은 피해야 한다는 점이다. 에드먼드 버크(Edmund Burke)가 이를 의도했는데 그는 편견, 즉 전통의 지혜가 가진 근본적 중요성을 발견했다. 또한 문명의 가식 아래에 묻혀 있는 대중의 정신, 그 진정한 본성, 그 특징적 기질을 탐구하기 시작한 낭만주의자들도 그렇게 의도했다. 두 경향 모두 계속 생명을 이어와서 지금까지도 살아 있지만, 납득받기 위해서는 또 다른 언어들을 필요로 해왔다. 구체적으로는 과학적 토대를 찾아야만 했다.

19세기 하반기에는 유럽의 단일성을 입증해줄 광범위한 경계선을 긋기 위해 문헌학에 의지했다. 아주 간단히 말해 보편적 가치가 사실은 보편적 가치가 아니라 전체 인도 유럽인의 유산이라는 점을 설명하려고 애썼는데, 그들은 단일 전통에 속해 있고 셈족과는 어떠한 접점도 갖지 않는다는 것이었다. 인도 유럽인이라는 전제에 도움을 주었던 공론들은 지금도 흥미로운데, 언어적·신화적·고고학적 친연성을 말한다. 결정적인 증거물, 즉 '근원 언어'는 한 번도 나온 적이 없었지만 지금도 일화가 되고 있다. 관심을 끄는 점은 셈족과 인도 유럽인 간의 절대적 차이를 확증할 필요성(정치적 필요성으로 이해된다), 즉 특히 유대인과는 어떤 종류의 친족성도 없었고 또 있을 수도 없다는 생각이다. 오늘날의 우리는 그 같은 관념이 어디로 흘러갔는지 잘 알고 있다. 분명히 바로 그 같은 이유 때문에 거의 언제나 '유대기독교 문명'이라 칭하게 된 것이다. 어쨌든 그 논리가 오늘날의 문화주의 수사학과 동일하다는 사실만은 숨길 수가 없고, 버크나 독일 낭만주의자들의 의도와의 친연성 역시 무시될 수 없다.

생물학, 특히 유전학과 진화론의 발전은 구별을 뒷받침할 새로운 토대를 제공했는데, 19세기 말 자연적 사건으로서의 '종'의 발견이 그것이었고, 당시는 아프리카의 발견 및 분할 시기와 일치했다. 유럽인들이 상식으로 말하던 점, 즉 애국주의적 인쇄물들이 날이면 날마다 쏟아내던 내용이 과학에 의해 확인되었던 것이다. 일단은 흑인과 백인이라는 상이한 종이 존재한다는 데서 출발했는데, 두 종은 유전적으로 물려받은 특성에 의해 본래 다르고 적자생존이라는 자연선택 과정에 얽매여 있다. 다시 말해두면, 그때의 적자는 유럽인이다. 그런 생각은 열광을 불러왔는데, 비단 유럽 내에서만은 아니었다. 결론적으로 말해서, 그 최고의 안정제는 정체성이 자연 문제, 과학 자료를 통해 증명할 수 있는 완전무결한 문제라고 생각해버리는 것이었다.

오늘날에는 어느 누구도 인도 유럽인의 절대적 단일성 전제를 주장하지 않으며 생물학적 인종주의에 찬성하지 않지만, 20세기 중반 무렵만 해도 여전히 유통되던 화폐였다. 물론 지금도 아주 유사한 주장들이 등장하는데, 통계, 여론조사, 애매한 눈가림식 인류학적 용어에 근거해 무장하고 있다. 오늘날에는 혼동 여지가 없는 자연적 사건으로서의 객관적 문화라는 것에 근거하고 있지만, 그 문화 역시 마찬가지로 전통적이고 상이하며 상호 모순적이고, 마찬가지로 비합리적이다.

정체성에 대한 우려는 위기의 순간, 즉 사회의 근본적 결속력이 위협받고 있다는 느낌이 들 때 중심 문제가 되어 압박한다. 그럴 때면 인도 유럽인이라는 전제는 반셈족주의로 변하고 종에 대한 생물학적 이상은 아리아족의 열광을 낳는다. 그렇게 해서 정체성에 대한 담론은 그 구조와 동기에서 타락의 수사학으로 연결된다. 지식인, 작가, 정치인들은 괴멸이라는 감정을 포함한 상실감, 즉 모든 것이 더 이상 지난날의 그것이 아니라는 내면적 확신에서 출발해 흔히 정체성에 대한 질문을 하기에 이른다. 때로는 그 결과가 자기 성찰적이고 거의 신비적이기까지 한 우수(melancholy)의 아주 특별한 형태가 되는데, 19세기 중엽 독일 부르주아의 경우나 스페인 98세대의 경우가 그랬다. 즉 때로는 복수심으로 변해 사회 내에서 타락의 죄인을 찾아내도록 몰아간다.

나는 그런 선택에 흥미를 갖고 강조하고 싶은데, 왜냐하면 그것이 바로 헌팅턴(그리고 그와 함께 미국 여론의 일각)이 고른 선택이기 때문이다. 소규모 공동체, 종속적인 위치에 길들여진 소수자 집단의 대변인이 되고자 하는 사람들은 흔히 외부의 적을 향해 초점을 맞추는 희생주의 수사학을 선택한다. 거대 세력은 내부의 적, 즉 우리들 사이에 있으면서 '사실상' 우리와 같지 않은 자들, 병원균, 사회 질병의 원인 분자들을 규정하려는 성향이 훨씬 더 빈번하다.

르네 지라르(René Girard)가 훌륭하게 묘사한 '희생양' 논리에 불과하다. 즉, 위기 상황, 가속적인 변화의 상황에서는 공포감, 불안감이 쉽게 번져가고, 위기의 실제 원인은 보이지도 않고 파악되지도 않으며, 붙잡을 수도 확인할 수도 없고, 맞서 싸우는 것도 불가능하다. 그래서 사회는 자기 방어를 위해 집단 분노를 쏟아 부을 구체적 적을 상정한다. 그 적은 일반적으로 뭐든 오점을 가진 개인이나 집단이 되며 이방인이나 소수자들 종교의 신도가 되는 경우도 흔하고, 다른 시대에는 신체상의 결함을 가진 사람들이 되기도 했다. 그중 뭐가 되었든 마찬가지다. 그런 집단에 대해 사회적 환상이 작용함으로써 오점이 있는 그 집단은 적으로 변한다.

그 같은 기제가 효과적으로 작동한다면 그것은 서글픈 역설이다. 가상의 적을 축출하고 무력화시키면서 위기가 해소되거나 악이 소멸되지는 않지만 결속감은 회복된다. 기정사실화되면 그렇게 된다. 그렇기에 희생양은 유용하며, 또한 희생양이 지속적으로 나타날 때는 상상 가능한 어떤 재앙이든 주기적으로 그 죄를 뒤집어씌울 수 있다.

미국 사회에는 그런 구조를 가진 정치 운동의 오랜 전통이 있다. 18세기 이래로 반가톨릭, 반프리메이슨, 반유대인이라는 선동의 물결이 존재해왔으며 반공산주의 또한 마찬가지였다. 익히 알려진 역사다. 오점의 대상은 이민자들의 출신지 변화에 따라 변해가지만 변함없는 목표물도 존재하는데, 특히 도시 및 도시의 엘리트들이다. 부자들, 권력자들 그리고 또한 지식인들이 사회적 병폐의 책임자들로 간주된다. 그들은 악의 확산을 용인하거나 두둔하는데, 단지 야망 때문만이 아니라 그들 자신이 부평초처럼 떠 있기 때문이다. 그들은 미국의 진정한 정신이 존재하는 공간인 일반인들의 가치와 삶의 방식으로부터 유리되어 있다.

새뮤얼 헌팅턴의 주장은 놀라울 정도로 그 전통에 딱 들어맞는다. 상당수의 '신보수주의' 정치인과 지식인들에게서도 동일한 상황이 벌어지는데, 그들의 담론은 혼동의 여지가 없는 대중주의적 색채를 띠고 있다. 사실상 그들의 취향과 그들의 결정은 정확히 부평초 같은 도시 엘리트, 세계화를 통해 돈을 벌어들이는 대기업을 옹호하는 것으로 귀결되며, 단순히 일화성이 아니다. 거의 모든 지역에서 '문화 전쟁'은 유사한 결과를 낳아서 사회적 갈등을 이전시켜 상대적으로 해가 덜한 다른 영역에 재현시키는 데 기여한다.

5. 멕시코의 위협

헌팅턴은 일체의 의심 없이 위험은 멕시코 이민에 있고 동화가 불가능한 그 이민이 미국 정체성의 가치를 저하시키며 파괴함으로써 위협한다고 본다. 그의 말에 따르면, 그것은 과거와는 다른 이민이다. 왜냐하면 불법적이고 그 수가 훨씬 더 많으며 지속적인 데다 이웃 국가, 그것도 미국 영토의 일부를 되찾아갈 수도 있는 이웃 나라에서 건너오기 때문이다. 그 이민자들은 통합에 더디고 끼리끼리 모여 사는 경향이 강하며, 여타 집단에 비해 소득이 낮고 학력 수준이 더 낮으며 강한 정체성 의식을 갖고 있다. 다소간은 믿을 만하고 다소간은 의심스러운 통계들이나 몇몇 일화를 통해, 혹은 마치 멕시코인의 일반적 여론을 다루듯

'히스패닉' 정체성 운동을 이끄는 각 지역 지도자의 선언을 통해 그 모든 것이 설명된다.

약간의 선동성을 제거하고 보면 그 주장에는 새로운 이민을 구분해주는 두 가지 주목할 만한 특징이 있다. 실제로 과거에 비해 그 수가 훨씬 많다는 점과 특정 지역, 특정 도시, 나아가 그 도시의 특정 바리오(barrio)에 집중되는 경향이 있다는 점이다. 헌팅턴은 거의 관심을 두지 않지만 흥미로운 사실은 그게 비단 미국만의 문제는 아니라는 점이다. 독일의 터키인, 프랑스의 알제리인과 모로코인, 영국의 파키스탄인 경우도 유사한 일이 벌어지고 있다. 다시 말하자면 세계화된 경제체제에 의해, 통신수단에 의해, 그 외의 여러 이유로 인해, 변한 점은 이민 현상의 구조라는 것이다.

동일한 두 가지 경험이란 존재하지 않지만, 여전히 흥미를 끄는 점은 제한된 권리를 갖는 외형적 분리 상황에서 법적·교육적 단일화 상황에 이르기까지 비교 대상을 설정해보고, 통합의 상이한 모델을 평가해보는 일이다. 하지만 그러기 위해서는 우선 일면 '새로운 이민'이라고 부를 수 있는 그것이 범세계적이고 피할 수 없는 현상, 21세기 초의 경제적·법적 구조에 부응하는 현상이라는 점을 인정하는 데서 출발해야 할 것이다. 하지만 헌팅턴이 절대 인정하지 않는 점이 바로 그것이다. 예를 들어 장마리 르 펜(Jean-Marie Le Pen)과 프랑스 국민전선의 경우처럼 그의 설명에 들어 있는 것은 문화 문제, 그들, 즉 타인들, 동화될 수 없는 사람들의 문제다.

그가 하는 작업은 단순하기 짝이 없고 지겹도록 이용되어왔다. 사회, 이해관계, 제도, 법, 경제 질서의 갈등을 이전시켜서 '문화적' 지형에 위치시키는 일에 기초를 두고 있다. 거기에는 많은 장점이 있다. 첫 번째는 실제 문제들을 회피할 수 있도록 해준다는 점인데, 가령 노동시장 구조, 사회보장 비용, 노조 영향력, 노동 입법, 기업 회계 제도, 차별대우, 도시 서비스의 불평등 배분, 국제 통상 원칙 등과 같은 문제들이다. 총체적으로 들추기 시작하면 훨씬 더 많겠지만, 그런 주제들 중 단 하나만 해도 해결이 아주 어려운 이해관계들 간의 갈등을 밝은 곳으로 끌어낸다는 의미가 되는데, 그런 갈등 속에서 '미국 사회'는 하나의 통일된 여론을 가질 수 없을 것이다.

또 있다. '문화 전쟁'은 거의 추상적인 순수성으로 구성되어 있어서 공고하고 의심의 여지가 없는 입장들의 존재를 용인한다. 왜냐하면 추상적 가치라는 이상을 다루기 때문인데, 그런 이상은 강력한 감성적 무게감을 가진 경우가 일반적이다. 가족, 삶, 정체성 혹은 전통 문제를 다룰 때면, 사람들은 강경한 입장을 취하는 경향이 있고 감성적 수사학을 향한 포용성이 커진다. 그런 것은 현실적인 계산, 이해관계, 논리성을 벗어난 주관적인 어떤 것으로 경험되는 주제들이다.

자리 옮김은 현상에 대한 특징짓기에서부터 시작한다. 새로운 이민은 무엇보다도 불법이라는 점에서 구별된다. 의문이 있을 수 없다. 그 사실에서 출발했기에, 헌팅턴(그리고 같은 입장의 많은 사람들)으로서는 불법 이민자, 불법 노동자에 대해 이야기하는 것이 자연스러운 귀결이다. 하지만 훨씬 저렴하다고 해서 무자격 이민자들에게 일자리를 제공하는 모든 주체를 언급하는 데 동일한 원칙을 적용한다면 불법 기업, 불법 기업가, 불법 중산층이라고도 말할 수 있을 것이다. 그런데 현실은 그렇지 않은 데서 그치는 것이 아니라 그렇게 말하면 수치스러울 정도로 어리석게 보일 것이다. 이든 저든 동일한 법을 동일한 방식으로 지키지 않음에도 불구하고 말이다. 진지하게 말하자면 미국 법의 테두리 문제 그리고 경제체제와의 모순 문제를 제기할 수 있을 것이다. 그렇기 때문에 그것이 그들, 불법 이민자들의 문제가 되는 편이 더 나은 것이다.

그와 유사한 작업, 즉 '문화 전쟁'을 날조해내는 일이 가지는 가장 심각한 점은 테오도르 W. 아도르노(Theodor W. Adorno)가 '권위 증후군'의 전형으로 규정한 특징을 강화해준다는 사실이다. 강자 숭배와 약자 경시, 권력자에 연줄을 대려는 성향, 전형이란 틀로 사고하려는 경향, 스스로를 생각하고 타인들을 생각하는 데 고착화된 특징을 지닌 집단 통합체의 일원으로 여기려는 사고, 또한 설정된 그대로의 사물 질서에 대한 절대적 순응, 그 질서를 고정불변이며 필수불가결하고 자연스러운 것으로 생각해야 할 필요성이 내포하는바 등이 그런 특징이다. 유대인은 유대인이고 멕시코인은 멕시코인이며 그 변함없는 본질을 가지고 있다는 생각만큼 정확하게 이를 묘사할 수 있는 것은 없다. 그 모든 것이 새뮤얼 헌팅턴의 화법과 논증에 경이로울 정도로 명쾌하게 나타나며, 미국 대중들에게 반향을 불러일으킨다.

나는 헌팅턴이 자신의 논리에 과학적인 면모를 부여하기 위해 책에서 사용한 통계 자료에 대해서는 한 마디도 언급하지 않았다. 그 자료는 상이한 연도와 시기, 상이한 장소에서 얻은 설문조사와 실태조사의 가식적 혼합물로 그의 선입견을 정당화하려는 목적에 맞게 재단되어 있다. 엄밀히 말해 아무것도 보여주지 못한다. 다른 통계들은 완전히 상이한, 경우에 따라서는 상반되는 추측을 뒷받침하는 역할을 한다. 그 책에 등장하는 통계들은 또 다른 설명을 암시해주는데, 회계 체제에는 포함되지 않고 원조망, 집단 유대, 아주 적은 유동성을 갖는 무자격 노동자들을 위한 틈새를 창조해온 사회적·직업적 구조를 묘사해준다. 요컨대 헌팅턴의 통계는 가난한 사람들의 노동을 필요로 하는 경제(미국의 가난한 사람들이 타인들보다 상대적으로 덜 가난한 처지가 되는 세계 체제)에서 미국 내 멕시코인 대부분이 바로 그 가난한 사람들에 해당한다고 말한다. 이처럼 지극히 단순하다.

그렇게 문제를 제기하는 것은 결과적으로 속된 일이지만, 이사야 벌린(Isaiah Berlin)의 "우리가 진실을 발견하기에 이르렀다고 해도, 그 진실이 흥미로울 거라고 보장해주는 것은 아무것도 없다"라는 한 구절에 대한 기억이 내게 위안이 되어준다. 그렇다. 보장해주지 않는다. 헌팅턴은 그 대신 갈등상태의 정체성에 대한 서사시를 제안한다. 거창하고 현실과 동떨어진 해결책을 제안한다. 즉 미국의 정체성과 가치를 더 잘 보존하기 위해 국경을 완전히 닫아걸고 모든 불법 이민자들을 내쫓고 나머지 다른 세상으로부터 미국을 단절시키자고 한다. 문명의 충돌을 내부로 끌어들임으로써 자기 몫의 영웅주의를 챙기지 못한 사람이 없도록, 그것이 더 큰 결과를 낳는 일이 없도록 하자고 제안한다. 그러는 동안에도 대학교의 카페에는 여전히 멕시코인들이 있을 것이며 음식을 내오고 접시를 치울 것이다.

참고 문헌

Adorno, Theodor W. 2002. *The Stars Down to Earth and Other Essays on the Irrational in Culture*. Londres: Routledge.

Barth, Fredrik. 1967. *Ethnic Groups and Boundaries*. Illinois: Waveland Press.

Bayart, Jean-François. 2004. *L'illusion identitairie*. París: Fayard.

Brückner, Pascal. 1983. *Le sanglot de l'homme blanc*. París: Seuil.

Finkielkraut, Alain. 2001. La défaite de la pensée. París: Folio.

Frank, Thomas. 1963. *What's the Matter with Kansas?* Nueva York: Metropolitan Books.

Girard, René. 1982. *Le bouc émissaire*. París: Grasset.

Hofstardter, Richard. 1963. *Anti-Intellectualism in American Life*. Nueva York: Vintage.

Huntington, Samuel P. 2004. *¿Qiénes somos? Los desafíos a la identidad nacional estadounidense*. Barcelona: Paidós.

Mandani, Mahmood. 2005. *Good Muslim, Bad Muslim*. Nueva York: Pantheon Books.

Ridao, José María. 2003. *La paz sin excusa*. Barcelona: Tsquets.

Traverso, Enzo. 2003. *La violencia nazi*. México: Fondo de Cultura Económica.

제2장

단일한 혹은 다양한 정체성?

문화, 세계화 그리고 이주

조지 유디세 _성유진 옮김

이주의 흐름과 그 사회적·정치적·문화적 결과는 변화하고 있다. 미국으로 이주하는 라티노들의 문화적 배경이 각기 다르고 자신의 출신국과 관계를 맺는 방식은 상이하지만, 가장 부각되는 특징 중 하나는 라티노들의 국가정체성이 흐려지고 라틴계 미국인으로 변화하고 있다는 것이다. 엘살바도르인뿐만 아니라 라틴아메리카 출신의 다른 이민 그룹들이 범라틴 에스닉적 분류를 거부하더라도 모든 사회적 제도들이 그렇게 분류하고 있다. 따라서 이주의 흐름을 통제하는 형태와 경제적인 송금, 문화적인 교류, 범죄와 관련된 현상이 다루어지는 방식을 재고할 필요가 있다.

조지 유디세 George Yúdice 엘살바도르계 미국인이자 뉴욕 대학교 교수. 뉴욕대 라틴·카리브학 센터를 이끌고 있다. 저서로는 진 프랑코, 후안 플로레스와 공동 집필한 『벼랑 끝에서: 현대 라틴아메리카 문화의 위기(On Edge: The Crisis of Contemporary Latin American Culture)』(University of Minnesota Press, 1992), 『문화의 수단(El recurso de la cultura)』(Gedisa, 2002)』, 『문화정치학(Política cultural)』 (Gedisa, 2004)』 등이 있다. 진 프랑코, 후안 플로레스와 함께 『아메리카 문화연구』 시리즈를 공동 집필했다.

* 이 글은 『2005 엘살바도르 인류발전에 관한 보고서: 새로운 우리를 향한 시선. 이주의 충격(Informe sobre Desarrollo Humano El Salvador 2005: Una mirada al nuevo nosotros. El impacto de las migraciones)』(PNUD, San Salvador, 2005)에 삽입된 「이주와 문화적 다양성: 새로운 우리의 만남으로」의 일부로 ≪Nueva Sociedad≫ 201호(2006년 라티노 특집호)에 실린 글을 옮긴 것이다.

1. 서론

　일반적으로 사람들은 '문화'라는 용어를 문학, 조형예술, 교향악 그리고 여타 '고급예술'로 이해한다. 이는 정부부처와 공공기관이 첫 단계로서 유럽 예술 전통에 기반한 인프라를 구축하고자 한 결과다. 고급예술로서의 문화라는 의미가 탄생하게 되는 18세기 임마누엘 칸트(Immanuel Kant)식의 미와 숭고로서의 '문화'는 개인을 초월성으로 이끌었는데, 프리드리히 실러(J. C. Friedrich von Schiller)는 이를 예술 자체를 넘어서는 유토피아적 이상으로 이해했다. 프랑스 사회학자 피에르 부르디외(Pierre Bourdieu)는 '문화'를 '구별 짓기'가 이루어지는 과정으로 설명하면서, 문화란 한 개인이 특정한 사회계층의 일원임을 확인시켜주는 코드 및 미학적 능력의 재생산이라고 말한다. 이는 가족과 학교에 의해 고착된 문화적 전승이 누적된 결과물이라는 것이다. 반면, 민속문화와 민중문화는 국가가 국가정체성의 재현을 목적으로 민속박물관과 인류학박물관 그리고 전통문화 컬렉션으로 제도화한 것으로서 국가유산과 함께 국가의 역사적 본질을 구성한다.

　문화는 위계화된 안과 밖을 한정하는 상징적 과정이다. 문화가 경계를 설정한다는 측면은 인류학이 유미주의적이고 계급적인 의미로 확장된 이후에도 여전히 근본적인 문제이다. 인류학적 관점에서 보면 모든 집단은 상징과 가치체계를 만들고 이를 통해 집단적 소속감을 재생산한다(Geertz). 레이먼드 윌리엄스(Raymond Williams)가 정의하는 총체적 삶의 양식(2001)으로서의 문화는 주디스 버틀러(Judith Butler)가 말하는 '인식의 지평'과 상통한다. 이 지평 안에서는 어느 정도 제도화된 실천을 통해 헤게모니 구축을 위한 해석상의 투쟁이 발생한다(Gramsci). 그렇다면 문제는 경계를 설정하는 것, 즉 야만과 문명, 몰상식한 프롤레타리아와 고상한 부르주아, 상이한 삶의 방식 사이의 경계를 설정하는 것이다. 문화는 초월성, 찬미, 집단적 정체성과 더불어 위계질서 및 권력관계를 뒷받침하는 경계 설정하기다.

바로 이러한 경계 설정을 통해서 문화는 정체성, 의식, 이미지, 공동체적 정서 등의 구성요소를 지니게 된다. 사실 경계 설정은 가족, 학교, 교회, 박물관, 학계, 정신의학, 경찰, 국가안보 등과 같은 제도적 압력을 통해 이루어지며, 이러한 틀 안에서 주체성이 형성되고 상대적인 안정감을 부여받게 된다. 바흐친(Mikhail Bakhtin)의 설명에 따르면, 행동이라는 문화적 실천은 사회적 조건이 갖추어질 때 일종의 일관성을 획득한다. 삶의 흐름을 조직하는 행동양식은 어느 정도 안정된 사회적 관계(가정생활, 술집, 길거리, 시장, 여가생활, 공권력과의 관계, 남녀관계, 노사관계)에서 발생한다. 스타일, 제스처, 어법, 어감, 울림으로 구성된 이러한 행동양식은 개인이 집단적으로 행동하게 되는 수단이며, 계급, 인종, 성별, 나이, 종교와 같은 범주를 바탕으로 타인과의 상호작용의 범위를 한정 짓는 방식이다(Bajtin, 1986: 96). 사물의 질서를 유지하는 제도적 압력들이 대치하고 충돌함으로써 야기되는 변화 혹은 위기의 시기에는 문화와 의식의 틀에 균열이 발생해 행동양식이 변하게 되고, 사람들은 이러한 변화에 대한 적응 여부에 따라 불안과 희망을 경험하게 된다. 이런 방식으로 사회를 유지하는 행동양식은 해체되고 변형된다.

2. 세계화와 이주

세계화는 그러한 변화의 시기를 말한다. 1990년, 아르준 아파두라이(Arjun Appadurai)는 세계화가 경계 설정 과정에서 탈구를 일으킨다고 주장함으로써 문화 연구에 혁명을 일으킨 바 있다(Appadurai, 2001). "우리가 목격하는 다양한 흐름들(대상, 사람, 이미지와 담론들)은 동시대적이지도 하나로 수렴되지도 동일한 형태를 띠지도 않으며, 그렇다고 특별히 일관적이지도 않다. …… 이러한 다양한 현상에 수반되는 매개나 벡터들은 상이한 속도, 상이한 축, 상이한 시종점 그리고 상이한 국가, 상이한 종교 및 상이한 사회에서 제도적 구조와 서로 다른 관계를 맺는다"(Appadurai). 구체적으로 말하자면, 정서 및 실천의식과 결부되는 사회적 경험은 행동양식을 통해 형성되어 문화적 제도 및 형식을 만들어내는데(Williams, 1980: 155), 그러한 경험은 전 지구적인 문화의 흐름을 구성하는 다섯 가지 차원을 통해 '정서구조'를 (재)교직한다. 다섯 가지 차원은 다음과 같다. 관광객, 이주민, 피난민, 망명자 그리고 방문노동자(guestworkers)의 이동을 통해 만들어지는 에스노스케이프, 신문, 잡지, 텔레비전, 영화, 인터넷 포털 등을 통해 전자적으로 생산되고 전파된 전자정보 및 이미지의 흐름인 미디어스케이프, 글로벌 기업, 공기업, 공공기관에서의 기술생산과 그 조직을 일컫는 테크노스케이프, 외환시장과 주식시장, 투기, 송금과 같은 금융시장에서의 자본의 흐름을 지칭하는 파이낸스케이프, 민주주의, 자유, 세계주의, 복지, 안보, 주권과 같은 이데올로기화된 이미지들의 성좌인 이데오스케이프다.

국민국가의 제도는 자신의 주권적 공간에 이러한 전 지구적 문화의 흐름을 집결시키는 경계 설정 능력을 상실했다. 국가는 외환시장과 돈세탁을 거의 통제하지 못한다. 다른 삶의 방식에 대해서 말하는 텔레비전 프로그램이 방송되고, 행동양식을 섞어버리는 초국가적 수다가 이어지며, 소비주의가 침투하고, 안보와 주권에 대한 새로운 개념과 실천이 생겨나며, 무엇보다도 이주가 발생한다. 오늘날 '엘살바도르성(salvador-eñidad)'은 가르시아 칸클리니(Canclini, 1995)의 주장처럼 하나의 초국가

적 공동생산이다. 다음 세대에 물려줄 유산은 도대체 무엇인가? 무엇이
새로운 리듬(힙합?)이고 삶의 스타일(파라볼라 안테나를 단 이층집?)이며,
음식(햄버거?), 구전 전통(코리도?),[1] 시장(쇼핑몰?), 패션스타일(촐로?)[2]인
가? 이는 오래전 로케 달턴(Roque Dalton)이 「서신(Cartita)」에서 이 문제
를 언급한 바 있듯이 어느 '먼 나라'가 간섭해서 생긴 단순한 소외를
말하는 게 아니다. 1980년대에 발생한 엘살바도르 내전과 세계화는
국가의 영토성을 디아스포라라는 상상의 세계로 전이시켰다. 아프로-
아메리카 연구가 만든 디아스포라의 개념은 하나의 공통된 정체성의
토대를 구성하는 일련의 실천들 속에 이질적인 아프리카계 후손들을
절합하려는 노력과 맞닿아 있다. 왜냐하면 이러한 정체성은 전적으로
조국이라는 공동의 모태에 기인하는 것이 아니라 조국을 상상하는 다양
한 방식에 기반하기 때문이다.

3. 통합의 다양한 형태

정치, 전쟁, 경제의 위기는 이주를 야기했고, 이러한 이주는 앞서 언급
한 초국가적이고 디아스포라적인 조건에 커다란 영향을 미치는 요인이

---

1) 멕시코에서 널리 애송되고 있는 서사적 가사를 가진 민요와 무곡으로 주로 풍자적
   이거나 영웅의 삶을 기념하는 정치적이고 교화적인 내용을 담고 있다. 스페인의
   로만세(Romance)에서 비롯되었다고 하며 3/4과 6/8박자에 기타나 하프 등으로
   반주한다 ― 옮긴이.
2) 촐로는 역사적·사회적·문화적으로 다양한 의미를 지니는 단어이나, 여기서는 미국
   에 거주하는 흑인들의 힙합 패션스타일을 답습하는 히스패닉 청년들의 패션스타일
   을 일컫는다 ― 옮긴이.

되었다. 이러한 의미에서 엘살바도르인 역시 예외가 아니다. 멕시코인, 도미니카인 그리고 다른 국가 출신의 모든 이주 그룹의 경우에도 마찬가지다. 이주는 모든 상황에서, 특히 경제적인 요건과 관련된 상황에서 푸시풀(push-pull) 방식으로 이루어진다. 그러나 최근 20년 사이에 이주를 조건 짓는 다른 요인들이 나타났는데, 특히 초국가적 망(Menjívar; Rouse)과 누적된 인과관계론이 그것이다. 누적된 인과관계론에 따르면, 각각의 이주 행위는 향후의 이주를 결정짓는 사회적 맥락을 변화시키고 이에 따라 이주의 흐름이 동일하게 반복될 확률이 높아져 이주와 관련된 비용과 위험을 감소시킨다. 또한 '이주의 신경제'에 따르면, 가족의 일원이 이주한다고 할 때, 이주국에 입국할 방법을 최대화하고 다양화하는 가운데 가족 전체가 집단적으로 결정을 내린다(Arango; Massey). 최근에는 도미니카공화국, 멕시코, 엘살바도르와 같은 라틴아메리카 정부들이 나서서 자국 출신 이민자들의 사회복지혜택, 지속적인 송금, 지로비용 절감을 위해 미국 측에 조치를 취하고 있다. 어떤 경우에는 출신국에 대한 이주자들의 정치적 참여가 조장되기까지 한다. 이러한 모든 상황은 수용국으로의 통합의 토대를 변화시키며, 출신국의 사회적·정치적 관계의 변화를 야기하지 않고는 일어나지 않는다.

불법 체류 이상으로 라틴아메리카 이주자들 대부분이 겪고 있는 쓰라린 경험은 어쩌면 라틴계 미국인으로의 변화일 것이다. 이러한 경험은 서비스업, 미국 내에서의 정치 참여, 다른 라티노 그룹 및 비(非)라티노 그룹과의 상호문화적 관계와 세대 간 관계에서의 충돌, 무엇보다도 에스닉 정체성 및 문화적 소비의 토대와 관련된 사항을 모두 포함한다.

이주자들의 경험과 관심이 유사하다 할지라도, 다양한 이주그룹들이 미국 사회에 통합되는 방식에는 차이가 있다. 예를 들어, 어린 엘살바도르인들은 이주과정에서 발생하는 가족과의 이별에 더 쉽게 상처받는다.

우선 부모 중 한 사람이 이주한 다음, 그 자식들이 조부모나 친척의 손에 위탁된 후 수년이 흐르면 부모와의 재결합을 위해 이들과 다시 헤어지게 된다(Suárez Orozco, Todorova y Louie). 이런 과정에서 분리를 경험한 많은 이들이 길거리나 친구들 사이에서 연대감을 찾는다. 콜롬비아인, 도미니카인, 엘살바도르인의 정치적 초국가주의에 대한 한 연구는 또 다른 유의미한 차이를 보여준다. 루이스 에두아르도 구아르니소, 알레한드로 포르테스 그리고 윌리엄 홀러의 연구(Guarnizo, Portes, y Haller, 2003)는 다음과 같은 결론을 내린다. 도미니카인들이 다른 이주 그룹보다 자국의 공식적인 정치에 더 깊이 관여하는 반면, 엘살바도르인들은 선거와 직접적으로 관계되지 않는 정치적 행위, 예를 들면 자국을 위한 단체에 가입하거나 공동체를 위한 사업 혹은 자국의 자선단체에 기부하는 일에 더 참여하는 편이고, 콜롬비아인들은 계속되는 콜롬비아 내전 때문에 정치와 거리를 두는 편이다.

위의 비교에서 가장 흥미로운 점은 엘살바도르인들이 출신국의 지역 문제에 깊이 관여하고 있다는 점이다. 다른 각도에서 보면, 이는 엘살바도르 출신 이주 그룹의 삶에 디아스포라가 미치는 강력한 영향을 확인시켜준다. 이들의 정치적 행위는 베이커-크리스탈레스(Baker-Cristales, 2004)의 연구를 제외하면 지금까지 제대로 연구된 바 없는 에스닉 정체성, 즉 변화를 이끌어낼 가능성을 보여준다. 엘살바도르에서 에스닉적 차이라는 표현은 호의적으로 받아들여지지 않는데, 특히 원주민들이 떼죽음을 당한 1932년 농민 학살 이후로는 더욱 그러하다. 그러나 다른 라틴아메리카 국가들에서는 동일한 시기에 메스티소 국가정체성이 형성되었다. 이와 더불어 미국에서는 디아스포라가 이주자의 언어, 특히 어법과 이주자가 지닌 조건에 의해 인종화되었다. 이는 전혀 새로울 게 없다. 이주를 받아들이는 사회는 19세기 중엽의 아일랜드인부터 말엽의 이탈리아인과 유태인에 이르기까지 항상 이주노동자들을 에스닉화하고 인종화해왔다.

그리고 에스닉적 차이가 정치적·사회적·문화적 통합에 작용하기 때문에 깊은 연구가 필요하다. 미국에서 기회와 차별은 문화적 표현의 구조적 틀로 기능하는 에스닉화에 따라 분배된다. 제임스 코마로프와 진 코마로프(James Comaroff, Jean Comaroff)의 설명처럼, 에스닉화는 "불평등의 구조에 대한 문화적 표현"(Clifford, 1997; Baker-Cristales, 2004: 17)이다.

엘살바도르 그룹이나 다른 이주 그룹이 그들에게 부과되는 범라틴에스닉적 분류를 거부한다 할지라도 모든 사회적 제도들이 그렇게 분류하고 있다(Oboler; Yúdice). 1960년대 이후, 라티노들은 백인과 흑인이라는 규범적인 이분법에 준하지 않는 변칙적인 인구 구성으로 분류되었다. 이는 시민권 및 차별철폐관련법 제정을 위한 시민운동 이후의 일이며, 오랫동안 인종차별을 겪어온 소수자의 불이익을 보상하는 데 그 목적이 있었다. 사회적 약자 우대정책이 최초로 적용된 그룹은 푸에르토리코계 미국인 그룹과 멕시코계 미국인 그룹이었다. 출신국가별 2만 명의 쿼터제가 제정된 1965년 이후부터 라틴아메리카 이주자들은 국가적·사회적 조직을 구성하기 위해 하나의 커다란 범에스닉성을 형성해가기 시작했다. 아시아계 그룹과 아프리카계 그룹도 동일한 움직임을 보인 반면, 유럽 출신 이주자들은 (1950년대까지만 해도 이탈리아계를 포함한 일부 그룹들이 여전히 차별을 당했음에도 불구하고) 백인화되었다.

이러한 현상은 라티노들이 정치에 참여하게 되고 나아가 어느 정도 사회적·제도적 신분상승을 획득했음을 보여주는 인구통계학적 정체성과 관련되며, 오늘날의 시장과도 연관된다. 1980년대부터 다문화주의가 학교와 기업에서 제도화되었다. 물론 새뮤얼 헌팅턴의『새뮤얼 헌팅턴의 미국』[3])에서 여전히 반(反)라티노적인 표현이 목격되기도 하지만 미국 전체가 다양성을 인정하고 있다. 문화적 차이에 기초하고 있는 다양성은, 이주를 희망하는 수요자들을 그룹으로 정의하는 수혜국에 의해 통합된 일시적인 틀 안에서 작용한다. 그리고 이 틀은 미디어 및 상업시스템으로 그 표적은 소비자들이고 차별을 감추는 편의적인 법률적 방편이다.

문화적 소속감은 단순히 특정한 공동체가 참여하는 행위의 집합만으로 이해되지 않는다. 왜냐하면 타자 및 제도와의 관계 역시 공동체의 의미를 구성하기 때문이다. 그러한 토대 위에서 비규범성에 대한 충동은 집단적 연대감을 회복하는 수단으로 작용한다. 긍정적으로 이해될 뿐만 아니라, 더 중요한 의미에서, 총괄적 규범에 대한 집단적 차이로서의 문화는 인정에 대한 모든 요구와 호소를 위한 토대가 된다. 이러한 관점에서 신념과 실천에 관한 특정한 집합으로서의 문화를 가지고 있다는 것을 긍정할수록 '자율권'을 요구하기 위한 법적 토대 역시 있어야 한다(Yúdice, 2002: 76~77).

4. 엘살바도르인 혹은 라티노

중앙아메리카자원센터(Central American Ressource Center)의 슬로건에는 엘살바도르인의 라티노화가 다음과 같이 명시되어 있다. "1981년부터 라티노 공동체를 위해 봉사한다." 이 센터는 '이민국'이 추방하려는

---

3) 편집 주: 관련 주제는 제1장에 실린 페르난도 에스칼란테 곤살보의 논문에서 다루고 있다.

망명자들의 사면권을 획득할 목적으로 1981년에 설립된 조직이다. 현재 이 조직은 시민권을 보호하고 중앙아메리카인과 라티노들을 통합하며 이들의 지도자를 양성하는 기관으로 변모했다. 그러나 베이커 크리스탈레스의 지적처럼, 이와 같은 기관의 지도자 대부분은 엘살바도르 내의 계급투쟁 속에서 정치적으로 형성되었기 때문에 이민자들에게 에스닉적으로 접근할 뿐만 아니라 계급적으로도 접근한다. 그에 따르면, "계급의식은 에스닉적 주체성에 의해 움직이기보다는 양자가 상호적으로 구성되기 때문에 계급의 이동이 에스닉적 움직임의 형태를 띠게 되고 에스닉적 주체성은 계급분화의 틀을 갖게 된다"(Baker-Cristales, 2004: 29).

이러한 현상은 다음과 같은 의문점을 낳는다. 앞서 언급한 에스닉화의 양상이 엘살바도르에 남아 있거나 혹은 이주를 준비하고 있는 가족들에게도 나타나는가? 이와 관련한 새로운 정체성의 문제는 어떻게 전개될 것인가? 멕시코, 푸에르토리코, 도미니카공화국 출신 라틴계 미국인들은 자신들의 출신국에서 그들의 정체성이 억눌려왔음을 인정했다. 치카노 운동은 애초부터 미국 남서부지방의 원주민과 자신들을 동일시했다. 마찬가지로, 영 로즈(los Young Lords)와 같은 뉴욕 이민자 권리 회복 운동 역시 아프리카계 미국인들과 형제임을 주장했다. 사실 빈민가 출신인 이들 대부분은 아프리카 혈통이었지만 푸에르토리코인으로서의 정체성은 그런 측면을 억압했다. 도미니카인들은 아프리카적 요소가 두드러짐에도 여전히 이를 인정하기 위한 공식적인 인종적 카테고리를 갖고 있지 않다. 아프리카계 말투를 쓰는 도미니카인들은 '원주민'으로 분류된다. 역사적인 이유에서, 아이티인들만이 유일하게 진정한 아프리카 후손으로 간주된다. 아프로-아메리카계로 인정되곤 했던 뉴욕에 사는 도미니카인들이 바로 자신들의 아프리카성을 인정하기 시작했던 사람들로서 도미니카공화국에 그 아프리카성을 전파했고 이것이 숱한 논쟁과 긴장을 야기했다.

이러한 일이 엘살바도르에서도 일어날 수 있을까? 미국에서 에스닉화된 엘살바도르계 라티노들과 엘살바도르에서 재부상하고 있는 원주민운동 사이에 연대감이 있겠는가? 박물화될 위험에 처한 '원주민'을 문화적 다양성을 인정한다는 토대에서 가치를 부여하는 것을 넘어 폭력과 역사적 배제에 대해서도 보상을 요구할 수 있겠는가? 미국적인 맥락에서 문화적 다양성은 에스닉 그룹을 탈정치화시키는 소비주의 현상으로 비친다는 것을 명심해야 한다.

수출 대부분이 인력수출이라는 것을 고려할 때, 엘살바도르 정부가 이주를 후원하고 다수가 이주를 찬성한다는 것은 놀라운 일이 아니다. 엘살바도르 국내총생산(GDP)의 주요 원천인 2,000만 달러 이상의 해외송금 규모는 이러한 초국가화를 촉진한다. 그러나 이러한 해외송금은 단순히 경제적인 것만은 아니다. 사회적(Levitt)이고 문화적(Flores)이다. 엘살바도르의 디아스포라가 엘살바도르 내의 공동체적 기획과 복지정책에 관여하고 있다는 것은 이미 지적했지만, 그 모든 결과가 긍정적인 것은 아니다. 마로킨(Marroquín, 2005)의 설명처럼, 해외송금은 "지역성의 얼굴을 바꾸어 정체성의 새로운 이름표와 표식을 만든다. 이주자 인구가 상당한 지역에 거주하는 사람들은 우리와 그들 사이의 경계선이 어딘지 알고 있으며 이를 넘지 않는다". 부자가 되고 가난해지는 새로운 방식이 생겨날 때, 주체성의 윤곽을 그리는 새로운 경계 설정하기가 어떻게 작동하는지 다시 한 번 알 수 있다.

사회적이고 문화적인 송금과 관련해, 영화 <홈랜드(Homeland)>에서와 같이 엘살바도르로 추방당해 낯선 세계와 마주한 로스엔젤레스의 엘살바도르 갱단을 들 수 있다. 부모들이 일을 하는 동안 방치된 아이들은 치카노 갱들 사이에서 공동체 의식을 찾고 나중에는 그들만의 가치와 특징을 가지고 엘살바도르 갱단을 만든다. 빈민들이 기껏 할 수 있는 일이라고는 조립공장에 들어가거나 이민 가는 것이 전부인 나라에서, 더욱이 일거리가 없는 빈민가에서 이러한 패거리들이 계속 형성되어갔다. 이들은 록커처럼 긴 머리를 하고 미국에 들어와서 촐로 스타일로 머리를 밀고 마라 살바트루차(la Mara Salvatrucha)와 마라 18(la Mara 18)과 같은 문양으로 문신을 했다. 사라 갈랜드(Garland, 2004)의 설명에 따르면, 갱단은 그들의 정체성의 표식을 초국가화하고 각각의 '온라인' 활동에 대한 정보를 교환하면서 다른 이주자 집단들의 연결망이 된다. 그들은 각자의 인터넷 사이트를 가지고 있으며 토론과 대화를 나눈다.

갈랜드는 엘살바도르 갱단이 엘리트와 빈민 사이에 지속된 케케묵은 충돌의 새로운 얼굴인지, 혹은 이 둘 사이의 라이벌 의식이 내전의 종식과 함께 전통적인 계급투쟁이 막을 내린 신호인지 자문한다. 세계화는 사회적 충돌에 새로운 방향을 제시했는가? 폭력이 문화화된 것인가? 이주를 야기하고 갱단을 낳는 폭력은 모든 문화적 행위가 동시에 야만적인 행위라는 발터 벤야민의 말을 확인시켜준다. 세계화 그리고 근대성은 야누스의 두 얼굴이다. 하나는 이주자들과 갱단들의 연대를 위한 조직적인 거대한 창조성, 그들만의 하이퍼 창조성이고, 다른 하나는 소비주의로 흐르는 창조성, 즉 범죄로 이어지는 타자들의 창조성이다.

5. 맺는 말

따라서 이주·문화·세계화 간의 관계를 재고할 필요가 있다. 지금까지는 경제적인 전략으로 이주를 통제해왔다. 갱단과 관련해서는 엄격한 정책이 적용되어 문제 해결은커녕, 사회적 폭력으로부터 스스로를 보호하고자 하는 젊은이들의 창조적 에너지를 낭비하고, 연대정신 및 공동체 의식을 약화시켰다.

연합주의를, 폭력을 줄이기 위한 새로운 기회의 창출, 특히 문화적인 영역에서의 기회창출과 연결시키기 시작하는 사회가 있다. 이는 통합적이고 횡단적인 문화정책으로서 안전과 문화 또는 이주와 문화 사이의 관계를 인정하는 것이다. 즉, 공공정책을 기획하는 데 농장, 이민, 취업, 건강, 안전, 관광, 문화와 관련해 상이한 행정부처와 분과 사이의 거리를 재고할 필요가 있다는 것이다. 특히 문화가 행정부처에서 제도화되는 방식과 학교에서 학습되어온 형식을 재고할 필요가 있다.

오늘날 문화는 초월성이나 국가정체성의 집합 이상으로, 모든 사회생활 영역을 파고드는 것으로 이해되고 있다. 축제는 지역사회를 결속시킴과 동시에 일자리와 수입을 창출한다. 텔레비전처럼 미국 시청각산업의 쓰레기 방송을 방출하는 전 지구화된 커뮤니케이션의 분리효과를 조절해야 한다. 그러려면 지속 가능한 문화적 자원을 위한 공공정책을 실행해야 한다.

참고문헌

Appadurai, Arjun. 2001. "Dislocación y diferencia en la economía cultural global." en Arjun Appadurai. *La modernidad desbordada. Dimensiones culturales de la globalización.* Buenos Aires: Fondo de Cultura Económica, pp. 41~61.

_____. "La globalización y la imaginación en la investigación." s/f, en www. unesco.org/issj/rics160/appaduraispa.html

Arango, Joaquín. 2004. "Theories of International Migration." en Danièle Joly(ed.). *International Migration in the New Millennium: Global Movement and Settlement.* Aldershot: Ashgate, pp. 15~35.

Baker-Cristales, Beth. 2004. "Salvadoran Transformations: Class Consciousness and Ethnic Identity in a Transnational Milieu." *Latin American Perspectives.* vol. 31 No. 5, 9/2004, pp. 15~33.

Bajtin, Mijail. 1984. "The Problem of Content, Material and Form in Verbal Artistic Creativity." citado en Caryl Emerson(ed. y trad.). *Problems of Dostoevsky's Poetics.* Minneapolis: University of Minnesota Press, p. 301, n. 7.

_____. 1986. "The Problem of Speech Genres." en Caryl Emerson y Michael Holquist(eds.). Vern W. McGee(trad.). *Speech Genres and Other Late Essays.* Austin: University of Texas Press, pp. 60~102.

Bourdieu, Pierre. 1988. *La distinción.* Madrid: Taurus.

Butler, Judith. 2002. *Cuerpos que importan. Sobre los límites materiales y discursivos del "sexo".* Buenos Aires: Paidós.

Clifford, James. 1997. "Diásporas" en James Clifford. *Routes: Travel and Translation in the Late Twentieth Century.* Cambridge: Harvard University Press, pp. 244~278.

Comaroff, John y Jean Comaroff. 1992. *Ethnography and the Historical Imagination.* San Francisco: Westview Press.

Flores, Juan. 2004. "Cultural Remittances." ponencia presentada en la conferencia "Latinos Inside: Identity, Globalization and Citizenship." Center for the

Study of Ethnicity and Race. Nueva York: Universidad de Columbia, 6 de marzo de 2004.

García Canclini, Néstor. 1995. *Consumidores y ciudadanos. Conflictos multiculturales de la globalización*. México: Grijalbo.

Garland, Sarah. 2004. "Local Contexts/Global Gangs: The Transnational Networks of Central American Maras." tesis de maestría. Center for Latin American and Caribbean Studies. Nueva York: New York University.

Geertz, Clifford. 1991. *La interpretación de las culturas*. Gedisa, México.

Gramsci, Antonio. 1987. *Los intelectuales y la organización de la cultura*. Buenos Aires: Nueva Visión.

Guarnizo, Luis Eduardo, Alejandro Portes y William Heller. 2003. "Assimilation and Transnationalism: Determinants of Transnational Political Action among Contemporary Migrants." en *American Journal of Sociology*, vol. 108, No. 6, 5/2003, pp. 1211~1248.

Huntington, Samuel P. 2004. *¿Quiénes somos? Los desafíos a la identidad nacional estadounidense*. México: Paidós.

Kant, Emanuel. 1981. *Crítica del juicio*, 2a edición. Madrid: Espasa-Calpe.

Kroeber, A. L. y Clyde Kluckhohn. 1952. "Culture. A Critical Review of Concepts and Definitions." Papers of the Peabody Museum XLVII, Cambridge, p.1.

Levitt, Peggy. 2001. *The Transnational Villagers*. Berkeley: University of California Press.

Marroquín Parducci, Amparo. 2005. "Tres veces mojado. Migración internacional, cultura e identidad en El Salvador." *ECA: Estudios Centroamericanos*, No. 679-680, 5-6/2005, San Salvador, pp. 465~474.

Massey, Douglas S. 1998. "Contemporary Theories of International Migration." en Douglas S. Massey et al.(eds.). *Worlds in Motion: Understanding International Migration at the End of the Millennium*. Oxford: Clarendon Press, pp. 17~59.

Menjívar, Cecilia. 2000. *Fragmented Ties: Salvadoran Immigrant Networks in*

America. Berkeley: University of California Press.

Oboler, Suzanne. 1995. *Ethnic Labels, Latino Lives: Identity and the Politics of (Re)Presentation in the United States.* Minneapolis: University of Minnesota Press.

Rouse, Roger. 1991. "Mexican Migration and the Social Space of Postmodernism." en *Diaspora*, vol. 1 No. 1, primavera 1991.

Schiller, J. C. Friedrich von. 1990. *Kallias: Cartas sobre la educación estética del hombre.* Madrid: Anthropos.

Scott, Doug(dir.). 1999. 'Homeland.' 30 minutos, Indio Productions, videocasete.

Suárez Orozco, Carola, Irina Todorova y Josephine Louie. 2001. "The Transnationalization of Families: Immigrant Separations and Reunifications." en Harvard Graduate School of Education Press Release, 29/6/2001. http://gseweb.harvard.edu/news/features/suarez06292001.html

Williams, Raymond. 1980. *Marxismo y literatura.* Barcelona: Península.

_____. 2001. *Cultura y sociedad: 1780~1950.* Horacio Pons(trad). Buenos Aires: Nueva Visión.

Yúdice, George. 2002. "Los imperativos sociales de la performatividad." en George Yúdice. *El recurso de la cultura. Usos de la cultura en la era global.* Barcelona: Gedisa, pp. 57~105.

제3장

문학, 이종성 그리고 탈국가적 이주

후안 포블레테 _박은영 옮김

루벤 마르티네스의 『국경 넘기: 어느 멕시코 가족의 이주여행(Crossing Over: A Mexican Family on the Migrant Trail)』의 독해를 통해 미국의 라티노 문학에 관한 두 가지 가설을 제안한다. 첫 번째는 『국경 넘기』와 같은 책들은 미국 문학(그리고 라틴아메리카 문학)이 그들 문학이 가진 이종적 형성이라는 특성을 직면하게 하며, 이를 통해 문화적·언어적 번역과정의 불가피성과 직면하도록 한다는 점이다. 두 번째 가설은 이러한 종류의 이야기들은 문학에서 민족성이라는 것의 의미 및 민족주의적 사회적·문화적 공간의 영토화 형태를 변화시키는 것이 가능하다는 점을 보여주며 동시에 그 비평적 잠재력의 혁신을 증명한다는 것을 주장한다.

후안 포블레테 Juan Poblete 미국 거주 칠레인. 캘리포니아 대학교 산타크루스캠퍼스에서 라틴아메리카 문학 및 문화학과 부교수로 재직 중이다. *Literatura chilena del siglo XIX: entre públicos lectores y figuras autoriales*(Cuarto Propio, 2003)의 저자이고 *Critical Latin American and Latino Studies*(University of Minnesota Press, 2003)의 편집자이다.

* 이 글은 ≪Nueva Sociedad≫ 201호(2006년 라티노 특집호)에 실린 글을 옮긴 것이다.

최근 들어 라티노 ― 아메리카 인디오를 포함해 신식민적 역사과정의 결과 미국에 거주하게 된 라틴아메리카 출신 인구 전체로 정의된다 ― 는 미국의 가장 큰 소수민족이 되면서 수많은 전문가들이 관심을 가지는 주제가 되었다. 3억에 가까운 인구를 가진 미국은 그중 14%에 해당하는 4,100만 라티노 인구를 가지고 있다. 라티노는 흑인을 제치고 그 자리를 차지했는데, 이는 항상 흑백 인구축을 중심으로 구성되었다고 인식해왔던 국가의 역사적 자기인식을 복잡하게 만들어버렸다. 이 축에 여타 19세기 및 20세기 초반의 유럽 이주의 물결이 더해진 결과물로서 소수민족이 덧붙여지는 것으로 생각해온 것이다. 당연히 현재의 미국 남서부 영토의 멕시코인들과 푸에르토리코인들은 이 역사 속에 포함된 적이 없었다. 그들은 항상 그 이분 구도를 복잡하게 만드는 요소였을 뿐이다. 지금은 이러한 '역사 속 라티노'에 20세기 마지막 25년과 21세기에 대규모로 유입된 라티노 이민자들을 더해야 한다. 지금도 대다수는 멕시코인이 차지하고 있지만 수백만 명의 카리브, 중미, 남미 출신 또한 포함되어 있다. 커뮤니케이션과 교통수단이 고도로, 또 빠르게 발달한 역사적 시점에서 이러한 규모의 인구유입은 우려에서부터 외국인 혐오, 다문화주의에서 민족주의적 불만에 이르기까지 불안스럽고 다양한 반응을 불러일으켰다.

실제로 공적 영역에서 미국의 경제적·사회적·문화적 세계화는 자본에 관한 담론과 인구에 관한 것을 분리시키는 동시에 통합하는 일종의 분열증적인 방식으로 경험되었다. 결과적으로 포스트민족주의적 혹은 탈민족주의적이라고 부를 수 있을 과정들에 대한 이해에 민족주의적 틀이 유지되는 결과를 낳고 말았다. 금융과 통신의 세계화 과정을 이끌어온 국제적 엘리트들의 핵심적 위치를 차지해온 미국의 엘리트 소수집단은 지금까지는 단지 국내의 엘리트로만 여겨졌다. 다른 한편으로,

거대한 이민의 물결은 미국이란 나라로 동화되는 긴 과정을 거쳐야 할 이민자 대중으로만 비쳤다. 그러므로 필시 세계화의 영향이 미국에서 드러나는 형태들 중 하나일 미국 사회의 다문화화 과정은 근본적으로 국가의 구성 담론의 자체적이고 내적인 발전으로만 여겨졌는데 개인적 층위에서는 시민의 권리가, 그리고 집단적 층위에서는 서로 다른 이민의 물결이 만들어낸 소수자의 권리가 그것이다. 포스트민족주의적 시각으로 바라볼 때에만 그 두 가지 소수자의 형태(상업 및 이민 엘리트)가 우리가 세계화라고 부르는 자본과 세계 인구 변화와 유동 과정이 경제적·사회적으로 직접 영향을 끼친 결과물이라는 것을 이해할 수 있다. 즉 그렇게 되면 이전의 유럽 출신(유대인, 이탈리아인, 아일랜드인 등) 이민 물결의 통합과정을 설명하던 민족 근대화의 패러다임은 부적절하게 되는데, 멕시코인, 치카노, 푸에르토리코인의 신식민적 존재를 설명하기에 부적절할 뿐만 아니라 세계화의 새로운 흐름들을 이해하기에도 적절치 못하다.

1. 두 개의 가정

이러한 총체적 맥락과 미국의 라티노 문학에 관한 두 개 가정이라는 더 특정한 맥락에서, 나는 루벤 마르티네스의 『국경 넘기: 어느 멕시코 가족의 이주여행』이라는 텍스트의 독해를 여기에 제안하고 싶다. 나의 첫 가정은, 상기된 텍스트들로 대표되는 라티노 문학은 문화적 세계화와 세계화 문화의 시대에 미국의 민족 문학(또한 라틴아메리카 문학)이 이질적 문학 형성이라는 특징과 직면하게 하며, 그로써 문화적·언어적 번역의 불가피성을 그 구성요소의 하나로 받아들이도록 한다는 것이다.

미국의 민족 문학이 민족 문학 전통으로의 통합이라는 방식으로, 그러한 동화의 조건에 적극적으로 저항하는, 적어도 두 개의 언어로 쓰이며, 두 개의 문화적 상상력으로 쓰인 라티노 문학과 같은 문학에 동화하고자 노력한다는 측면에서 이러한 구성적 이질성은 민족 문학에 속하게 된다.

버클리 대학교 체류 무렵, 페루의 문화 형성에서의 이질성과 인디헤니스모에 관한 자신의 생각을 다듬었던 안토니오 코르네호 폴라르(Antonio Cornejo Polar)는 문학의 과정 내에서 네 개의 중요한 측면을 구분했다. 텍스트의 생산, 텍스트 자체, 그 대상물, 그리고 배급과 소비의 시스템이 그것이다. 코르네호 폴라르는 인디헤니스모의 위치와 그 한계 및 특히 페루 민족 문학에서 그 비평적 가능성을 더 잘 이해하기 위해서뿐만 아니라 동질적 문학과 이질적 문학을 구분하기 위해서 이 구분을 사용했다. "동일한 사회적·문화적 질서 내의 문학적 과정의 모든 심급에서의 동원"이 일어나는 그러한 문학은 동질적 문학이다. 반대로 이질적 문학은 "그 생산 과정의 사회적·문화적 기호의 이중성 혹은 복수성, 종합하면 이는 다른 요소들이 상호적으로 가진 관련성과 일치하지 않는 요소를 적어도 하나 이상 가지는 과정"(Cornejo Polar, 1982: 72~73)으로 특징지어진다. 코르네호 폴라르의 모델은 인디아스의 연대기들의 모델이었는데, 거기에는 대상이 과정의 다른 요소들과 일치하지 않았다.

그럼에도 불구하고, 인디아스에 관해 적혀 있는 연대기들은 대도시의 독자를 매료시킬 수 있을 때에 만들어진다. …… 연대기 작가는 이중의 요구를 느끼는데 그 이중의 요구는 '진실'이란 측면에서 인디오를 표현해야만 하므로 인디오라는 대상에 충실해야 하지만 동시에 그토록이나 자주 혼란스러워

하고 있는 연대기 작가 자신을 비롯해 남의 시각으로도 알아볼 수 있도록 해석과정을 거쳐야 한다는 점이다(Cornejo Polar, 1982: 75).

이와 유사하게, 루벤 마르티네스도 미초아칸, 멕시코 그리고 특히 미국의 미초아칸 이민자들의 상황 모두에 관해 상당히 정확하게 이야기 해내야 하는 어려움을 겪는다. 그는 자신들의 번역 및 이해 방식을 적용할 대도시 대중을 위해 그렇게 해야 하며, 이 이질성을 그의 텍스트가 가진 형식적·의미론적 골조와 밀도의 구성적 요소가 되게 할 것이다. 형식적 측면에서 텍스트는 증언, 강력한 자전적 어조를 띤 신문의 보고 기사와 인종 연구 사이를 오가게 된다. 허구이건 논픽션이건, 장르적으로 더 순수한 텍스트 해석의 공간을 규정하는 표준과는 다르게, 텍스트와 독자 사이의 핍진성 계약 설정의 요구 속에서 그 형식적 이질성은 만들어진다. 증언에서처럼, 여기에는 지배 담론과 경로에 접근할 수 없는 이들에게 목소리를 부여하려는 지식인과 민중 주체 사이의 연합이 존재한다. 새로운 저널리즘과 자서전에서처럼, 중립적인 체하는 태도의 전적인 포기, 단일한 관점과 강력한 작가의 존재를 볼 수 있다. 인종학에서처럼 여기에도 미시맥락, 더 구체적으로는 대가족 이민자의 실제 경험에서 구체적으로 드러나는 것을 통해 거시 상황을 보여주려는 노력 또한 존재한다. 거기에 더해 이 모든 요소들은 그 가족의 이야기를 대도시의 독자들이 자신들도 의식하지 못한 채 특권적 참여자가 되는 지정학적인 복합성을 띠는 또 다른 총체적 이야기와 연관 짓게 만든다. 소수자 문학 간에 존재하는 일종의 인종 간 분리주의를 비난하는 클리셰들과 달리, 이 문학은 (라티노 문학을 포함해) 이것을 지배 문화 및 문학과 구분하는 차이들만이 아니라 특히 두 현실 간의 연계들, 접촉들 그리고 상호의존을 빈번히 강조한다.

의미론적 측면에서는, 단일언어적 — 그리고 미국의 단일문화적 혹은 민족주의적 — 다문화 독해를 진정한 문화 간의 만남으로 변화시키려는 노력으로부터 밀도가 생겨나게 된다. 그 결과로 차이의 번역이나 단일화하는 동화 혹은 순전히 상업적인 이국화(異國化)에 국한되지 않고, 세계화의 맥락 속에서 타자성의 그리고 타자성 안에서의 변화와 진정한 경험에 열려 있게 하려는 것이다. 미국에서 아직도 주류를 이루는 특정 라티노 문학과는 반대로 『국경 넘기』는 이민의 경험이 가진 복합성을 인종적 타자성을 길들이는 것에 특화된 텍스트의 클리셰로 축소시키는 모든 노력들을 적극적으로 문제 삼고자 한다. 이러한 의미에서 『국경 넘기』는 신자유주의적 세계화 시대의 새로운 형태의 민족 문학의 일부라 할 수 있다. 19세기와 20세기에 전통적 민족 문학들이 그토록 단호히 꼽아온 민족주의적 근대화 과정 고유의 획일화 형태로부터 민족주의적인 것의 이질화와 재정돈의 다양한(때로는 모순적인) 형태들로 이행된 것이다. 게다가 민족주의적인 것의 새로운 (무)질서를 문학적으로 설명/언급/재현하려는 시도는 문화의 고도화된 세계화의 조건 속에서 그리고 세계화의 문화 가운데에서 일어나고 있다. 그러므로 나의 두 번째 가설은, 『국경 넘기』와 같은 텍스트들은 세계화 시대의 픽션 및 논픽션 민족주의 문학 텍스트들의 비판적 문화 잠재력을 드러내는 동시에, 문학에서 민족주의적인 것의 의미와 민족주의적·사회적·문화적 공간의 영토화가 지닌 형식들 자체의 변화가 가능함을 보여준다는 것을 주장한다.

이 두 가정에서 시작해, 나는 다음의 내용을 두 부분으로 나누어 전개할 것이다. 첫 부분에서는 미국에 있는 라티노들에 영향을 미치는 가시화와 비가시화의 복잡한 변증법을 언급한다. 두 번째 부분에서는 이민자라는 인물로부터 시작해 문화적 가상의 대상을 대비시켜 이러한 변증법으로부터 벗어나려는 마르티네스의 노력에 대해 다룬다.

2. 가시화와 비가시화

1960년대 라틴아메리카의 소외된 이들은 빈번히 근대화되지 못한 전통적 부문 혹은 근대화 과정 고유의 서비스와 재화에 접근할 수 없는 이들로 이론상 분류되었다. 이로 인해 결과적으로 통계에서 비가시화되었다. 오늘날 이 대륙에 사는 빈민들은 사회적으로 배제되거나, 그들의 빈곤의 책임을 본인이 져야 하는 처지에 몰려 있다. 미국에 사는 라티노들은 오늘날 특별한 조건에 놓여 있다. 이들은 정치적 행위자로서는 비가시화되어 있는 동시에 대중, 청중 혹은 소비자로서는 매우 가시화되어 있다. 네스토르 가르시아 캉클리니의 주장을 따라 탈영토화를 세계화의 지배적인 문화적 경험이자 지리적·사회적 영토들과의 본원적 혹은 이식화된 관계의 상실로 이해한다면, 미국의 라티노들은 탈영토화의 두 가지 모순적 과정을 겪어야 하는 처지에 있다는 점을 지적할 수 있다. 한편으로 이들은 출신국에서 삶의 조건이 해체된 것과 이주하려는 나라의 노동수요가 결합된 결과 미국으로 이주할 수밖에 없도록 구조적으로 강요된다. 다른 한편으로는 소비자 대중으로서 인종적 및 경제적으로 재영토화된다. 소비자 그룹으로 편성될 수 있도록, 부분적으로는 시민이길 그만두게 된다. 가시적인 동시에 비가시적이 되는 이 상황은 다양한 각도에서 설명될 수 있다. 그전에 이민 현상의 규모를 재빨리 가늠해보기 위해 몇 가지 수치를 언급해보자. 제프리 S. 파셀과 로베르토 수로(Jeffrey S. Passel y Roberto Suro, 2005)에 따르면 미국은 1992년과 1997년 사이 매년 평균 113만 9,000명, 1999년과 2000년 사이에는 매년 평균 154만 1,000명, 2002년과 2004년 사이에는 매년 평균 116만 4,000명의 이민자들을 받아들였다. 그들 중에서 3분의 1은 멕시코 출신이며 여기에 더해 거의 4분의 1이 여타 라틴아메리카 국가들 출신이다.

총 이민자들 중 3분의 1 이상이 불법 이민자로 구성되어 있고, 이들 중 대다수가 멕시코와 멕시코를 통해 유입된 여타 라틴아메리카 국가 출신이다. 라티노 혹은 히스패닉의 유입은 총 이민자 수의 50% 이상으로 지속적이었는데 1992년과 1997년 사이 매년 총 114만 2,000명 중에서 매년 평균 55만 4,000명, 1999년과 2000년 사이에는 매년 평균 154만 명 중 75만 1,000명, 2002년과 2004년 사이에는 매년 평균 총 116만 명 중 57만 6,000명이 히스패닉 이민자들이었다. 이러한 자료들을 통해 가시화/비가시화의 역학에 내맡겨진 인구의 규모를 측정해볼 수 있다.

니콜라스 P. 드 제노바(Nicholas P. De Genova)는 그가 불법 이주민들의 '불법성'과 이로 인한 '추방가능성'의 이론적 법규라고 부르는 것을 조사했다. 미셸 푸코를 따라 드 제노바는 법적 규범이 주체의 역사적 조건을 생산할 수 있다고 주장한다. 이런 식으로 그는 객관적이라고 추정된 미국의 라티노 이주민들의 '불법성'의 상태가 아니라, 이를 담론적으로 생산해내는 사회적으로 실효성 있는 형식들을 연구한다. 그러므로 조건보다는 과정을, 이민자들의 법률적·문화적 및 경제사회적 '불법성'보다는 '불법화'를 연구한다. 개입과 연구의 새로운 가능성을 열기 위해 카테고리들을 낯설게 하고 변형시키는 것이다. 이러한 관점에서 바라보면, 다른 법적 주체들(예를 들어 경제적·노동적 거시과정들)과 관계 맺게 해주는 여타의 사회적·정치적이고 문화적인 관계들과 이민자들의 법적 조건(그들의 '불법성')을 구분하는 것은 불필요하게도 국가와 동일한 시각을 갖는 것을 의미한다. 즉 국가처럼 보고 생각하는 것이다.

미국의 라티노들에 대한 이민 정책의 역사를 살피면서 드 제노바는 이러한 정책들— 규제화, 합법화, 사면의 사이클, 제2차 세계대전 중의 브라세로 프로그램과 같은 프로그램들을 포함하는— 을 이민자가 밀려오는 것을 규제, 관리 및 이용하려는 일련의 복잡하고 계산된 국가의 개입으로 설명할 수 있다는 결론에 이른다. 이런 식으로, 이민자를 물리적으로 배제하는 것이 아니라, 특정 조건, 즉 취약성과 추방가능성하에 차별적으로 그들을 포함시키려고 모색하는 것이다. 상상할 수 있겠지만, 이민자 노동력이 이렇게 통제되고 종속되면, 국가적 맥락에서 다른 노동자를 보호하는 대부분의 권리를 아직 갖지 못한, 특별히 싼 노동력을 얼마나 잘 활용하느냐에 상당 부분을 의존하는 미국의 국가와 경제분야에는 국가적 맥락에서 높은 생산성으로 작용하게 된다. 그렇게 구성된 이민자는 상반되면서 상호보완적인 두 과정의 대상이 되어버린다. 국가, 사회과학 및 정치의 개념화 속에서는 고도로 가시적이거나 가시화되어 있는 반면 그를 구성하고 있는 경제적·법률적 과정들에서는 지속적으로 비가시화되고 동질화된다. 이 복잡한 시스템이 작동하기 위해서는 드 제노바가 "국경과 '불법' 이주민의 스펙터클"이라고 부르는 것이 필요하게 된다. 국가는 '불법성' 조건에 놓여 있는 이주민을 가시화하고 동시에 법의 생산성과 경제 및 이민 정책의 공모관계를 비가시화한다. '불법' 이주민들은 미국 대중이 국내에서 소비할 스펙터클처럼, 국경에서 거의 의식을 치르듯이 체포되고, 절차 없이 멕시코로 바로 송환되면 거기서 또다시 수차례에 걸쳐 새롭게 월경을 시도할 것이다.

아를렌 다빌라(Arlene Dávila, 2001)는 개인을 소비자로, 국민들을 시장으로 변하게 하는 그 과정을 연구했다. 정치의 영역에서 참여가 권력으로 해석될 수 있다면, 미국의 라티노들은 계속해서 이 비가시성의 희생자들이 된다. 인구조사에서 수치로 반영되는 것이 정치권력의 영역에서는 실질적 상관물이나 등가물을 갖지 않는다. 다른 한편에서는 시장이라고 하는 곳을 참여와 소비가 상업적 기업들 측에서의 공적인 인정으로 해석되는 사회적 공간이라고 본다면, 라티노들은 가시성의 상당한 몫을 얻어놓은 셈이다. 다빌라는 이 가시성/비가시성의 관계가 미국의 라티노 인구의 진정한 복잡성을 갉아먹으며, 그들의 정치적 참여의 가시적 형태들에 한계로 작용한다는 것을 의미한다고 주장한다. 이러한 방식으로 라티노들은 근본적으로 정치적이 아닌 문화적 관점에서 정의된다. 그러므로 매스컴에서 사용되는 영향력 있는 정체성(묘사) 속에서 이들은 단일 언어(스페인어)와, 가족과 종교(가톨릭)에 관련된 일련의 전통적 가치들에 의해 정의되는 문화적으로 단일한 민족으로 보이게 된다.

라티노들에 관한 '진실'은 중재되고 거래된 하나의 정체성을 구성하는 다양한 요인들에 의해 특화되고 전개된 일련의 담론들에 의해 생산된다. 마케팅 및 홍보 회사들이 전개하는 노력은 이러한 지식의 생산에서 중심적인 위치를 차지한다. 미국의 거대 기업들이 그러한 범주의 잠재적 청중 혹은 대중에 접근해야 할 필요성을 마주해, 그들의 전략은 진짜 라티노에 라티노라는 인종 지식을 갖춘 인물을 찾는 것이다. 인종주의적이고 단순화시키는 일련의 스테레오타입들은 라티노 '가치들', 라티노 '룩', 미국이라는 사회 분위기 안에서 문화적 동화가 결여되고 라틴아메리카에 대해 지속적으로 피드백을 받아야 하는 것으로 정의되는 히스패닉의 이미지의 집합을 만들어내기 위해 동원된다. 비록 상황은 더 나아졌지만 이런 방식으로 여전히 라티노들을 외국인 소수자로 영속적으로 축소시키는 지배적 시각이 존재한다. 이것은 백인 다수자의 편견에 해당하는데, 그렇게 해서 이중언어 사용자 혹은 영어나 원주민어 단일 언어를 사용하는 수백만의 라티노들 혹은 치카노들을 비가시화시킬 수 있다. 이들 중 많은 수가 미국에서 태어났고, 미국 남서부의 신식민지화된 영토에 거주하는 여러 세대에 속한 인구의 후손들이다. 동일한, 영구히 외래적이고, 기한 없는 문화 동화의 과정에 있는 라티노 민족이라는 이미지는 라티노 요인과 정치적 행위자로서 그들의 가능한 부상(浮上)을 중화시키려는 이들의 이익에 도움이 된다. 그렇게 하면 그들의 대리 기구나 정치적 요구가 아니라, 기껏해야 자신들의 축제나 행사, 자신들의 음식, 자신들의 음악에서나 문화적으로 인정받을 인종적 소수자(흑인, 아시아인, 라티노 등)가 있는 백인 프로테스탄트 국가라고 계속 상상할 수 있는 것이다.

마지막으로 사스키아 사센(Saskia Sassen)은 신자유주의적 세계화 시대의 도시들을 정치적으로 새로운 주체들 및 새로운 장소들이 부상(浮上)하는 것이 보이기 시작하는 공간으로 연구할 것을 제안한다. '세계적 도시들'은 부분적 탈민족화 과정의 결과인 만큼, 세계화 시대 시민권 재창조의 가능성을 제기하게 하는 특별히 강력한 예가 될 수 있을 것이다. 복지국가로부터 경쟁적 국가로의 이동, 대량 이주와 높은 실업률(젊은이들을 노동과 국가로부터 단절시키는), 시장의 사회 조정 메카니즘이라는 카테고리로의 승격 등으로 기구로서의 시민권은 급진적 방식으로 변화하고 있다. 사센에 따르면, 국민국가와 강력히 연관된 시민권은 그 법적 지위의 규모와 규범적 혹은 이상적 기획의 조건 사이의 대립으로 긴장상태에 놓이게 된다고 한다. 이러한 대립에 의해 열린 공간에는, 한편에는 시민의 지위를 확인해주는 공식적 법규가 그 실질적 정치의 대표자를 보장해주기에 충분치 못한 소수자들(인종적·종교적·성적)의 좌절된 희망이 놓이게 될 것이고, 다른 한편에는 시민으로 공식 인정받지 못했지만, 찾아간 사회와 '비공식적 사회계약'을 맺는 데 성공한 주체들의 관행들이 놓이게 될 것이다.

그렇게 불법 이주민들은 실제로 노동, 취학, 종교적·문화적 일상의 관행들을 통해 시민권 청구의 기반을 놓아가고 있는 것이다. 세계화된 도시의 거주자들에게 이러한 비공식 시민들은 민족적인 것의 변환의 순간에 시민권의 의미를 확장시키고 있는 것일 것이다. 대량 이주, 세계화된 시장의 부상, 초국적 기업의 혼합된 영향으로 발생하는 탈국가화의 과정에 있는 이 도시는 정치적인 것의 새로운 지리의 일부가 될 것이다. 그 속에서 빈자, 비적응자, 이주자들은 사업의 글로벌한 맥락 속에 고도로 연계된 권력자들과 동일한 공간에서 활동하며, 이들을 위해 그들의 식당, 화장실, 택시, 호텔, 집에서 봉사하고 있다. 사센에 따르면 이러한 이주자들은 그렇게 하여 새로운 가시성, 즉 그들의 실질 권력의 증가와 직접적으로 연계되지 않긴 하지만 새로운 정치 형태의 가능성으로서 개념화될 수 있는 존재로서의 가시성을 획득하게 된다.

그러므로 미국의 라티노들과 관련해, 가시성, 비가시화, 그리고 사회적으로 형성된 새로운 형태의 가시성이 있다. 이제 나는 그 축들을 미국의 라티노 문학의 구성적 동일성에 관한 나의 두 가지 가정의 맥락에서 간단히 마르티네스의 텍스트에 접근하기 위해 사용해보고 싶다.

3. 국경 넘기: 이질성과 민족 문학

루벤 마르티네스의 『국경 넘기: 어느 멕시코 가족의 이주여행(Crossing Over: A Mexican Family on the Migrant Trail)』은 2001년에 출판되었다. 이 텍스트는 벤하민, 하이메, 살바도르 차베스네 대가족과 가진 2년 이상에 걸친 현지조사의 결과물이다. 체란(Cherán)에서 온 이 3명의 멕시코 이주민들은 미국 이민국 경찰에게 쫓기던 중 캘리포니아 주 남부의 테메쿨라(Temecula)에서 교통사고로 다른 노동자 5명과 함께 사망했다. 마르티네스는 사고장소에서 그의 여행을 시작해 거기서부터 희생자들의 여정을 되짚어 올라가 그들의 고향 마을까지, 그리고 나서는 그들 가족들의 여정을 따라간다. 여정은 체란(미초아칸 주에 있는)에서 캘리포니아(왓슨빌과 내가 현재 이 원고를 쓰고 있는 곳인 산타크루스), 위스콘신, 미주리와 아칸소 주까지 그들을 이끌 것이고, 차베스 가족의 다른 구성원들을 통해 적어도 다른 세 이민자 가족의 여정과 관련될 것이다. 마르티네스에 따르면, 체란은 인구 3만 명(이들 중 많은 이들이 푸레페차 부족 출신이다)의 도시로, 이들 중 매년 봄 만 명의 주민이 미국으로 여행하며, 몇 달 후에는 모아둔 돈과 건너편으로 넘어가 그곳에서 살았던 이야기를 가지고 다시 길을 나서는 것이다. 300만 명 이상의 미초아칸인들이 현재 미국에서 살며 일하고 있다(Martínez, 2001: 31). 그러므로 이 이야기의 맥락은 교류와 지리적인 그리고 문화적인 이주의 망, 그리고 미국에 영구적으로 혹은 빈번히 거주하고 있는 광범위한 이주민 인구에 대한 것이다. 또한 드 제노바, 다빌라와 사센이 우리에게 논한 가시성/비가시성의 변증법이라는 맥락의 논의이다.

마르티네스의 텍스트를 이끄는 수사적 개념은 흐름인데, 세계화에 관한 문화적 문헌들에서 많이 보이는 모습이고, 적어도 아르준 아파두라이의 책에서는 그렇다고 할 수 있다. 물론, 가장 주된 것은 미국으로 가는 그리고 미국에서 나오는 이민자의 흐름이다. 멕시코의 여러 주들(미초아칸뿐 아니라 사카테카스, 오악사카, 베라크루스, 푸에블라 등을 더 언급할 수 있다)에 널리 퍼져 있는 기준을 다시 옮겨보자면, 미초아칸인들 전체, 특히 사모라와 체란의 주민들은 자신들의 출신 사회와 그들을 수용하는 사회의 윤곽까지도 강력히 변화시켜가는 이주의 망(網)을 형성해놓았다. 이는 특히 미국의 여러 주에서 더욱 분명히 드러나는데 최근 몇 년간 라티노 이주민이 더 많이 증가했고, 이들 중에서 예를 들면, 노스캐롤라이나, 아칸소, 콜로라도, 조지아 등이 상대적으로 새롭게 이름을 올렸다.

이러한 방식으로 사모라의 모든 주민들과 미초아칸의 모든 사람들이 이주하고— 혹은 이주 후 돌아오고 있다. 그 움직임은 원형적이다. 이주하면서 미래를 직면하고, 그리고 나서는 후에 집으로 돌아오는 것으로 과거에 경의를 표하는 것이다. 그곳을 방문해 그토록 많은 땀을 흘려 벌어온 달러를 써가면서 말이다(Martínez, 2001: 25).

혹은 이러한 망들의 세계화된 복잡한 구조를 언급하는 체란의 지역 사제의 말을 빌리자면 이렇다.

관련된 모든 편에 이 죽음들에 책임이 있다. …… 마치 사슬과 같다. 코요테들은 국경을 건너는 이주민들을 대가로 돈을 벌고, 미국의 농부들도 물론 멕시코의 가족들과 정부도 똑같이 그렇게 한다. 체란에서 혹은 미국에서 시작한다고 말할 수 없다. 동시에 모든 곳에 있는 것이다(Martínez, 2001: 43).

『국경 넘기』에서 마르티네스가 뒤따르고 있는 차베스, 엔리케스, 타피아, 코르테스 가족들은 텍스트에 의해 고정된 두 좌표들 사이를 그렇게 움직여 나갈 것이다. 차베스 형제의 죽음으로 나타나는 최고 정체의 순간과 멕시코 내부 그리고 멕시코와 미국 사이에서 하는 여행 그 자체로 나타나는 최고 유동의 순간. 이 과정 속에서 이주자와 마르티네스의 책은 현실과 텍스트적인 것에서, 암묵적이자 명시적으로 그 나라들의 형성을 이끌어온 담론적 가상들에 관해 공고한 작업을 전개시켜갈 것이다. 『국경 넘기』의 이러한 메타담론적 노고에서 보이는 많은 발현들 중에서, 지금 하나를 선택한다. 그것은 우리가 이주민들의 '일생의 꿈'이라고 부를 수 있는 것의 복잡성이다.

미래는 그의 딸 예니에게 미국 교육을 받게 해주고, 세인트루이스나 아니면 시카고에서 괜찮은 아파트를 가지는 것, 새 차에 이곳 체란에서 땅을 좀 사두는 것을 의미한다. 실제로 체란에서는 모든 사람들이 이 꿈을 꾼다. 마셔도 되는 온수와 냉수가 나오고, 부엌이 있으며, 지붕에는 커다란 위성 TV 안테나가 있는 2층짜리 집을 지을 땅 한 조각을 가지는 꿈을 말이다 (Martínez, 2001: 66).

이상적인 집처럼, 이 꿈은 두 개의 집, 두 개의 영토로 되어 있고, 미국과 멕시코 경제의 신자유주의적 세계화의 맥락 속에서는 이뤄진다 해도 두 영토 사이를 오가야만 이뤄질 수 있는 것으로 바뀌었다. 간단히 말하자면, 꿈은 이쪽에 있는 것처럼 저쪽에서 살 수 있는 것이자 저쪽에 있는 것처럼 이쪽에서 살 수 있는 것을 말한다. 이런 유목적 삶 속에서 복잡성은 '이쪽'과 '저쪽'이 상호대조와 공존으로 정의되는 상대적인 용어일 수밖에 없다는 것에서 나온다. "묘한 일이 벌어진다. 반드시 돌아와야 하기 때문에 집을 떠나야 한다. 혹은 떠나야 하므로 돌아온다. 그런 어떤 일이다"(Martínez, 2001: 128).

축제의 시기가 도래하고 미국에서 수확철이 끝나면 이민자들은 자기가 있던 도시 풍경의 현물 — 비디오 플레이어와 라디오, 항상 인기 있는 믹서기와 다른 가전제품들, 옷과 컴퓨터 게임들로 채워진 거대한 상자들 — 을 짐 속에 챙겨 넣고, 그것들을 할리스코나 사카테카스, 산살바도르나 마나과의 마을의 자기 집으로 실어간다. 그러나 그건 절차의 절반에 불과하다. 축제나 새해가 끝나면 이민자들은 (고향 마을에서) 다른 종류의 물건들을 가지고 온다. 언어, 신화, 의식들로 가득 찬 머리와 마음에 머무는 그런 품목들을. …… 이제 조국(homeland)이라는 말을 예전과 같은 방식으로 사용할 수는 없어진 것 같은 생각이 든다. 조국은 이미 존재하지 않는다

(Martínez, 2001: 140).

마르티네스의 텍스트는 그 나름대로 이러한 (북)아메리카의 꿈과 그 이미지들의 내부로부터 글을 쓰고 그 이데올로기적 한계의 바깥으로부터 이해를 하는 것 사이에서, 그의 백인 앵글로 대중이 알아보고 이해하는 언어로 말하는 것과 사회적인 것의 한계지어진 어휘들을 확장시키거나 혹은 비판적으로 이용할 수 있는 언어로 말하는 것 사이에서, 이러한 왕래를 담론적으로 재현해낸다. 그리하여 예를 들자면, 모든 다문화주의적 독자라면 이민자의 모험여행의 이상적인 정점으로 여길 완벽한 인종적 동화과정 혹은 실현된 개인의 운명이란 것이 원용(援用)되는 동시에 그 문화적 한계와 특수성이라는 현실에 의해 중화된다.

엔리케스 가족은 노워크(위스콘신 주)에 집을 샀다. 체란에 재산을 소유하고 있다. 여러 대의 차가 있다. 오늘날, 온 가족은 합법적 지위를 얻었고, 쉽사리 국경 이쪽과 저쪽을 여행 다닌다. 그럼에도 엔리케스 가족을 미국에서 쓰이는 의미대로의 중산층이라고 부르는 것은 오류일 것이다. 그 무엇보다 미국의 중산층이 그들을 자신들과 동등한 이들로 생각하는 일은 없을 것이기 때문이다. 다음으로는 이 가족의 상대적인 성공이 집단적 경제의 결과물이라는 점이다. 어느 백인 중산층 가족이 부모와 성인 자식들을 포함해 다 함께 육가공 공장에서 일하고, 같은 집에서 일하며, 그들의 돈을 모으고, 아버지만 중요한 재정적 결정을 내리도록 허용하겠는가? 엔리케스 가족은 (북)아메리카의 꿈을 그들 푸레페차 족의 원칙에 따라서 주조해 놓았다 (114쪽).

때때로 『국경 넘기』는 이데올로기적이고 문화적인 한계의 틀에 갇혀 있다. 미국이 미래이며 체란이 과거라고 일방적으로, 또 그 책이 부각시키고 있는 복잡성에 모순되게 주장하는 경우에서 볼 수 있는 것처럼. 그럼에도 더 빈번히 이 텍스트는 민족적인 것을 영토화하는 두 개의 지배적 형식들을 재영토화하면서 중심에 머물기의 기술(드 세르토)을 멋지게 전개한다. 이렇게 해서『국경 넘기』는 이주의 경험을 특징짓는 두 얼굴의 시선을 담론적으로 이용한다.

미국의 미시시피(강) 서쪽 팽창의 기념물인 저 유명한 게이트웨이 아치를 지난다. 그러나 오늘 밤에 우리는 동쪽으로 가고 있고 나는 미국의 개척자 그룹이 아닌 멕시코인들과 함께 있다. 오늘날 멕시코인들에게, 약속의 땅은 대서양 쪽에 있다. 반이민의 열풍과 포화상태에 있는 서부의 노동시장에 떠밀려, 그리고 (미국의) 중서부와 남부를 따라 농업 및 서비스업 지역에 나타나는 일손 부족에 이끌려 이주민들은 조국(heartland)의 심장에 도달했다(186쪽).

인용문은 마르티네스의 텍스트, 최고의 라티노 문학 텍스트의 지속적인 담론 작용을 명확히 드러내 준다. 서부를 향한 "문명화시키는 프런티어"라고 불리는 그 팽창의 와중에 있는 백인 개척자들의, 미국의 자기이해를 위해 전통적이고 근본적인 이미지가 펼쳐진다. 그리고는 거꾸로 흐르는 이주의 흐름 속에 있는 멕시코인들을 배치하는 행위자 교체를 통해 개입한다. 앵글로 독자에게 알아볼 수 있는 수사적 요소들이 주어지고, 그리고 나서는 그 비유들이 새로운 내용과 새로운 행위자를 가지고 개입하기 위해 사용된다. 미국의 이 라티노 문학은 해독과 이해를 하게 해주는 친밀성과, 다른 방식으로라면 재빨리 인종적인 것의 동화를 강요하게 될 이데올로기적이고 문화적인 전제들의 탈친밀화 사이에서 움직인다. 이리하여 위의 문학은 그 구성적 이질성을 자신들이 접촉하는 사회적 상상력이 가진 동질성과 확실성을 해체하는 수단으로 사용한다.

4. 결론

라티노 문학은 역할을 불평등하게 분배하는 구조에서 출발하는 경우가 흔하다. 암묵적 독자들이나 텍스트에 편입된 모델, 그리고 실제의 유효한 독자들은, 상대적으로 단일언어적 다문화 의식을 기진 백인에 단일언어를 사용하는 미국인인 경우가 많다. 이주자들은 열정의 주체이자 이국화나 열대화에서 백인들의 동정심에 이르는 다양한 스펙트럼의 반응을 얻는 대상이다. 그러므로 루벤 마르티네스가 하려는 시도는 1990년대의 특정 주류 라티노 문학의 뿌리가 되었던 정체되고 전유하는 다문화주의에 활기를 불어넣어, 양쪽의 기호 시스템이 대립과 교섭에 들어가는 문화 간의 경험으로 바꾸어놓는 것이다(비록『국경 넘기』에서 이것이 발화나 발화하기의 차원이 아닌 발화자나 발화된 것의 차원에서 훨씬 더 많이 일어나기는 하지만 말이다. 즉 비록 이것이 두 언어를 사용하는 텍스트이기보다는 훨씬 더 두 문화적인 텍스트임에도 불구하고 말이다). 그러므로 텍스트의 초반에는 세 명의 이주자 형제들의 죽음이라는 맥락에서 예수의 수난을 언급하지만, 작가는 안으로부터 그들 자신의 세계관과 삶의 기획으로부터 그들을 이해하려고 노력한다. 즉 경제적 탈구조화와 두 국가 사회에서 겪는 소외화의 맥락에서, 일상의 삶 속에서 그들을 움직이는 에너지만이 아니라 그들의 역사적 행위자로서의 성격을 회복시키면서 말이다.

마르티네스의 작품에서, 과정으로서 급진적 탈영토화와 접촉지역에서의 기호적 접촉으로서 상호관계에 초점을 두는 것은 라티노의 가시화/비가시화라는 변증법을 생산하고, 이들을 자신의 문화적 자원을 동원할 수 있는 주체로서보다 다문화적인 것을 거래하는 시장에서 타자성을 재현의 거래 대상으로 만드는 이질적 재현 구조에 개입할 수 있는 라티노 문학의 가능성을 알린다. 마지막으로 마르티네스의 텍스트는 세계화 시대의 민족 문학의 가능성이 형상화된 것이기도 하다. 그 문화적 중심 과제는 국가의 시민권을 구성하는, 심문해대는 한정된 질서를 생산하는 정체성을 확인하는 확실성의 건설이 아니라, 무질서한 세상에서 오히려 그에 대해 지속적으로 문제를 제기하고 잠재력 있게 확장해나가는 것이다. 이를 위해서는 서로 다른 이들 간의 민족 간 그리고 문화 간의 접촉이 민족의 내부와 외부의 새로운 형태의 평등을 건설하는 데 결정적이다.

참고문헌

Cornejo Polar, Antonio. 1982. "El indigenismo y las literaturas heterogéneas: su doble estatuto sociocultural." en *Arte, literatura y crítica latinoamericana.* Caracas: Universidad Central de Venezuela, pp. 67~85.

Dávila, Arlene. 2001. *Latinos Inc. The Marketing and Making of a People.* Berkeley: University of California Press.

De Certeau, Michel. 1984. *The Practice of Everyday Life.* Berkeley: University of California Press.

De Genova, Nicholas. 2002. "Migrants 'Illegality' and Deportability in Everyday Life." *Annual Review of Anthropology*, No. 31, pp. 419~447.

Martínez, Rubén. 2001. *Crossing Over. A Mexican Family on the Migrant Trail.* Nueva York: Picador.

Sassen, Saskia. 2002. "The Repositioning of Citizenship: Emergent Subjects and Spaces for Politics." *Berkeley Journal of Sociology: A Critical Review*, No. 46, pp. 4~26.

Passel, Jeffrey S. y Roberto Suro. 2005. "Rise, Peak and Decline: Trends in U.S. Immigration 1992~2004." 7/9/2005, disponible en http://pewhispanic.org/reports/report.php?ReportID=53

제 2 부
라티노 도시와 문화적 확장

제4장

바리오의 크레올 문화

카리브 디아스포라의 뿌리와 도전

후안 플로레스 _강성식 옮김

지금까지 대부분의 연구는 민족 문화, 식민 문화, 신식민 문화가 디아스포라에 의한 도시 내 이문화 섬(enclave)에 어떤 영향을 미치는지에 대한 탐구가 주된 경향이었다. 여기서는 정반대 방향의 길이 제안된다. 이 글은 우리를 항공기에 태워 뉴욕으로부터 출신지인 푸에르토리코로 회귀시키는데, 이는 이민자들이 귀환하면서 휴대하는 문화적·음악적 수하물을 분석하기 위함이다. 윌리 콜론(Willie Colón)의 살사나 바리오와 브롱크스(Bronx) 거리에서 익힌 힙합은 그런 운송물의 일부로 카리브 문화 전통을 재정립하고 있다.

후안 플로레스 Juan Flores 문화 및 문학사, 대중문화, 민족성과 인종 문제, 특히 푸에르토리코인과 라티노 연구 전문가. 뉴욕 시립대학교 헌터칼리지의 대학원 연구소 교수. 주요 저서로 *Divided Boders: Essays on Puerto Rican Identity*(Arte Público Press, 1993), *La venganza de Cortijo y otros ensayos*(Huracán, 1997), *From Bomba to Hip-hop, Puerto Rican Culture and Latino Identity*(Columbia University Press, 2000) 등이 있다.

* 이 글은 ≪Nueva Sociedad≫ 201호(2006년 라티노 특집호)에 실린 글을 옮긴 것이다.

1. 창공의 시내버스

두어 명의 폭한들이 비행기 중앙 통로를 휘젓고 다니고 있는 것을 본 스튜어디스가 겁에 질려 외마디 비명을 토해낸다. 산후안과 뉴욕 간 비행에서 한바탕 소동을 낳은 여러 비행 중의 하나로 맨 뒤 좌석까지 온갖 종류의 푸에르토리코인들로 만원이다. '공포에 질린' 스튜어디스는 "천사 같고 순진하며 …… 미끈한 금발의, 한창 시절 킴 노박(Kim Novak)이 그랬던 것과 같은 매끈한 금발의" 미국인으로 묘사되고 있다. 무슨 일일까? 행패? 아니면 납치? 이 테러리스트 폭한들은 대체 누구란 말인가? 여승무원과 승객들 사이로 두려움이 번져갔지만, 푸에르토리코인들 사이에는 알 듯 말 듯한 미소, 아이러니와 버무려진 친숙한 익살이 일었다. 푸에르토리코인들이 말하는 '하이베리아(jaibería)', 상황 응대술이었다(Quiñones, 2000).[1] 이로써 극적인 문화 충돌을 위한 장면이 예비된다.

현대 카리브 문화 관련 학생들이라면 푸에르토리코 출신 루이스 라파엘 산체스(Luis Rafael Sánchez)의 환상적이고 독창적인 에세이 『창공의 시내버스(La guagua aérea)』(Sánchez, 1994) 첫 부분인 이 인상적인 장면, 그의 동포 대부분이 알고 있는 항공기에서 벌어지는 참으로 재미있고 시사적인 이야기를 떠올릴 수 있을 것이다. 그 에세이는 1983년 출간되자마자 정전의 자리에 올랐는데, 헤어날 수 없는 순환적인 이민 과정에 얽매여 든 한 민족의 실존적 감정을 꼬집어낸 까닭이었다. 사랑하지만 문제투성이인 조국과 냉혹하고 적대적이지만 일면 아주 친숙하기도

---

1) 'Jaibería'에 관해서는 Frances Negrón-Muntaner y Ramón Grosfoguel, *Puerto Rican Jam*(Minneapolis: Minnesota University Press, 1997) 참고.

한 미국의 도시 풍광 사이를 오가는 과정에서 그 민족 구성원들은 지워지지 않는 문화의 문신을 옮겨 나른다. 그 이야기가 동포의 마음결을 얼마나 세게 강타했던지 다양한 언어로 수없이 출판되어왔다. 그 이야기는 푸에르토리코 섬, 미국, 라틴아메리카, 카리브 등지의 여러 학교와 대학교에서 즐겨 읽히고 있고, 널리 알려진 한 영화 대본의 소재가 되기도 했으며, 현대 푸에르토리코에 대한 두 권의 책, 그 제목부터 의미심장한 『통근자 민족』과 『이동 중인 푸에르토리코 민족』[2]의 상징 길잡이 역할도 했다. 군말 필요 없는 그 제목만으로도 『창공의 시내버스』는 현대 푸에르토리코 문학에서 가장 유명한 작품의 자리를 확고히 해왔다.

요즈음의 이주는 이미 일생일대의 상흔이 아니라 일상적인 나들이가 되어서, 마치 시내버스나 지하철을 타고 동일하게 익숙한 또 하나의 목적지로 가는 일이나 마찬가지다. 앞 책 이야기의 아주 흥미로우면서도 조마조마한 여행에서 나타나는 감정은 지극히 일상적이어서 승객들은 자신들이 어디로 향하는지 그 감마저 상실하고 뉴욕에 도착하는지 아니면 산후안에 도착하는지 문득 가늠해보게 된다. 두 곳 모두 출발지가, 또 목적지가 되기도 한다. 그래서 그 폭한들이 푸에르토리코의 바야몬에서 잡혔다고 해도 그 거처는, 물어볼 것도 없이, 브롱크스에도 분명 존재할 것이다. 섬을 벗어나 있다고 해도 자신들의 문화를 잃어버릴 심각한 위험 없이 뉴욕, 뉴저지, 시카고 혹은 플로리다의 자기 집에 머무를 수 있다. '응대술'이 얼마나 유연하면서도 얼마나 불변적인가!

---

2) Carlos Yorres et al.(eds.), *The Commuter Nation: Perspectives on Puerto Rican Migration*(Río Piedras: Editorial de la Universidad de Puerto Rico, 1994); Jorge Duany, *The Puerto Rican Nation on the Move, Identities on the Island and in the United States*(Chapel Hill: University of North Carolina Press, 2002) 참고.

그 유명한 바나나 얼룩 지우기가 얼마나 어렵던가! 민족 정신 분열이나 문화 학살이라는 두려움은 이동 지역 간의 균형성이 주는 안락감에 의해 누그러든다.

그럼에도 앞서의 에세이에 나오는 창공의 버스를 가까이서 살펴보면 단지 한 방향으로만 움직이고 있다는 사실을 확인할 수 있다. 이주 여행은 '비(非)통근적'으로 나타나고 있어 여전히 한 방향으로만 진행되고 있다. 이 말은 곧 비행에 실려가는 문화 수하물이 섬 물건이라는 뜻이다. 바로 민족 전통의 아주 친숙하고 거의 정형화된 문화적 문신, 승객들의 행동을 두고 떼로 쑥덕거리는 형태, 몸짓, 익살 그 모든 것에 들어 있는 교묘한 충돌 요인들에 의해 표상되는 문신이다. 뉴욕식 분위기와 그 문화적 삶을 가진 또 하나의 도착지 브롱크스의 바리오와 또 다른 익숙한 장소들이 언급되지만, 삶에 대한 섬의 전통 방식을 그저 펼치고 보존하기 위한 장소로서일 뿐이지, 사실상 양 민족 간의 그 ('통근자') 여행객들 절반에게 가정이나 일차적 문화 기지의 무대로서는 아니다. 가정 내 문화와 디아스포라 사이의 광범위한 한계 공간은 확증해야 할 문화 지대로 즉각 변모하는 반면, 그 '또 다른' 가정의 인간적·문화적 한 끝자락은 콧대 높지만 엠파이어 스테이트 빌딩에 매달린 킹콩의 손에 붙잡혀 공포로 가득 차 불안에 떠는 금발의 스튜어디스로 화한다.

이 글은 하나의 핵심 질문을 제기하고 있다. 또 다른 방향에서 운반되는 문화 수하물은 무엇이며, 디아스포라에서 배우고 익혔지만 그들을 조국으로 되돌아가게 만들어 그곳의 전통과 생활방식이 가속적으로 변모하도록 충격을 가하는 경험과 표현은 무엇인가? 현대의 이주와 민족 간 이동, 디아스포라 공동체로 야기되는 문화 변화를 다루는 연구들이 넘쳐남에도 되돌아가는 이주민들의 경험과 그 귀환의 여파 그리고 디아스포라에서 자란 그 자녀들의 귀환 문제에는 관심이 극히 미미했다. 너무 오랫동안 무비판적으로 받아들여 온 사실은 주된 문화 조류, 특히 문화 저항의 주된 흐름이 식민 혹은 식민 후(postcolonial) 민족으로부터 메트로폴리스의 디아스포라 이질 집단으로 향하고, 다른 방향의 흐름인 메트로폴리스로부터 식민지/식민 후 지역으로의 흐름은 단지 '위로부터', 즉 문화적 강압과 지배를 강화하는 위계 구조로부터의 흐름이라는 점이었다.

카리브 음악 논의에서도 아주 빈번하게 등장해온 그 같은 전제는 카리브 음악의 변화와 혁신 동력에 대한 그릇된 관념, 그리고 거기에서 나아가 현대 카리브 공동체 내에서 음악의 지위와 기능에 대한 그릇된 관념을 지속시킬 수 있다. 최근의 몇몇 글에서는 '아래로부터의 초국가주의(transnacionalismo)'와 '사회적 운송물'에 대한 논의가 제기되기 시작했다. 특히 바로 우리 시대의 카리브 음악에 대한 적절한 이해를 도울 수 있는 사고의 흐름이 문제라는 것이다. 그렇다면 이제 여러분을 초대하노니 나를 따라 비행기에 올라 또 다른 방향으로, 디아스포라로부터 섬을 향해 여행하기로 하자.

2. 윌리 콜론의 시내버스

이 문화 항공기 최고의 주된 이용 승객 중 한 명은 윌리 콜론이다. 그의 삶과 음악은 브롱크스와 조상 전래의 푸에르토리코 사이를 이쪽저쪽 오가면서 카리브의 또 다른 음악 지대를 기착지로 삼기도 한다. 살사 시대의 서막을 열던 1960년대 말에 발행된 그의 초기 음반들은 그의 양식상의 계획안, 즉 도전적 혼합주의를 증언해준다. 한편으로는 그의 작곡이 주로 쿠바의 손(son)과 와왕코(guaguancó)에 기초해 있지만, 「엘 말로(El malo, 악한)」, 「더 허슬러(The Hustler, 도박꾼)」, 「코사 누에스트라(Cosa nuestra, 우리 것)」, 「더 빅 브레이크/라 그란 푸가(The Big Break/La gran fuga, 위대한 탈출)」 등의 제목과 이미지는 바리오의 월경 미남인 라틴판 '슈퍼플라이(superfly)' 인물을 자랑스럽게 제시하고 있다. 푸에르토리코, 콜롬비아, 파나마, 그리고 먼 옛날의 '또 다른' 모국 아프리카 양식의 소리와 특징을 이용하지만, 그럴 때면 그의 음악 역시 아프로-쿠바 토대에서 벗어나고 있고 '뉴요리칸' 젊은이들의 재즈나 소울, 록과의 관계에서도 마찬가지다. 콜론은 살사의 개척자 시절이었던 초기부터 동료인 가수 엑토르 라보에(Héctor Lavoe)와 함께 뉴욕의 사랑하는 바리오에서 들려오던 음악들을 새롭게 혼합시켜왔고, 그것이 곧 디아스포라 '바리오의 크레올 문화'였다.

엄청난 대중적 인기를 누린 1971년 크리스마스 음반 <아살토 나비데뇨(Asalto navideño, 크리스마스의 습격)>에서 콜론은 우리를 창공의 시내버스에 태운 다음 디아스포라와 카리브 조국 간의 관계에서 중심 주제를 이끌어낸다. 살사 정전의 고전인 이 음반은 살사란 푸에르토리코 대표 음악가들에 의한 순수 쿠바 원류의 모방에 불과하고, 푸에르토리코 음악은 거의 혹은 전혀 그 존재감이 없다는 식으로 만연된 생각의 허구성을 폭로한다. 알 만한 애청자들이라면 쿠바의 손과 과라차(guaracha: 쿠바의 흑인 음악), 와왕코의 강한 음률을 곧바로 인식할 수 있는데, 푸에르토리코 음악 세이스(seis)와 아기날도(aguinaldo: 크리스마스 전통 캐럴 음악), 봄바(bomba), 플레나(plena: 아프로-카리브 음악의 일종)의 전형적인 목소리와 악기 소리, 리듬이 지닌 성격과 얽혀 있다. 그 같은 존재감은 한층 더 도드라지는데, 맑은 히바로(jíbaro)[3] 음색인 라보에의 목소리 외에도 콜론이 그 유명한 기타리스트 요모 토로(Yomo Toro)를 푸에르토리코 전통음악의 상징적 악기 콰트로(cuatro: 네 줄 기타의 하나) 연주자로 기용했기 때문이다. 명확히 의도적인 푸에르토리코 문화와의 대화인 것이다. 앨범 제목에 포함된 단어 '아살토(습격)'는 크리스마스 파티를 즐기고자 가까운 이웃이나 친구들이 집들을 습격하던 옛 전통을 연상시키는데, 디아스포라와 섬 간의 이 대화에 담긴 향수 어리고 근본적으로는 서정적인 음조와 아주 일맥상통한다. 게다가 여기에는 감추어져 있는 예리한 이중 의도가 존재하는데, 으스스하게 잠복해 있되 밖으로 뛰쳐나올 준비가 된 '기습' 혹은 '급습'이라는 '아살토'의 가장 일반적인 의미를 통해서다.

그 음반의 두 곡 「트라이고 라 살사(Traigo la salsa: 나 살사를 들여오네요)」와 「에스타 나비다드(Esta navidad: 이번 크리스마스)」는 우리 논의와 관련해서 특히 관심을 끄는데, 음악적으로 볼 때 아주 복합적인 방식, 즉 디아스포라 위치에서 섬의 문화를 살짝 도전적이면서도 동시에 다정스럽게 대하는 태도를 드러내기 때문이다. 「트라이고 라 살사」는 뉴욕이나 미국 대중들에게 라틴 음악 그리고 그와 더불어 열대 열기의 흥겨운 즐거움을 접근시키는 내용을 담고 있다. 하지만 제시되는 것은 상투적 살사 메뉴가 아니다. 어느 순간 가사는 "나 여러분께 진기한 것을 가져오네요"라고 언급하며, 가수는 콰트로, 즉 살사에서는 전형적이지 않은 악기를 곁들이고 있음을 설명하며 그 이유가 "크리스마스이기 때문"이라고 한다. 이는 뉴욕 무대로 옮겨진 섬 문화의 분명한 표현이며, 크리스마스의 유쾌한 선물이자 미국 문화에 대한 '습격'이다. 그렇지만 또 하나의 차원, 뉴욕 살사를 섬으로 옮겨가는 차원 역시 작동한다.

---

3) 푸에르토리코 민족 정체성을 상징하는 인물상인 산악지역의 백인 농부 —옮긴이.

첫 소절 "이봐요 거기. 내 말 좀 들어봐요……"는 의인화된 섬 자체를 대면하고 있는 듯하고, 가수가 섬에 살사를 들여오는 참이라고 말하는 듯하다. 그 절의 끝 부분 "저기서도 그랬듯 섬으로"는 이러한 지리적 차이를 분명히 해주고 있다. 뉴욕에서는 라틴적인 다름의 증표이기도 한 살사가 푸에르토리코에서는 섬의 음악 전통과는 다르며 외부에 기원을 둔 '뉴욕인들' 디아스포라의 진솔한 증표다. 달리 말하자면 후안 오테로 가라비스(Juan Otero Garabís)가 주장해온 대로[4] 창공의 시내버스의 귀향 여행에서 살사는 디아스포라에서 섬으로 귀환하는 음악적 수하물, 양식적 운송물이다.

바로 그 이중성이 그 노래의 음악적 짜임새나 음반 전반에서도 드러난다. 요모 토로의 콰트로는 푸에르토리코 문화의 증표라는 그 상징적 무게감을 다해 '고유 음악'의 분위기를 위해서 사용되기도 하고 마찬가지로 세이스, 데시마(décima: 8음절 10행 시), 아기날도의 친숙한 리듬보다는 재즈나 록에 더 가까운 울림을 주는 효과적인 하역 작업 전개를 위해서 사용되기도 한다. 디아스포라에 바탕을 둔 살사의 악기 구성에서 카리브 전통 원류로부터의 또 다른 이탈은 당연히 콜론의 트롬본인데, 트롬본은 1960년대 배리 로저스(Barry Rogers), 호세 로드리게스(José Rodríguez)와 에디 팔미에리(Eddie Palmieri)가 결성했던 선구적 '트롬방가(trombanga)'[5] 밴드 '라 페르펙타(La Perfecta)'의 또 다른 대가들에 의해 뉴욕의 라틴 소리에 도입된 양식적 장치다. 트롬본의 즉흥 연주 선율은 아마도 아프로-카리브 음악 내에서 도시 디아스포라의 가장 예리한

---

4) Juan Otero Garabís, "Terroristas culturales: en la 'guagua aérea', 'Traigo la salsa'." manuscrito inédito 참고. 또한 J. Otero Garabís, *Nación y ritmo: 'descargas' desde el Caribe*(San Juan: Callejón, 2000) 참고.

5) 트롬본과 쿠바 댄스 음악의 전통적 앙상블 샤랑가(charanga)의 합성어 ― 옮긴이.

징표, 도전적이기는 하지만 지역적·민족적으로 포위당한 전통에 대한 다정한 음악적 '습격'의 표현인 것이다. 잊지 말아야 할 점은 1978년에도 여전히 살사를 "난잡하고, 격렬하고, 환각적이고, 도취적이며, 광기 어린 것이 성행위나 술, 최음제의 효과와 그대로 일맥상통하는 음악"이라고 언급하는 섬사람이 있었다는 사실이다. 오테로 가라비스가 주장하듯, 그렇게 생각하는 사람들에게 살사를 '푸에르토리코 고유의 음악'이라고 생각하며 고집하는 일은 '민족 문화의 토대에 폭탄을 설치하는 짓'에 해당한다.

<아살토 나비데뇨>에서 축하하는 크리스마스는 분명 통상적인 축제가 아니라 기다려서 맞이한 풍습과 관계있는 아주 특별한 축제다. 그래서 익숙하고 친숙한 정체성의 안락함을 강화하는 대신 대조적이고 어느 정도는 상충적이며 경쟁적인 정체성을 선언하는 방향으로 나아간다. 이처럼 섬의 문화와 디아스포라 문화 간의 복합적이고 모순적인 관계는 노래 「에스타 나비다드」에 훨씬 더 분명하게 반영된다. 거기서는 푸에르토리코 정체성의 상징인 '히바로'를 통해 선언의 다중성이 극화된다. 처음에는 전염성이 강한 아기날도와 함께 고유의 콰트로가 트롬본의 장난스럽고 짓궂은 선율에 지속적으로 맞서며 연주된다. 가사는 미국에서 도착해 '우쭐거리는 분위기'로 지식을 몹시 뽐내며 섬 친구들을 깔보는 히바로들의 태도를 이야기한다. 이것이 바로 대중이 가장 많이 기억하는 주제로 중심 메시지가 된다. 디아스포라 주민들은 자신들의 진정한 문화인 모국이나 고향 그 바깥에서의 경험에 의해 변질되었고, 그 때문에 스스로 회복되고자 애쓰거나 최소한 그런 것처럼 보이고자 애쓰는데, '매진하다'라는 말이 이를 잘 표현해준다. 그런데 흥미로운 한순간이 되면 가수는 스스로의 정체성을 그 '매진하는 히바로들' 중의 한 명이라고 규정한다. "더 많이 아는 히바로들이 있지요 / 그런데 여기

보시다시피 / 나는 매진하는 히바로라오 / 하지만 진정한 히바로"라는
가사에서 보듯 자신을 덧칠된 히바로의 한 명, "하지만 진정한 히바로"
라고 말한다.

귀환해서 자신의 앎을 확신한다고 느끼며 진정성을 주장하는 이 푸에
르토리코 디아스포라를 정당화해주는 것은 무엇인가? '보시다시피'라
는 소절이 암시하듯, 가사 그 자체가 분명하다. 이와 더불어 코러스를
동반해 "이번 크리스마스, 우리 함께 즐겨요"라고 이어가다가 지극히
살사식 와왕코 스타일인 보컬과 악기의 즉흥 연주로 끝내는 것도 마찬
가지다. 즉 마지막이 되면 '팀바이토(timbaíto: 아프리카 북)'로 '레-로-라
이'라는 고유 음악의 리듬이자 꾸밈음을 명확하게 재등장시키는데, 노
래 시작 역시 그 음을 통해서였다. 노래로 암시되는 디아스포라 지식에
호응해 가수의 목소리는 전통적 축제 음악을 그 특별한 크리스마스
축하와 어우러지는 혼합적이고 포용적인 흥겨움으로 이끌어 가는데,
"내 친구 요모 토로 …… 또한"이라고 확실하게 덧붙여 둔다.

3. 디아스포라의 저력

살사라는 명칭의 음악은 이제 스페인계 카리브 지역 전형적 정체성의
장식물이 되었지만, 처음에는 뉴욕 시로 국한된 지역 내 푸에르토리코
디아스포라의 특징적 목소리였다. 지금은 쿠바나 푸에르토리코 토착
양식의 직접적 표현이나 모방을 넘어선 새로운 각색, 그런 양식들의
크레올식 혼종의 원천이 되어, 음악을 하는 또 다른 방식과 결합하며
상호작용을 하고 있다. 살사는 물론이고 덜 극적인 유행의 공식적 도착
이전에 이미 쿠바 및 푸에르토리코 음악과 대중들은 R&B(리듬 앤드

블루스)와 같은 아프로-아메리칸 양식의 손, 맘보 음악을, 그리고 짧았지만 아주 인기 있었던 라틴 부갈루(bugalu)[6]의 생명력에서 드러나듯, 소울 음악을 형성시켜놓고 있었다. 그리고 더욱 유명하게는 뉴욕의 라틴 음악이 1940년대에 쿠밥(Cubop)[7]과 라틴 재즈의 혁신을 이미 경험한 상태였는데, 두 양식은 맘보와 마찬가지로 그런 전통의 원향인 카리브보다 도시 디아스포라에 한층 강하게 뿌리내리고 있었다.

좀 더 최근으로 와서 카리브 디아스포라의 극적 팽창과 다양한 증가로 인한 아프로-아메리카 문화와의 지속적 상호작용 시기가 지난 후에는 디아스포라의 저력이 카리브 음악사에서 원천이자 도전임을 확인할 수 있다. 살사 이후에는 힙합이 카리브 대부분 지역의 여러 음악적 표현 중에서 가장 영향력 있고 혁신적인 분야로 등장해온 리듬이다. 물론 그 음악이 도시 디아스포라에서 기원했다는 사실에는 의심의 여지가 없지만, 초기인 1970년대와 1980년대 이래 푸에르토리코. 자메이카, 도미니카 음악과 대중 그리고 여타 카리브 디아스포라의 역할에 대해서는 극히 일부만 알려져 있다. 순수주의자와 전통주의자들은 힙합에 대한 카리브와 라틴의 영향을 여전히 부정하거나 축소하면서 엄밀히는 아프로-아메리카 소산이라고 여기는데, 푸에르토리코 퍼레이드에서 이따금씩 힙합을 금하려는 의도에서 보듯, 그 같은 경계 설정은 작금의 인종주의적 색채를 받아들이고 있다. 하지만 그 모든 경우에도 특히 힙합 형성에 참여했던 디아스포라 젊은이들 사이의 현대 디아스포라-문화 현상이 가진 동력에 대한 이해의 어려움을 지적하고 있다. 로빈 코헨(Robin Cohen)은 『글로벌 디아스포라(Global Diasporas)』에서 그 동력

---

6) 1960년대 뉴욕 뒷골목에서 유행하던 라틴 음악과 댄스의 한 종류 — 옮긴이.

7) 비밥 양식 재즈와 아프로-쿠바 리듬의 혼합 — 옮긴이.

을 아래와 같이 묘사하고 있다(Cohen, 1997: 128).

   미학적 양식, 정체성 규정과 친연성, 성향과 행동, 음악 장르, 언어적 표준, 종교적 관행 및 여타 문화 현상은 과거 어느 때보다 세계화, 코스모폴리탄화, 크레올화, 혼종화되었다. 초국가적 공동체 젊은이들의 경우가 특히 그런데, 그들의 초창기 사회화는 하나의 문화 영역을 넘어서는 교차로 위에서 일어났고, 문화적 표현과 정체성의 지속 양태는 하나 이상의 문화유산을 혼합시켜 다듬어낸 자기의식적 선택인 경우가 흔하다.

   카리브 음악에서 떠오르는 과제들의 디아스포라적 기원에 대한 자료를 수집하고 분석하는 작업의 중요성 이외에도 섬에서 새로운 양식과 주제가 확산되는 추세 그리고 음악 전통에 대한 가설들을 제공하는 각종 도전에도 관심을 기울일 필요가 있다. 라켈 리베라(Raquel Rivera)는 뉴욕 힙합 무대의 푸에르토리코인들에 대한 자신의 선구적 작업(Rivera, 2003)에 돌입하기 전에 고국인 푸에르토리코에 랩이 도달하는 과정을 연구했는데, 모든 정치색의 문화 파수꾼들이 강력하게 저항했다는 사실을 발견했다. 그는 논문 「푸에르토리코식으로 랩하기: 문화 담론과 정치」에서 1970년대 말과 1980년대 초 섬에서 힙합의 여러 양식과 관례를 태동시킨 사람들이 되돌아온 '뉴욕인들'이었다는 사실을 증명했다 (Rivera, 1996). 폭넓은 인지도를 얻었던 첫 푸에르토리코 래퍼인 비코 C.(Vico C.)도 브루클린에서 태어났으며, 자신이 성장했던 산후안의 푸에르타 데 티에라 지역 노동자 계층에 목소리를 찾아주기 위한 초창기 노래를 쓰려고 캘리포니아의 글렌 카운티 멤버와 뭉쳤다. 그 양식은 미국의 바리오에서 섬의 바리오로 옮겨갔고, 1980년대 중반이 되면 급속히 상업화·세속화되었지만 변두리 거리나 농장에서의 언더그라운

드 무대는 연명의 대안으로 계속 기여했다.

비록 처음에는 단순한 하나의 유행으로 평가절하당했고 그 후에는 미국 문화제국주의의 고단수 중 하나로 더더욱 흉물스러운 작태라는 시선을 받았지만, 역사가 보여주는 바에 따르면 힙합은 푸에르토리코에 굳건히 뿌리를 내리기 시작했고 민족적 상상력 속에 이미 나타나 있던 여타 중요한 변화들과 결합되었다. 힙합의 디아스포라적 내용은 섹스, 성별, 인종 등과 같은 주제들에 새로운 감수성을 자극했고, 한편으로 가장 빈곤한 부문들에 닻을 내리면서 문화 엘리트들로부터는 일반적으로 외면당하던 계층 문제, 사회 불평등 문제를 부각시키기도 했다. 사회적 욕망의 방향에도 변화가 있었다고 첨언하고 있다는 사실이 흥미롭다. 즉 초지역적 푸에르토리코 감수성은 자신들의 잃어버린 섬이 가진 아름다움에 대한 이민자들의 사무친 그리움이라는 성격을 띠었고, 힙합 가사들은 그 매력과 향수를 브롱크스와 바리오 디아스포라의 도시적 공간으로 옮겨놓았다는 것이다. 섬에서는 일반적으로 대중적 경멸과 차별의 대상이었던 '뉴욕인들'이 한 번도 떠나보지 못한 많은 푸에르토리코 젊은이들에게 찬탄과 연대의 대상으로 변했다. 전통적 문화 가치에 대한 그 같은 급진적인 도전은 상당히 긴 기간 동안 힙합의 침입과 결합해서 이후 수십 년간 그 매력을 유지해왔고, 그 결과 테고 칼데론(Tego Calderón)과 호세 라울 곤살레스(José Raúl González, 스페인) 같은 주요 예술가들도 변화하는 우리 시대에 푸에르토리코인이라고 하는 것이 의미하는 바에 대해 지속적으로 목소리를 내는 상황에까지 이르렀는데, 두 사람은 모두 디아스포라 사례들에 대해 긍정적으로 언급하고 있다.

세월이 흐르면서 섬의 예술 무대에서는 외톨이에 불과한 하위문화 현상이었던 랩이 일상생활 도처에 존재하는 요소로서의 입지를 다졌으며, 도시 수호신 축제, 종교 행사 그리고 길모퉁이, 학교 운동장, 인근

공원 등에서 벌어지는 여타 활동에 등장하게 된다. 나라의 음악 울림 속에서 그 자리를 찾고 살사, 봄바, 플레나 등 가장 친숙한 양식들에 녹아들어 왔다. 게다가 푸에르토리코에서 힙합의 등장은 카리브적인 차원도 획득하는데, 그 도입이 마침 레게나 메렝게 그리고 메렝-랩, 레게톤의 유입기와 일치했기 때문이었다.

푸에르토리코가 디아스포라로부터 귀환하는 창공의 시내버스라는 경로를 통해 랩을 수입한 유일한 장소는 아니다. 뉴욕과 산후안에서의 광범위한 디아스포라 영향력은 도미니카 공화국에서 극적인 주목거리가 되어왔고, 힙합은 그 결정적 통로가 되었다. 도미니카의 한 문화비평가가 자신의 책에 『범선들의 귀환』이라는 제목을 붙이기에 이르렀고 (Torres-Saillant, 1999), 또 한편으로 역사학자 프랭크 모야 폰스(Frank Moya Pons)는 디아스포라의 도시 경험 결과로서 도미니카 민족 정체성과 관련해 다음과 같이 단언한다(Pons, 1996: 23~25).

뉴욕 시 게토에서 도미니카인들이 경험한 사회적·인종적 차별은 그들로 하여금 자신들 인종 구성의 참모습에 대해 자각하게 만들었고, 소 앤틸리스 제도의 카리브인들과 많이 다르지 않다는 사실을 가르쳐주었다. …… 많은 사람들이 사고방식, 의상, 감정, 언어, 음악 면에서 외면적·내면적으로 변한 상태로 산토도밍고로 돌아왔다. …… 아프로-카리브 음악과 춤은 도미니카 민속 노래와 춤, 특히 민족적 메렝게에 녹아들었고, 다른 한편으로 음악 간의 결합은 그 목록을 확대하면서, 언제나 의식적인 방법으로는 아니었지만, 얼마나 많은 미국 문화가 도미니카 대중문화에 스며들었는지를 확인시켜주었다. 도미니카 네그리튀드의 발견은 장 프리스-마르스(Jean Price-Mars, 아이티 작가 — 옮긴이)와 에메 세제르(Aimé Césaire, 카리브 마르티니크 출신의 시인 — 옮긴이) 이후 아이티와 마르티니크가 그랬던 것과는 달리 지식

투쟁의 결과물이 아니었다. 도미니카의 검은 뿌리에 대한 진정한 발견은 귀환한 이민자들의 행위 결과물이었다. …… 문화적이고 민족적인 부인이 오랜 기간 위력을 발휘했지만 미국으로의 이민은 마침내 도미니카 민족 정체성에 대한 전통적 정의의 이념 틀을 부숴버렸다.

역사가 이어지는 동안 카리브 문화는 상이한 경로로 유랑하고 변해왔다. 카리브 음악 역시 유랑자였고, 창공의 시내버스라는 특권적 위치에서 그 완전한 외연과 복합성이 더 잘 이해된다. 대대적이고 다방향적인 사람, 양식, 관례의 이민이 일어나는 우리 시대에 많은 섬들이 제도(諸島)라는 명칭 아래 묶인다. 과거에는 상상하지도 못했던 '크레올화'와 문화 횡단이 일어나는 새로운 지역들은 양쪽, 즉 기원 지역과 도착 및 정착 지역에서 예상치 못한 변화들을 촉발시키고 있다.

파리, 런던, 토론토, 암스테르담, 뉴욕 등은 여타 먼 곳의 도시 중심지들과 함께 이제 어떤 면에서 카리브의 여러 섬들이 되었고 카리브 및 비카리브 문화의 다양한 경험과 전통 간 상호작용과 상호교차의 새로운 극점이 되었다. 현대의 그 같은 디아스포라의 형성에 대한 구조적 중요성과 함의는 올란도 패터슨(Orlando Patterson)이 잘 기록했다(Patterson, 2000: 465~480).

구조적 용어로 하자면, 저렴한 운송이라는 이 새로운 배경 속에서 주변부로부터 대중들의 대대적 이민은 완전히 다른 사회 체계를 만들어왔다. …… 주변부 국가의 관점에서 보자면, 새로 등장한 것은 아주 판이한 사회로, 그 속에서는 사회적 경계는 물론 정치적 경계와 관련해서도 하등의 의미 있는 정체성 규정이 존재하지 않는다. 그래서 동카리브의 많은 섬들에서 일하는 성인 인구의 절반 이상은 사실상 그 사회 외부, 주로 미국의 이문화 섬에서 살고 있다. 40%에 가까운 자메이카인들과 대략 절반 정도의 푸에르토리코인들이 국경 바깥, 주로 미국에서 살고 있다. 이들 공동체와 관련해서 흥미로운 점은 그 구성원들이 '육지'의 반쪽짜리 타지에 있을 때를 정치 경계상의 고향 지역에 있을 때보다 집에 있다는 느낌을 더 강하게 갖는다는 사실이다. …… 옛 식민지는 이제 모국에 불과하고 제국의 메트로폴리스는 무한한 호구지책의 개척지로 변해왔다. …… 자메이카, 푸에르토리코, 도미니카, 바베이도스 사회는 이제 더 이상 자메이카, 푸에르토리코, 도미니카 공화국, 바베이도스라는 지정학적 단일체가 아닌 그 단일체의 주민과 문화 그리고 메트로폴리스 내 포스트 민족적인 식민지에 의해 우선적으로 규정되고 있다.

4. 마지막 성찰

카리브 사회와 문화, 음악은 디아스포라 극점, 즉 초지역적 현실과 분리해서 이해될 수 없고 또 분명 디아스포라의 특권적인 단일 관점을 통해서도 이해될 수 없다. 카리브를 드러낼 수 있는 가능성에 대한 현실적인 분석의 열쇠를 제공해주는 것은 바로 '섬-디아스포라 울타리'[8]를 통한 교섭으로 정의되어왔던 민족적·지역적 역사의 극점들과 디아스포라의 재창조 간의 관계다. 카리브 '크레올화'의 기나긴 행군은 민족적·지역적 영토 저 너머의, 에두아르 글리상(Edouard Glissant)의 적

---

8) Gage Averill, "Moving the Big Apple: Tabou Combo's Diasporic Dreams," en Ray Allen y Lois Wilken(eds.), *Island Sounds in the Global City: Caribbean Popular Music and Identity in New York*(Brooklyn: Institute for Studies in American Music, 1998), p.152 참고.

절한 표현에 따르면 강력히 '뒤얽힌 지점들'을 창조하는 디아스포라 공간과 더불어, 비록 급격히 변화된 지정학적 환경이기는 하지만, 우리 시대에도 그 발걸음을 이어가고 있다. 카리브의 경험과 메트로폴리스 도시 중심지식 표현 방법의 혼합인 이 '바리오의 크레올 문화'에서 카리브인 되기를 다루는 일은 급격하게 새 틀을 짜나가는 중이고 카리브 음악의 선율 또한 마찬가지다.

사실상 이런 역방향 흐름, 즉 메트로폴리스에서 식민 혹은 식민 후 사회로의 흐름은 카리브 문화사와 음악사에서 새로운 현상이 아니며 또한 그 반대 방향으로 진행되고 있는 지속적이고도 활발한 움직임과 분리시킬 수도 없는데, 상당 부분은 부지불식 간에 벌어진 일이지만 제국의 사회 자체 내에서 어마어마한 변화를 겪었다. 예로부터 재즈와 카리브 음악, 레게와 R&B 사이를 오갔던 일이나 메렝게, 칼립소, 콤파스(compas, 아이티 댄스음악 — 옮긴이)의 갈지자 역사에서처럼 그 같은 문화적 이민은 카리브 선율이나 리듬 관련 기록에서도 두드러진다.[9]

오늘날의 음악 수하물은 다르다. 뉴욕 메렝게에 대한 연구 「이식에서 초국가적 순회로」가 지적하듯 변화가 있다(Paul Austerlitz, 1998: 44~60). 이 말은 곧 음악 수하물이, 건전한 호기심에 근거한 것이 되었든 이념적·상업적 꼬드김에 의한 것이 되었든 간에, 과거처럼 유랑하는 음악의 현 순간 모습이거나 매체에 의해 도입된 이국적 매력의 산물이기만 한 것이 아니라는 뜻이다. 더더구나 카리브 음악의 '집'으로의 귀환이 지금까지는 도시 디아스포라의 경험을 통해 재순환되어왔다면 이제는 순환적 이민 당사자들과 초민족적 공동체 형성에 일대일로 맞대응하는

---

9) 이 같은 상호작용에 대한 논의는 Allen y Wilcken(1998)을 참고.

집단적 과정이 되었다. 그것이 바로 회귀하는 디아스포라의 음악 수하물이다. 비록 원래의 카리브 문화 전통과 관행에 뿌리를 두고 있다고는 하지만 고유의 역사 궤적과 양식적 환경을 가지고 현장에서 벼리어져 왔다. 그러므로 음악 운송물은 민족 음악 문화의 기준에 따르면 내적인 동시에 외적이다. 이러한 이중성이 거부와 추종으로 뒤섞인 복합성을 설명해주는데, 디아스포라 구성원들이 자신의 원래 출신 사회에 도착하거나 재진입할 때 그들을 맞는 것이 바로 이 복합성이다. 즉 이방인으로 배척당해서도 안 될 일이고 그렇다고 해서 깔끔하게 편입되지도 않는다.

이 초민족적인 혼합작용은 매체를 통해 실현되며 호감 형성이나 문화 조류 형성이라는 제국의 권력 계획에 직접적으로 맞닿게 된다. '위로부터의 초민족주의'는 그 뿌리 뽑힘 이면에 존재하는 지고의 권력 또는 그것이 아니라면 적어도 강력한 권력이다. 즉 양식과 관행의 새 물길 그리고 원래 사회로의 재편입을 추동하는 희석되고 위장된 형태의 자극제인 것이다. 하지만 디아스포라 음악과 문화의 형성과 및 재정착은 또한 비패권적이고 때로는 반패권적인 이른바 '아래로부터의 초민족주의' 과정을 예증해줄 수도 있다. 오늘날의 카리브 음악은, 왔다 갔다 하는 그 이동 과정에서 보듯 원래 지역에 있든 아니면 디아스포라 현장과 정착지에 있든 간에, 가장 근본적인 의미에서의 대중음악으로 정착해서 그 고유의 목소리와 고유의 리듬을 찾고 발견하면서 공동체와 대중의 표현으로 살아 숨 쉬고 있다. 이 모든 것 그리고 더 많은 것들이 창공의 시내버스 안에서 배워야 할 과제지만, 우리가 시간을 갖고 '왕복여행'을 떠나려고 노력할 때만 가능한 일이다.

참고문헌

Averill, Gage. 1998. "Moving the Big Apple: Tabou Combo's Diasporic Dreams." en Ray Allen y Lois Wilken(eds.). *Island Sounds in the Global City: Caribbean Popular Music and Identity in New York*. Brooklyn: Institute for Studies in American Music, p. 152.

Austerlitz, Paul. 1998. "From Transplant to transnational Circuit: Merengue in New York." en Ray Allen y Lois Wilken(eds.). *Island Sounds in the Global City: Caribbean Popular Music and Identity in New York*. Brooklyn: Institute for Studies in American Music, pp. 44~60.

Allen, Ray y Lois Wilken(eds.). 1998. *Island Sounds in the Global City: Caribbean Popular Music and Identity in New York*. Brooklyn: Institute for Studies in American Music, p. 152.

Cohen, Robin. 1997. *Global Diasporas: an Introduction*. Seattle: University of Washington Press, p. 128.

Duany, Jorge. 2002. *The Puerto Rican Nation on the Move, Identities on the Island and in the United States*. Chapel Hill: University of North Carolina Press.

Garabís, Juan Otero. 2000. *Nación y ritmo: 'descargas' desde el Caribe*. San Juan: Callejón.

_____. "Terroristas culturales: en la 'guagua aérea', 'Traigo la salsa." manuscrito inédito.

Negrón-Muntaner, Frances y Ramón Grosfoguel. 1997. *Puerto Rican Jam*. Minneapolis: Minnesota University Press.

Patterson, Orlando. 2000. "Ecumenical America: Global culture and the American Cosmos." en Peter Kivisto y Georganne Rundblad(eds.). *Multiculturalism in the United States*. Thousand Oaks: Pine Forge Press, pp. 465~480.

Quiñones, Arcadio Díaz. 2000. *El arte de bregar*. San Juan: Callejón.

Rivera, Raquel. 1996. "Para rapear en puertorriqueño: discurso y política cultural." tesis de maestría.

_____. 2003. *New York Ricans from the Hip Hop Zone*. Nueva york: Palgrave.

Sánchez, Luis Rafael. 1994. *La guagua aérea*. San Juan: Cultural.

Torres-Saillant, Silvio. 1999. *El retorno de las yolas: ensayos sobre diáspora, democracia y dominicanidad*. Santo Domingo: Librería La Trinitaria.

Yorres, Carlos et al.(eds.). 1994. *The Commuter Nation: Perspectives on Puerto Rican Migration*. Río Piedras: Editorial de la Universidad de Puerto Rico.

제5장

제니퍼 로페스의 엉덩이

프란세스 네그론-문타네르 _이은아 옮김

멕시코계 미국인 가수인 셀레나의 암살에 뒤이은 가히 폭발적인 시각적 표현과 소비는 라티노에게 긍정주의와 자기 존중이라는 새로운 의미를 부여했다. 셀레나의 인생을 그린 영화와 큰 엉덩이의 주인공인 제니퍼 로페스는 범라티노 문화적 동일시로서 자신의 신체적 역할에 대한 정확한 인식을 보여주었다. 이 글은 제니퍼(셀레나)의 자리에 대해 분석하기 위해 후위 인식론을 고찰한다. 이는 새로운 가치를 부여받은 라티나 여성의 상징이자 동시에 미국의 문화적·미학적 정적을 뒤흔든 동인이다.

진짜 부와 풍요로움은 가장 높거나 중간 수준에 있지 않다. 가장 낮은 계층에만 있다.
―미하일 바흐친, 『라블레와 그의 세계』―

프란세스 네그론-문타네르 Frances Negrón-Muntaner 영화인이자 작가. 콜롬비아 대학교 영어비교문학과 교수. 출판된 책으로는, *Boricua Pop: Puerto Ricans and the Latinization of American Culture*(New York University Press, 2004), *None of the Above: Puerto Ricans in the Global Era*(Palgrave Macmillan, 2006), *Anatomía de una sonrisa: Poemas anoréxicos*(Isla Negra, 2006) 등이 있다.

* 이 글은 ≪Nueva Sociedad≫ 201호(2006년 라티노 특집호)에 실린 글을 옮긴 것이다.

1. 서론

당시에는 아무도 알아채지 못했지만 라티노의 새로운 문화 흐름은 1995년에 시작되었다. 그 해 텍사스 출신 가수인 셀레나 킨타니야(Selena Quintanilla)가 자신의 팬클럽 회장인 욜란다 살디바르(Yolanda Saldívar)에 의해 피살되었다. 이 사건이 지니는 고전적 의미의 비극성에도 불구하고, 사건 후 폭발적으로 흘러나온 가시적 표현은 낙관주의, 가능성, 자아 존중이라는 새로운 의미를 많은 라티노들에게 부여했다. 예를 들어 《피플》의 편집인은 24시간 내에 셀레나에 헌정된 특별판이 100만 부 이상 팔려나갔을 때 3,000만 명(그들의 1,000억 달러 구매력) 이상의 시민이 지닌 이 광범위한 문화적 욕구를 가늠해보기에 이른다. 이 순간 자본의 시선과 라티노의 인정받고 싶은 욕망은 거대한 가능성의 만남에 합류했고, 현재의 문화적 붐을 폭발시켰다.

셀레나의 죽음은 엔터테인먼트 세계의 라티노 종사자들에게 특별히 강한 영향력을 행사했다. 그들은 가수를 불멸하게 만들 상품을 원하는 광적인 팬들의 충실한 지지 기반에 응답했다. 열성적인 라티노 연극 프로듀서들은 <셀레나 만세! 셀레나여 영원히(Selena vive! Selena Forever)>(뮤지컬)라는 함성에 반응했고 할리우드의 제작자들은 라티노 예술성이라는 위험한 기획을 무릅썼다. 사라져가는 여러 배우들은 회생했고 구리빛 얼굴의 여배우들에게 크로스오버의 꿈은 현실이 되었다.

셀레나의 삶을 영화화한 작품에서 주인공인 제니퍼 로페스는 직접 이 과정을 강렬하게 체험했다. 열의가 대단했던 로페스는 보리쿠아(boricua)[1]의 전형적 열정을 바탕으로 라티노 자부심이라는 새로운 복음

---

1) 일반적으로 푸에르토리코 섬 주민을 말하나 여기서는 미국에 거주하는 1, 2세대

을 전파했다. 로페스는 자신의 의무를 이행하면서 셀레나의 광팬들에게 장례식을 즐길 매개체 — 자신의 신체 —를 제공했을 뿐 아니라 자신의 몸을 통해 필수 참고 자료를 만들 하나의 십자군을 지휘했다. 이것은 인구변화의 새로운 현실에 의해 촉발된 인종과 종족의 대화라는 자료였다. 나를 포함해서 그녀를 돕기 위해 호출된 많은 사람들, 그들 기분 상태는 즐거웠고 원기 왕성하게 신뢰적이었으며 야생적으로 축제적이었다(Negrón-Muntaner, 1997: 181~194). 셀레나의 대중적 정전화의 가톨릭적 함의에도 불구하고 분위기는 성령강림절 모임에 가까웠고 시끄러운 탬버린 리듬에 맞춰 노래를 불렀다. "내 영혼과 마음의 즐거움."

영화 성공의 동기는 아마도 젊은 여성의 상실 앞에서 라틴아메리카의 도시나 동네에서 자주 일어나는, 죽음에 대한 강렬한 매료에 근거할 것이다. 그럼에도 셀레나의 예외성은 마약 거래에 실패해서 살해당하는 사람들과는 달리, 젊어서 죽었다는 이유뿐 아니라 많은 이들이 열망하는 곳, 이른바 아메리칸 드림을 향해 가던 중에 그렇게 되었다는 점에서 성녀적 의미에 도달했다는 데 있었다. 그럼에도 복지국가의 개혁보다 빨리 허물어지는 꿈을 이제 믿지 않는 우리들에게조차 영화는 어떤 심리적 긴장을 밀어내고 향유할 수 있는 자리를 마련해주었다. 한편으로, 영화는 힘든 노동, 재능, 안정된 가정을 통해 우리들, 라티노들이 나머지 미국인처럼 승리할 수 있다는 사실을 확인시켰다. 다른 한편으로, 셀레나가 죽은 방식, 부자들도 운다는 사실은, 욕망이 넘치는 폐쇄된 씨족사회에 속하지도 않고 평범한 자녀들이나 키우면서 더 열정적으로 투쟁할 훈련마저 부족한 우리의 현실을 받아들일 만한 것으로 느껴지도록 만들었다.

푸에르토리코인을 말함 — 옮긴이.

이 영화와 함께 다른 많은 라티노들을 보러 간 날, 20분 정도 흐르면서 이상한 공포감이 밀려들기 시작했을 때, 이 글과 다른 논문들을 어렵사리 떠올렸다. 셀레나 킨타니야를 움직인 거대한 사소함처럼, 일반적으로 관객과 자전적 영화를 묶는 모방적 계약이 설명할 수 없이 깨져버렸다. 안간힘을 썼는데도 나는 셀레나를 보지 못했다. 아니, 유리창 표면에서처럼 환영적으로 겹쳐진 제니퍼 로페스와 셀레나를 보았다. 아니, 단순히 제니퍼를 보았다. 결국, 제니퍼가 셀레나보나 더욱 강렬하게 내 머릿속에서 울리게 되었다. 그래서 전통적인 문화비평의 영역을 버리고 뒷문을 통해서 학계와 진중한 지성계에서 부당하게 거부당한 담론의 유희 속으로 들어가기로 결심했다.

2. 후위 종결자: 제니퍼는 미디어다

지난 50년 동안 미국에서 태어난 대다수의 푸에르토리코 여배우와는 달리, 제니퍼 로페스는 비주류에서 놀다가 다른 쪽으로 빠져나가는 데 성공했다. 그녀는 너무 검지도 희지도 않은, 이상적인 보리쿠아 미인을 대표하는 경우다. 로지에 페레스는 확실히 이런 부분에서 실패했다. 주류 미디어에서는 푸에르토리코라는 표식(바나나 상표처럼 미국에 사는 인종적 정체성)을 항상 제니퍼 로페스에게 붙이는 것 같지는 않다. 예를 들어, ≪피플≫의 칼럼 기사는 그녀를 '푸에르토리코계 후손'으로 지칭한다(Lambert y Cortina, 1997: 160~161, 저자 강조). 수많은 신문이나 잡지의 기사들은 그녀를 단지 뉴욕의 브롱크스 지역 출신으로 말할 뿐이다.

아이러니하게도 영화 <셀레나> 시사회 기간 동안 로페스가 푸에르토리코인으로 바뀐 유일한 순간은 일부 멕시코계 미국인들이 이 역할이 그녀에게 갔다는 데 대해 항의하던 때였다. 그녀가 선택되었다는 사실을 수긍하지 못하는 사람들 때문에 미디어에 의해 끊임없는 질문 공세에 시달린 결과, 로페스는 셀레나와 '국가적' 출신을 넘어선 일종의 종족적 정체성을 공유하고 있다는 주장을 펼치게 된다. "셀레나가 그랬다고 해서 이 역할을 맡은 배우가 멕시코계 미국인이어야 한다고 생각하지 않는다. 나와 셀레나는 라티나이고, 우리는 이 나라에서 라티나로 자란 공통의 경험을 지니고 있다. 그것으로 충분하다"(Koltnow, 1997)라고 말했다.

이때 로페스는 기본적으로 전략상 라티노성을 방어하는 길을 택한 것이다. 보리쿠아에게는 국가적·공적 영역에서 라티나로 자기 명명을 하는 것이 훨씬 편리하다. 왜냐하면 푸에르토리코인들은 멕시코인들에 비해 미국에서 제도적 영향력이나 인구 규모, 심지어는 할리우드라는 오락 산업의 수도에서마저 밀리기 때문이다. 이것은 푸에르코리코인들이나 쿠바인들, 도미니카공화국인들이 그들의 인종적-국가적 야망을 저버렸다는 것을 의미하는 것은 아니다. 그러나 그들의 라티노성이 비록 순진한 것이 아닐지라도 어떤 실체를 지닌다는 점을 확실히 보여준다.

셀레나의 경력은 미국에서 '라티노적인 것'이 어떤 방식으로 생산되는지를 보여주는 좋은 출발점이다. 테하노(tejano)라는 수익 시장을 넘어서 셀레나는 자신의 레퍼토리를 확장시켰고 카리브와 라틴아메리카 음악적 장르를 포함해, 볼레로처럼 범라티노-아메리카적인 것을 추가시켰다. 이후 영어로 녹음하게 되었고 뉴욕 카리브적 영향력을 수용했다. 대중적 시장을 확장시키는 여정에서 셀레나는 테하나(지역화된 정체성)를 넘어서 라티나(국가적 마이너리티)로 변했다. '라티노'적인 것은 문화적 정체성이라기보다는 경제적/정치적 협상을 위한 특히, 미국의 화폐 같은 것을 일컫는다. 다른 소수 인종과 비슷한 수준이거나, 희망하건

대 더 비싼 가격으로 감정, 투표권, 시장, 자본을 요구하고 전달하는 테크놀로지를 말한다. 또한 그링고(gringo)[2]의 용어로 집단적 가치를 일컫는데, 유사한 차별의 형태를 겪는 다양한 그룹들이 자신들의 힘을 모으는 방식이다.

따라서 이 영화는 단순히 하나의 영화라기보다는 상업적 성공을 크게 넘어서 미국 라티노성의 결합에 대한 실험이었다. 또한 '아메리카'에서 가장 큰 인종 그룹이 마침내 큰 화면으로 자신들을 보기 위해 돈을 지불할 준비가 되어 있다는 것을 단번에 입증한 현금자동지급기였다. 현재 돌아가고 있는 것은, 라티노들이 자신들 고유의 폭발을 즐겁게 갈망할 만큼 이제 미국의 한 부분을 차지하고 있는가 하는 바였다.

그래서 로페스가 테하나(tejana)[3] 역할을 맡은 데 대한 논쟁은 종족적 말다툼에 그쳐버렸고, 이런 선택에 반대한 많은 사람들은 "일단 개선된 점을 확인하자, 우리는 만족하게 되었다"(Villarreal, 1997)면서 곧이어 인정하게 되었다. 치카노 비판이 그녀의 성공으로 잠잠해졌지만, 일반적인 대중적 의견은 이와 같지 않았다. 이것으로 인해 로페스는 난도질하는 시선으로부터 보호받고자 범라티노적(그리고 아프리카적) 동일시라는 피난처를 찾아야 했다. "푸에르토리코 여자는 셀레나, 텍사스 여자애를 표현할 수 없다고 말하는 것은 좀 멀리 벗어나는 이야기다. 셀레나는 나를 닮았다. 갈색 피부와 S자 몸매를 지녔다"(Vincent, 1997).

이런 경험을 통해, 로페스는 '미국에서 라티노가 된다는 것이 도대체 무엇인가'라는 정의에서 가장 중요한 공헌을 한다. 크로스오버라는 그들의 욕망보다도, 라티노성이라는 정치적이고 상업적인 정의보다도,

---

2) 라틴아메리카에서 흔히 미국인을 다소 경멸적으로 부르는 말 ― 옮긴이.
3) 멕시코 뿌리를 지닌 텍사스 주민 중 여성을 일컫는 말 ― 옮긴이.

셀레나와 로페스의 근접한 동일화는 유사한 신체, 즉 미, 가치, 품위라는 미국인의 기준에 의하면 천박하다고 간주되는 신체를 지녔다는 공통적 경험에 근거한다. 기자인 바르바라 레나우드-곤살레스(Bárbara Renaud-González)의 말에 의하면, 셀레나와의 대중적 동일시는 그녀의 신체에 의해 정확히 설명된다.

단순한 의상과 구릿빛 피부, 셀레나는 정확히 자기 민족처럼 보였다. 그녀는 우리가 얼마나 아름다울 수 있는지 보여주었다. 그녀는 머리를 진한 환타색(chinita Fanta)으로 물들이지 않았고, 많은 여자들을 추락한 천사처럼 보이게 만드는, 그 위압적인 푸른 색깔의 콘택트렌즈를 끼지도 않았다. 그녀는 자신의 고향을 결코 망각하지 않은 까무잡잡한 혼혈 미녀였다. 우리는 그녀의 보호 아래 있음을 느꼈다(Renaud-González, 1997: 83).

이 영화의 감독인 그레고리 나바는 로페스를 선택하는 데 많은 영향을 미쳤고 처음부터 명확히 사안을 짚었다. "이 나라에서 키워졌다면 어린 시절부터 어떤 미적 이미지를 갖고 있다. 그리고 네가 포차(멕시코계 미국인)라면, 너는 해당 사항이 아니다. 어릴 때부터 네가 보이는 방식에 대해, 네 신체적 형태든, 넓은 엉덩이든 무언이든 간에, 나쁘게 느끼도록 강요받는다"(Leydon, 1996: 6).

라티노의 문화적 실천에 대한 학술적 담론은 라티노를 학습하고 이들을 정치적으로 선동하기 위해, 계급, 언어, 종교, 가족과 같은 무거운 개념을 사용하는 경향이 있다. 그럼에도 로페스는 정확히 신체, 특히 굴곡(교양이 덜한 길거리 보리쿠아 언어로 하면, 엉덩이)을 사용했다. 다른 많은 내용들과 마찬가지로 라티나들이 어떻게 인종화된 주체가 되는가, 어떤 계급의 문화 자본이 그녀들의 신체와 결합하는가, 여전히 수치와

부끄러움에 근거해 생산된다고 할지라도 신체가 어떻게 유희의 지점으로 물화될 수 있는가 하는 주제를 다루기 위해서다. 의식화 작업이라는 페미니스트적 방식을 사용하며 로페스 자신이 지적한 그대로이다. "내 영화들에서 항상 느꼈다. 의상담당자들이 나를 좀 못마땅하게 쳐다보면서 곧이어 내 엉덩이를 감출 무언가로 나를 싸매려고 한다는 것을. 그들은 알았지만 말을 하지 않았고, 나는 그걸 알았다. 그런데 이 영화에서는 달랐다"(Vincent, 1997).

3. 엉덩이들의 국가: 후위 인식론을 향하여

설령 정확하다 할지라도, 로페스의 전략은 또 다른 뜨거운 실험을 통과했다. 중요한 순간이 '크리스티나(Christina)'라는 텔레비전 프로그램의 특집 방송에서 일어났다. 대중이 언어를 통해 이 라티노들이 그들 (푸에르토리코인 혹은 멕시코인) 중 하나인지, 혹은 중고품 복제(뉴요리칸 혹은 치카노)인지, 아니면 단순히 사기꾼(미국인)인지를 재단할 기회를 가진 순간이었다. 배우 존 세다(푸에르토리코 혈통 출신)가 스페인어로 말문을 트는 정도만 해낸 후 재빨리 영어로 바꾸었지만, 프로듀서인 목테수마 에스파르사는 로스앤젤레스에서 성장했음에도 멕시코 스페인어를 아주 잘 구사했다. 제니퍼 로페스의 스페인어는 별다른 경우였다. 뉴요리칸의 고전적 악센트와 스페인어 문장 구조에 영어 단어를 간간이 섞은, 브롱크스적 특징으로 가득 찬 언어였다.

로페스가 자신의 스팽글리시로 말을 하는 동안 언어 순수주의자들은 아마도 고고한 척을 했을 것이다. 그러나 드디어 그 밤 핵심적 질문이 터져 나왔을 때는 그것이 물거품처럼 사라졌을 것임에 틀림없다. <셀레

나>의 홍보 동안에 했던 다른 프로그램 인터뷰에서처럼 그 질문이 던져질 순간이 찾아왔다. "전부 당신 거에요?" 다른 말로 하면, "그 큰 엉덩이 당신 거에요? 아니면 붙인 거에요?" 로페스는 기분 나쁜 것처럼 보이지 않았다. 이상이었다. 웃으면서 멈춰 서서, 360도 회전을 했다. 그녀의 엉덩이를 툭툭 때리면서 자신감 있게 앉았다. "모두 내 거에요."

미국에서 라티노성이 언어의 문제가 아니고 신체의 문제로 일단 규정되자, 영화 상영 전후에 이어진 인터뷰에서 로페스는 그녀의 엉덩이에 대해 말해야 하는 강박관념을 통해 명확한 의식을 지니게 된다. 라티노 문화에서 차세대 큰 엉덩이로서의 역사적 역할과 앵글로색슨의 항문 혐오증에 대한 대(大)복수자로서의 자리와 또한 미국에서 우리들의 수치스러운 정체성을 인식하는 하위주체적 방식의 체화에 대해서 말이다. 미국의 대중적 잡지와 신문의 오락 섹션에서 로페스가 자신의 신체에 대해 긍정적으로 인식한 말이 다른 종류의 관능성, 대안적(자연적) 미의 기준에 대한 방어로 읽혔다면, 나는 사실상 이것보다는 훨씬 앞서 나갔다고 주장하고 싶다.

자신의 엉덩이에 대한 아부는 패권적 문화와의 관계 내에서 어떤 태도를 대중화시키는 방식이다. 프로이트가 말하듯이, 엉덩이를 보거나 시각적으로 쓰다듬는 것은 "하나의 저항 혹은 도전적 경멸을 의미한다. 사실상 억압에 의해 눌려왔던 부드러움의 행위이다"(Freud, 1986: 296). 러시아의 철학자 미하일 바흐친은 이 생각에 동의하면서 엉덩이를 보이는 것은 복수의 기호라고 덧붙인다. "엉덩이는 '얼굴의 뒷면'이다. '내부를 향해 돌린 얼굴'이다. 여전히 궁둥이를 보이는 그로테스크한 제스처가 우리 시대에 사용된다"(Bajtin, 1984: 373).

만약 수치심이 얼굴에 표현된다면, 로페스의 표현은 적어도 배제에 대항하는 삼중적 의미의 상징적 전투다. 자부심의 표지로서 '궁둥이를 보이는 것'; 적대적인 문화적 시선에 대항하는 복수의 형태로서 '내 엉덩이에 키스해(나한테 아부해)'; 인종주의에 대한 함축적인 경제 착취를 저지하기 위해 '네 엉덩이를 걷어찰 거야(혼쭐을 내주겠어)'. 미국 매체에 대고 큰 엉덩이에 대해 지속적으로 말하는 것은 논의를 '절하'시키는 방법이기도 하다. 가슴, 높은 코, 금발, 흰 피부라는 지배층 저명인사에게 부여된 가치와는 동떨어진 곳으로 논의를 가져가는 방식이다. 따라서 목소리를 높여 끊임없이 로페스는 의상담당자들과 감독들이 그녀의 엉덩이를 바라보면서 그것을 감출 다른 방식들을 머릿속으로 점검하는 것에 대해 불평을 토로한다. "<셀레나>를 제외하고, 내가 해온 모든 영화에서, 항상 사람들은 내 엉덩이를 감추거나 내가 뚱뚱하게 보인다고 생각했던 것 같다. 나는 미국적 미의 전통에 있지 않다"(Leydon, 1996). 따라서 자신의 엉덩이에 대해 말하는 강박관념은 엄격하게 자아도취적 집착이 아니고, "하나의 방어 방식이다".4) 수치스러운 시선이 향하는 곳에 날려버린 한 방이다.

그러나 이런 칼 같은 시선들에 함축된 문화적이고 심리적인 상처를 생각한다면 이런 질문을 던지는 것이 필요하다. 큰 엉덩이가 왜 그렇게 권력의 자리에 있는 많은 미국인들에게 당황스러운가? 큰 궁둥이는 미와 고급 취향이라는 백인들의 지배적 개념으로 보면 당황스럽다. 왜냐하면 아프리카 디아스포라의 여러 문화들이 음식의 과잉(무역제), 분노의 과잉(더러움), 섹스의 과잉(세속성)의 중요한 표시인 것처럼, 엉덩이가 라티노의 어둡고 이해하기 힘든 과잉의 상징이기 때문이다. 게다가 라티노의 큰 엉덩이는 이성애적 평범한 WASP(백인, 앵글로색슨, 프로테

---

4) "Want to Date Jennifer Lopez?" in *Daily Dish*, 9/12/1998, in <www.jenlopez tan.net/news.htm>.

스탄트) 이데올로기에 의하면 위법적으로 간주되는 유희를 위한 열린 초대다. 다른 인종 간의 결혼, 남색, 높은 지방 섭취라는 세 개의 치명적 요소의 상징이다. 기능이 있는 가슴과는 달리, 큰 엉덩이는 가족이라는 중심에서 어떤 도덕적·상징적 기능을 완수하지 않고, 재생산이라는 유용성이 부족하다. 여성주의자인 시몬 드 보부아르의 고전적 용어로 보면, "엉덩이는 신경을 덜 가진 몸의 일부로, 그곳의 살점은 목적이 없는 것처럼 보인다"(Beauvoir, 1989: 158).

물론, 많은 여성주의자와 반인종주의자 행동가들은 엉덩이를 향한 숭배가 신체를 통해 여성을 노예화시키고, 이성애라는 라티노의 정형적 타입에 여성을 연결시키는 또 다른 방식에 지나지 않는다고 불평할 것이다. 한편으로, 결핍으로 인해 희생되는 푸에르토리코 여자들이나 납작한 몸매를 지닌 라티나들도 존재한다. 전략적 방어로서 엉덩이를 더욱 매력적으로 보이게 하는 것은 누구도 궁둥이를 지나치게 심각하게 여길 수 없다는 말이다. 궁둥이 공개가 모욕을 주고 정치화시킬 목적을 지닐 때라도, 그녀의 목적은 가능한 저급하게 대화를 이끌어 그것을 유희의 대상으로 만드는 것이다.

낙타의 곱사등처럼 카리브의 큰 엉덩이는 신체가 언어 이상의 무언가로 이뤄졌다는 것을 암시한다. 엉덩이에 대해 단지 담화적으로만 말할 수 있고 언어와 육체의 간극이 결코 전체적으로 구원될 수 없을 때조차도. 예를 들어, 작가인 마갈리 가르시아 라미스(Magali García Ramis)는 푸에르토리코 정체성이 정치적 입장이나 별 하나 있는 국기에 대한 과장된 애국심에 있는 것이 아니고, 우리가 소비하는 기름 양에 있다는 사실에 동의한다. 그가 말하길, "넘치는 기름과 튀김판이 보리쿠아인의 피에 흐른다. 우리를 묶고 우리를 하나 되게 한다. 정치, 정치가, 신앙, 종교, 살사, 록, 모권제, 부권제를 넘어서 우리를 형제로 만든다"(Ramis,

1993: 83). 다른 말로 말하면, 엉덩이에 우리의 라티노성이 저장된다. 비록 이 사실이 완전히 확실하지는 않다고 해도 우리 모두는 기름이 불에 녹는다는 것을 안다.

4. 제니퍼 로페스가 온다

제니퍼 로페스가 셀레나의 역할을 맡았을 때, 푸에르토리코 이주민들은 미국과 푸에르토리코에서 공히 이류 시민이라는 비천한 지위에 종지부를 찍으면서 마침내 자신들의 큰 엉덩이를 획득한다. 동시에 '보상적 환상'(Butler, 1993)을 모든 라티노들을 향해 전달했고, 큰 엉덩이를 지닌 우리들은 조나단 플래틀리(Jonathan Flatley)가 다른 맥락에서 썼던 것처럼 "우리의 신체로 인해 광고에서 제외"되지 말자는 요구를 했다(Flatley, 1996: 104). 큰 엉덩이에 대해 보여주기, 쓰기, 말하기를 주장하는 것은 수치심에 대한 응답이다. 무시당하고 못생겨 보이고 열등하게 취급당하고, 그러면서도 우리들은 생존하고 심지어 엎드린 인식론을 통해 번성한다는 수치심. 우리의 아름다움이 자주 이런 수치스러움과 동일시된다는 사실을 깨닫는다. 프로이트적 의미의 로페스의 자아도취는 재해석될 수 있다. 왜냐하면 그녀가 이제 더 이상 푸에르토리코 남성의 에로틱한 성향의 아이콘(Rodríguez Juliá, 1986: 117)이나 미국의 백인 남성의 이국적 엔터테인먼트에 머물지 않고, 그링고란디아(Gringolandia)[5]의 새로운 문화적·성적 경제의 의미를 획득했기 때문이다. 또한 제니퍼 덕분에 엉덩

---

5) 그링고(미국인)+랜드(땅)가 스페인어식으로 합쳐진 단어로서 미국을 지칭함 — 옮긴이.

이는 푸에르토리코와 라티노의 종족, 민족적 소속감이라는 더욱 광범위하고 대중적인 비유로 변화될 수 있다. 푸에르토리코의 고유성과 민족 문화의 최종적 기반 중 하나가 재정의되는 동안, 엘리트적 기준인 언어나 출생지는 위치를 재설정한다. 게다가 섬사람들을 포함해 보리쿠아인들 사이에서 로페스의 대중성은 미국 문화, 자본과의 친밀한 관계가 우리를 푸에르토리코인들로 규정짓는 하나의 사안이 되었다는 사실을 확인시킨다. 제니퍼의 엉덩이는 보리쿠아의 거실에 할리우드나 소니(Sony)사가 지원하는 블록버스터 비디오를 통해 다가온다. 그녀는 영어를 하면서, 텍사스 여성, 이탈리아 여성, 혹은 단순히 미국 여성으로 나온다.

대중 시청자들에게 다가가기 위해 <셀레나>의 역사를 쓸 때, 이 영화의 감독인 그레고리 나바는 이 영화가 "아메리칸 드림을 기리기"(Vincent, 1997) 위한 것이라고 주장하면서 가수의 죽음을 둘러싼 상황을 회피하겠다는 결정을 고수했다. 멕시코 철학자 일란 스타반스(Ilán Stavans)는 <셀레나>를 추앙한 후에 조만간 "미국인들이 라티노의 외향성과 감수성에 대해 자리를 마련할 것이다"(Stavans, 1997: 36-43)라고 낙천적으로 결론지었다. 붕붕 띄우는 이런 예언의 말과 망상들을 멀리한 채, 나는 단지 도시 주변의 흰 화면에 투사된 제니퍼의 훌륭한 보리쿠아 엉덩이를 보았기 때문에, 겸손하게 내 증언을 하는 것뿐이다. 내가 그걸 볼 수 있도록 선심을 써줘서 고마워요, 산타 셀레나.

5. 추신: 제니퍼의 학대받은 궁둥이에 키스를 하며

셀레나 이후, 보리쿠아의 대중적 인식론은 백인 미국과의 전쟁에서 승리한 것처럼 보였다. 잡지를 읽는 평균적 소비자에게는 라티노 엉덩이가 결국 레너드 번스타인(Leonard Bernstein)[6]을 떠올리게 하면서 예쁘게 느껴진다는 데 의심의 여지가 없었다. 훨씬 더 중요하지만, 라티노의 큰 엉덩이가 에로틱한 잠재력과 상업적 지위를 완전히 의식하면서, 모든 권리를 지닌 왕좌에 올라앉게 되었다는 사실이 명백해 보였다. 충실한 사람들에게는 불행하게도, 인종화된 신체의 가치를 위한 투쟁이 결코 끝나지 않는다. 그래서 방향이 선회되었다.

로페스의 이미지가 아무리 엔터테인먼트 산업의 중요한 산물로 변화되었고, 스타로서의 가치가 상승했다 하더라도 힙합과 살사 가수로서 그녀의 데뷔는 호되게 질타당했고, 래퍼인 션 '퍼프 대디' 콤브(Sean 'Puff Daddy' Combs)와의 연예 관계, 디바적인 태도와 잦은 격분은 특히 치명적인 적대감을 불러일으켰다. 수다 포럼이나 텔레비전 프로그램, 험담 칼럼, 만화 등에서 로페스는 더 이상 인종주의를 넘어서 성공을 이룬 노동자 계급의 소녀가 아닌, 문제를 일삼는 건방진 갈색 피부의 여자일 뿐이었다.

"세상에서 가장 유명한 엉덩이"[7]를 가진 주인은 일 년도 지나지 않아 일반 하층민들에게 그녀의 왕관을 양위하도록 강요받았다. 세계 복싱 연합회는 심지어 다른 라티나 배우인 셀마 헤이엑(Salma Hayek)을 그 왕좌에 지명했다. 더구나 로페스는 싸구려 웃음을 얻기 위해, 또한 라티노와 노동자 계급의 '수선스러운' 성적 매력을 위해 가장 쉬운 백인들 중 하나로 변해갔다. 예를 들어 전국에 방송되는 프로그램에서 아프리

---

6) 미국의 지휘자, 작곡가, 피아니스트로 <웨스트 사이드 스토리>의 영화음악을 창작했다 — 옮긴이.

7) *El Nuevo Herald*, 6/1/1999, 13D.

카계 미국인인 크리스 록(Chris Rock)은 로페스에게 두 개의 리무진이 필요하다면서 농담을 했다. "하나는 그녀를 위해서, 다른 하나는 그녀의 엉덩이를 위해서"(Zeman, 2001: 166~172; 234~236). 만화에서는 그녀가 팔과 다리가 있는 인간 모습의 엉덩이로 표현되었다. 마크 월버그(Marky-Mark Wahlberg)는 로페스가 1999년 MTV 시상식 합동 공연에서 옷을 너무 많이 입어 그를 실망시킨 후에 자신의 엉덩이를 보여주는 개인 쇼를 했다고 주장했다.

로페스가 자신의 신체에 수백만 달러의 보험을 들 것이라는 소식을 신문들이 전한 날, 인터넷의 채팅 장소는 그녀에 대한 악플로 폭발 지경이었다. 엉덩이의 찬란한 순간은 서서히 꺼져갔다. 로페스의 큰 궁둥이는 처음부터 많은 사람들이 의심했던 것처럼, 그녀가 지닌 아름다움이 아닌 라티나라는 하급함의 상징이었다. 화난 네티즌은 자신의 경멸을 더 튀게 표현하려고 그녀를 "가난한 캐서린 제타 존스"라고 불렀다. 엔터테인먼트 사업에서 인종차별주의에 맞설 방법으로, 또는 공적 영역에서 라티나의 신체를 가치화하는 방식으로, 엉덩이를 국가적 논쟁으로 만든 로페스의 승리는 동시에 개인적 패배로 변모하는 듯 보였다.

그녀의 뒷부분은 바로 관심의 핵심으로 변모했기 때문에 그녀의 몸에 대한 불균형적 관심은 실현 가능한 어떠한 성취나 재능을 감추기 시작했다. 제니퍼는 더 이상 최고의 엉덩이, 세계에서 가장 크고 가장 성가신 엉덩이를 가지지 않았다. 이제 엉덩이가 그녀를 가진 것이었다. 로페스는 언론이 그녀를 '빵빵한 엉덩이'로 묘사한다고 말하면서 별로 평범치 않은 겸손함으로 이 사실을 인정한다. "나는 그것을 모욕으로 받아들이지 않아요. 왜냐하면 나를 진짜 사람으로 보고 있기 때문이죠. 그것이 다른 사람의 자기 존중에 도움이 된다면, 좋아요, 나 자신에게도 도움이

됩니다"(López, 1999: 281).

이 수위에서, 로페스는 논쟁의 통제력을 잃기 시작했다. 그녀의 비천한 몸이 그녀를 지금의 자리에 앉히는 가장 효과적인 방식으로 변모하는 동안, '달갑지 않은' 아프리카계 미국 남자인 '퍼프 대디'와의 방만한 로맨스와 무기 소유로 인한 체포는 통제와 법 밖에 있는 천박한 팜므 파탈로 그녀의 이미지를 굳혔다. 로페스의 첫 추락은 미국의 지배 문화에서 인종적 소수자에게 성공이 위험하다는 A. B. 킨타니아(Quintanilla)의 날카로운 지적을 떠올리게 한다. "그들(지배층)은 네가 (성공의) 선을 넘는 것을 허용해. 네가 (선 너머에) 머물 수 있는지 아닌지는 다른 이야기야."[8]

그녀의 몸을 언급하는 신문기자들에게 던지는 대답은 지속적으로 바뀌었다. 분노에 대한 저항에서 싫증을 지나 체념까지. 그러는 동안 셀레나처럼 로페스도 결국 자신의 구릿빛 피부에 불편함을 느꼈다. "그녀의 엉덩이를 사랑해도 그녀는 자신의 신체가 더 둥글고 '리얼'하게 간주된다는 사실을 좋아하지 않는다"(France, 1999: 180). 비록 힘을 잃어 갔다 해도, 브롱크스 길거리에서 만들어진 강인함과 킥 복싱 훈련은 그녀가 또 다른 라운드를 싸울 수 있게 했다. 백인들의 엉덩이를 더 많이 걷어찰 기회는 1998년 <아웃 오브 사이트(out of sight)>라는 영화의 상영에서 드러났다. 조지 클루니와 함께 주인공을 맡은 이 영화는 라틴 아메리카의 여러 국가에서 <위험한 로맨스>라는 제목으로 상영되었다. 이 영화는 5,000만 달러 예산으로, 크로스오버의 매체가 되었다. 이 덕택에 로페스는 할리우드에 있었던 수세대의 라티노 배우들이 꿈꿔왔던 것, 즉 인종적 의미에서 중립적 형식으로 그들을 다루는 것, 말하자면

---

8) A. B. Quintanilla, 작가와의 전화 인터뷰, 10/9/1999.

그들을 백인처럼 바라보는 것을 현실화시켰다.

<아웃 오브 사이트>에서 로페스는 카렌 프리스코(Karen Frisco)를 연기하는데 라티노인지 아닌지 모호하게 들리는 프리스코라는 성은 아르헨티나에서도, 혹은 이탈리아에서도 올 수 있는 성이다. 사실상 백인인 프리스코의 아버지는 단지 라티나로만 인식되는 것을 거부하고 싶은 그녀의 욕망을 달성시켜주었다. "어느 날 아무도 나를 라티나로 생각하지 않고 단지 사람으로 생각하는 영화를 만들 수 있으면, 이것이 가장 큰일이 될 것이다"(Rodríiguez, 1998). 영화 <셀레나>가 그녀를 할리우드의 주요 라티나 배우로 만들어놓았다면, <아웃 오브 사이트>는 최고의 배우로 자리매김하게 했다.

이 두 번째 라운드에서 로페스는 결혼식을 위해 의상을 과도하게 걸쳐야 했다. ≪피플≫은 다음처럼 말했다. "그녀의 새로운 영화, <아웃 오브 사이트>는 그녀가 관객을 등지고 무기를 휘두르고 있는 모습의 사진을 공개했다. 관객은 질문한다. 그녀의 기념비적 몸은 어디 있지? 줄어들었나? 운동으로 축소되었나? 영화의 미술담당 부서의 붓으로 교정되었나? 유니버셜(Universal)의 대변인은 그런 수정은 없었다고 말하며 사진에 근거한 그림이지 진짜 사진이 아니라고 덧붙였다."[9] 이런 오점에도 불구하고 전술은 점점 분명해졌다. 1998년 여름, 로페스는 새로운 색깔로 다시 등장했다. 머리에는 금발 타래가 생겼고, 몸은 운동으로 다듬어졌고, 출연료는 점점 올라갔다. "신디 크로퍼드의 훌륭한 몸매를 완성하는 데 도움을 줬다"(Garden, 1999: 277)는, 명사들의 체력 단련가인 라듀 티오도레스큐(Radu Teodorescu)와 함께 운동을 하고 있다고 발표했다. 티오도레스큐와 운동한다고 인정했을 때 말하기 어려웠음에 틀림없

---

9) "People Column," in *Miami Herald*, 14/6/1998, 2A.

다. 왜냐하면 크로포드가 미디어에서 한 트라베스티(여성복장도착자)와 로페스를 비교하면서 그녀의 신체 비율을 계속해서 경멸했기 때문이다.

그럼에도 금전적인 측면을 보면, 젊은 제니퍼에게 700만 달러(70억 원) 이하의 계약은 전혀 선택 대상이 아니었다. 이런 맥락에서 10억 달러(1조 원)짜리 보험을 몸에 든 그녀의 결정은 아메리카에서 라티나의 가치와 엉덩이에 대한 투쟁만큼 개인적인 재정과 관련이 있다. 신문과 소비자들은 그녀의 신체를 무시하고 그녀가 '저급'하다고 주장했지만, 로페스는 권투선수의 몸처럼 그녀의 신체가 각 kg당 가치가 매겨진다는 사실을 이해했다. 사실상, 세상이 그녀의 엉덩이에 대한 말하는 것은 중요하지 않았고, 거기에 대해서 로페스는 한번은 "커피 한 잔 정도"로 유용하다고 말했다. 보험 증권은 효과적으로 그녀를 "지구라는 행성에서 가장 값나가는 스타"(Hoffman, 1999)로 바꾸어놓았다.

이 논쟁 동안 그녀는 왕좌를 탈환했다. 그녀의 애인인 션 콤보가 아끼던 래퍼 자말 배로우(Jamal Barrow)가 맨해튼의 나이트클럽에서 세 명에게 총기를 발사해 부상을 입혔을 때, 로페스는 (경찰을 피해 도망치다가 체포되어) 감옥에서 24시간을 보내고 난 후, 매니저의 조언을 따랐다. 그 말은 "경찰에서 도망친다면 너는 할리우드의 연인이 될 수 없다"[10]는 것이었다. 로페스는 힙합의 별에게 결별을 선언했고, 영화 <웨딩 플래너(The Wedding Planner)>에 출연하면서 900만 달러(90억 원)를 받았다. 이 영화는 라틴아메리카에서 <결혼 전문가(Experta en bodas)>라는 제목으로 상영되었고 한 번 더 여기서 그녀는 이탈리아인으로 나왔다.

'퍼프 대디'와의 관계로 인해 방향이 전환되었다고 해도 로페스는

---

10) "Puffy-Lopez Romance Scrutinized by Mags," in *Newsweek*, 3/1/2000, <www. jenlopeztan.net/news.htm>.

회복되었다. 지금은 J-Lo라는 이름으로 화면, 음악, 텔레비전을 통해 국제적으로 알려진 스타가 되었다. 35세 이하 미국 남성들이 크리스마스에 함께하고 싶은 사람으로,[11] ≪플레이보이≫에 의하면 "세상에서 가장 섹시한 여성"으로, 영국의 ≪FHM 메거진≫에서는 2년 연속 "현재 가장 섹시한 여성",[12] "세상의 모든 셀러브리티 중 최고의 몸매"[13]로 꼽혔다. 로페스에게 '최고 몸매'상을 수여하면서, 엔터테인먼트 와이어 (Entertainment Wire)는 "자신의 신체적 특징을 통해 (미국의) 대중적 미의 관점을 정의하는 여성"[14]이라는 명예를 주었다. 두 손 다 들었다.

그러나 제니퍼 로페스는 이것 이상이라는 것을 안다. 결코 정상에서 안전하지 않고, 문화는 전쟁이며, 승리는 절대 완전하지 않다는 것을 이해한다. "항상 내가 바닥에 있고, 정상을 향해 나 자신을 끌고 가는 것처럼 느낀다"라고 말한다(Zeman, 2001: 236). 도전을 약속한 다음 싸움은 돈 때문도 인종적 수치심 때문도 아니다. 그녀의 브롱크스 악센트는 아직 바뀌지 않았다. 영화 출연료로 받은 1,400만 달러(140억 원)에 대한 예의를 지키면서 제니퍼는 그녀의 새로운 싸움이 "아름다움에 관한 게 아니라, 진정성에 관한 것이다"(Friedman, 2000: 89)라고 확언한다. 물론 이것은 논평을 위한 또 다른 아름다운 허구다.

---

11) "What Do You Want for Christmas?" 15/12/1999, in <www.jenlopeztan.net/ news.htm>.

12) "La más sexy del mundo," in *El Nuevo Herald*, 20/5/2001, 11A.

13) "El mejor de los mejores," in *El Nuevo Herald*, 31/10/2001, 8A.

14) "E! Hand Out Golden Hanger Award," 12/12/1998, in <www.jenlopeztan.net/ news.htm>.

참고문헌

Bajtin, Mijail. 1984. *Rabelais and His World.* Bloomington: Indiana University Press, p.373. (스페인어 판: 1974. *Rabelais y su mundo*, Barcelona: Barral)

Beauvoir, Simone de. 1989. *The Second Sex.* Nueva York: Vintage Books, p. 158.

Butler, Judith. 1993. *Bodies That Matter.* Nueva York: Routledge.

Flatley, Jonathan. 1996. "Warhol Gives Good Face: Publicity and the Politics of Prosopopeia." in Jennifer Doyle, Jonathan Flatley and José Muñoz(eds.). *Pop Out: Queering Warhol.* Durham: Duke University Press, p. 104.

France, Kim. 1999.7. "Out of Sight." *Elle*, pp. 168~171, 180.

Freud, Sigmund. 1989. "Character and Anal Eroticism." in Peter Gray(ed.). *The Freud Reader.* Nueva York: Norton, p. 296.

Friedman, Linda. 2000.5. "Feeling So Good." *Teen People*, p. 89.

Garden, Elysa. 1999.6. "She's All That." *In Style*, p. 277.

Hoffman, Bill. 1999.12.6. "Jennifer Lopez is the $1B Babe." www.jenlopez tan.net/news.htm

Koltnow, Barry. 1997.3.23. "Jennifer Lopez Plays Selena with Joy and Sorrow." *Dayton Daily News*, SC.

Lambert, Pam and Betty Cortina. 1997.3.24. "Viva Selena." *People*, pp. 160~161.

Leydon, Joe. 1996.12.8 "Keeping Dreams Alive." *Los Angeles Times*, p. 6.

López, Jennifer. 1999.5.10. "Body and Soul." *In Style*, p. 281.

Negrón-Muntaner, Frances. 1997. "Jennifer's Butt." *Aztlá*, No. 2, Fall, pp. 181~194.

Ramis, Magali Garcí Ramis. 1993. "La manteca que nos une." *La ciudad que nos habita.* Río Piedras: Huracán, p. 83.

Renaud-González, Barbara. 1997.4-5. "Santa Selena." *Latina*, p. 83.

Rodríguez Juliá, Edgardo. 1986. *Una noche con Iris Chacón.* Antillana, p. 117.

Rodríguez, René. 1998.6.25. "Lopez on the Rise." *Miami Herald*, 1F, 5F.

Stavans, Ilán Stavans. 1997. "Santa Selena." *Transition*, No. 70, pp. 36~43.

Villarreal, Luz. 1997.3.21. "New Film Has Selena Fans Singing Star's Praises."

Daily News of Los Angeles, N3.

Vincent, Mal. 1997.3.22. "Lopez is Bursting into Hollywood Spotlight." *Virginian-Pilot*, E8.

Zeman, Ned. 2001.6. "Every Move She Makes." *Vanity Fair*, pp. 166~172, 234~36.

El Nuevo Herald, 6/1/1999, 13D

"People Column." *Miami Herald*, 14/6/1998, 2A.

"La má sexy del mundo." *El Nuevo Herald*, 20/5/2001, 11A.

"El mejor de los mejores." *El Nuevo Herald*, 31/10/2001, 8A.

"Want to Date Jennifer Lopez?" *Daily Dish*, 9/12/1998. www.jenlopeztan.net/news.htm

"E! Hand Out Golden Hanger Award." 12/12/1998. www.jenlopeztan.net/news.htm

"What Do You Want for Christmas?" 15/12/1999. www.jenlopeztan.net/news.htm

"Puffy-Lopez Romance Scrutinized by Mags." in *Newsweek*, 3/1/2000. www.jenlopeztan.net/news.htm

제6장

바리오를 넘어

플로리다 지역의 푸에르토리코인 디아스포라

조지 듀아니 _김현균 옮김

1990년대 플로리다 주는 미국에서 뉴저지 주를 제치고 푸에르토리코 이민자가 두 번째로 많이 모인 곳이 되었다. 수십 년간 쿠바인이 지배적이었던 플로리다에서 보리쿠아 디아스포라는 점점 더 복잡해지는 종족 간의 관계를 통해 문화적 정체성을 재고하게 한다. 또한 라틴아메리카의 이민자 사이의 공통된 연계가 어느 지점까지 가능한지 고찰케 하는 유일한 기회를 제공한다. 이 글에서는 정착의 주인, 사회적·경제적 특징, 인종적 정체성, 정치적 통합, 문화적 행위를 탐구한다. 보리쿠아 인구의 확산은 이민자 정체성과 그들의 사회적·경제적 발전에 대해 광범위한 결과를 이끌어낸다.

조지 듀아니 Jorge Duany 현재 푸에르토리코 대학교 사회·인류학과 교수로 재직 중이며 최근 저술로는 *The Puerto Rican Nation on the Move: Identities on the Island and in the United States*(The University of North Carolina Press, 2002)가 있다.

* 이 글은 ≪Nueva Sociedad≫ 201호(2006년 라티노 특집호)에 실린 글을 옮긴 것이다.

1. 서론

2차 세계대전 이후 푸에르토리코인들의 대규모 이주 행렬은 주로 뉴욕 시와 미국 북동부 및 중서부의 여타 대도시 지역으로 향했다. 인구조사국의 추정에 따르면, 2004년 대륙의 미국 영토(387만 4,322명)와 푸에르토리코 섬(389만 4,855명)에 거주하는 푸에르토리코인의 수는 거의 같았다. 그러나 1960년대부터 푸에르토리코 이주민들은 광범위하게 분산되었다. 1990년대에는 플로리다 주가 뉴저지 주를 제치고 미국 내에서 제2의 푸에르토리코인 집중 거주지로 부상했으며, 그 인구가 거의 50만 명에 육박했다. 플로리다에 거주하는 푸에르토리코인의 수는 비약적으로 늘어 1960년에 미국 내 전체 푸에르토리코인의 2% 남짓이던 것이 2000년에는 14%를 상회하게 되었다. 인구센서스 통계에 따르면, 플로리다에 거주하는 푸에르토리코인은 2000년에 48만 2,027명이던 것이 2004년에는 65만 6,299명으로 증가했다(US Census Bureau 2005). 오늘날 푸에르토리코인들은 플로리다에서 쿠바인들에 이어 두 번째로 규모가 큰 히스패닉 그룹을 이루고 있으며, 플로리다 중부, 특히 올랜도의 대도시 지역에는 푸에르토리코인 거주자 수가 가장 많다. 2004년 플로리다에서 히스패닉 다섯 명 중 한 명은 푸에르토리코 출신이었다.

여러 요인들이 푸에르토리코 이주민의 분산, 특히 뉴욕에서 플로리다로의 이동을 설명해준다. 우선, 뉴욕 시의 경제구조 개혁을 들 수 있다. 의류산업을 위시한 경공업 부문의 쇠퇴는 1960년대에 이 산업에 집중되어 있던 푸에르토리코인 노동자들의 물질적 행복지수를 떨어뜨렸다. 둘째, 새로운 고용 기회가 푸에르토리코인들을 북동부와 남부 그리고 서부의 다른 지역들로 끌어들였다. 셋째, 생활비가 저렴하고 주(州) 소득세가 없다는 것도 플로리다로의 대규모 이주를 추동했다. 넷째, 수많은 푸에르토리코 섬 거주자들이 더 나은 '삶의 질'을 찾아 나라 밖으로 이주했다. 마지막으로, 히스패닉 인구의 급속한 팽창이 플로리다를 푸에르토리코인들의 이상적인 거주지로 탈바꿈시켰는데, 그들은 플로리다가 지리적·문화적·언어적으로 뉴욕이나 북부의 다른 주들보다 푸에르토리코 섬에 더 가깝다고 생각한다(Aranda).

플로리다가 '푸에르토리코화'되면서 미국 내의 히스패닉 인구가 다양화하고 이주자들과 그들의 후손들 사이에서 '뉴요리칸(nuyorican)'[1])을 넘어 '플로리리칸(florirrican)'이나 '올랜도-리칸(orlando-rican)', 더 나아가 '디아스포-리칸(diaspo-rican)' 같은 새로운 민족 범주가 출현했다(마지막 범주는 디아스포라의 푸에르토리코인들 모두를 가리킨다). 이러한 혼성적 라벨은 이주자들의 정체성 형성과 변화, 그리고 확대되고 있는 푸에르토리코 섬 거주자들과의 차이에서 지역적 맥락의 적절성을 확인시켜준다. 동시에, 푸에르토리코 섬에서 출생한 사람들과 대륙에서 출생한 사람들 간의 차이는 심각한 정서적 문제를 제기한다. 예컨대, "누가 스스로를 푸에르토리코 국민의 일부라고 주장할 권리를 갖는가", "문화적·정치적으로 이러한 주장을 어떻게 승인할 것인가"의 문제가 그것이다. 수십 년 동안 히스패닉 사이에서 쿠바인들이 수적 우위를 점해온 플로리다에서 푸에르토리코인 디아스포라는 갈수록 복잡해지는 민족 간 상호관계의 맥락에서 문화적 정체성을 고찰하기 위한 비옥한 토양이다. 무엇보

---

1) '뉴요리칸'이라는 용어는 원래 뉴욕에 거주하는 푸에르토리코인 이주자들을 지칭하기 위해 1950년대에 만들어졌다. 오늘날에는 미 대륙에서 태어났거나 자란 모든 푸에르토리코 출신자들을 가리키기 위해 푸에르토리코 섬에서 일반적으로 사용된다. 때로는 외부에 사는 사람들이 푸에르토리코 섬에 사는 사람들보다 푸에르토리코적이지 못하다는 것을 가리키기 위해 경멸적인 의미로 사용된다. 이는 결코 필자의 개인적인 견해가 아니다.

다 라틴아메리카 이주민들 사이에서 공유되는 소속감이 어느 정도로 생겨나 뿌리내리고 있는지 조사해볼 수 있는 특별한 기회를 제공한다.[2]

　과거에는 라틴아메리카 출신의 단일 그룹이 지배하던 주, 도시, 카운티－뉴욕의 푸에르토리코인, 마이애미의 쿠바인 그리고 로스앤젤레스의 멕시코인－에 최근 여타 라틴아메리카 국가 사람들이 대규모로 유입되었다. 가령, 뉴욕의 도미니카인, 마이애미의 니카라과인 그리고 로스앤젤레스의 엘살바도르인이 그렇다. 그 결과 이 지역들은 저마다 문화적 다양성의 확대를 경험했다. 이러한 상황에서 다음과 같은 중대한 정치적 질문이 제기된다. 새로운 이주자들은 지리적·역사적·언어적·문화적 유사성을 토대로 다른 라티노들과 더욱 폭넓은 동맹을 이루어낼 것인가. 자신들의 상이한 국적과 출신국들과의 초국가적 유대를 공고히 할 것인가. 아니면, 이 두 가지 전략을 조합할 것인가. 많은 학자들이 맨해튼의 엘 바리오('히스패닉 할렘'으로도 알려져 있다), 퀸스의 코로나 지구, 시카고의 니어 노스웨스트 사이드와 필젠, 마이애미의 리틀 하바나 같은 도시 빈민지역에서 이 문제를 연구하기 시작했다(Dávila; De Genova y Ramos-Zayas; Pérez; Ricourt y Danta; Stepick et al. 등을 참조할 것). 이러한 민족 거주지들에서, 다양한 라틴아메리카 국가들이 결합된 형태의 이주는 국가적·초국가적 공동체의 재구성에 기여하고 있다. 그럼에도 이주자들이 '히스패닉'이나 '라티노' 같은 초국가적 정체성을 받아들일지는 아직 미지수다.

　이 글은 플로리다, 특히 올랜도, 탬파, 마이애미의 대도시 지역에 최근 형성되고 있는 푸에르토리코인 디아스포라의 동향을 탐구한다. 푸에르

---

2) 다른 글에서 필자는 이 주제를 다룬 최근의 몇몇 책들에 대한 서평을 썼다(Duany, 2003).

토리코인들이 전통적인 중심지를 넘어 분산되는 현상이 장기적으로 이주자들의 정체성 및 사회적·경제적 발전에 영향을 끼친다는 것이 필자의 주장이다. 앞으로 살펴보겠지만, 올랜도, 탬파, 마이애미의 푸에르토리코인 공동체들은 사회적·경제적 배경이나 정착 패턴뿐만 아니라 정치적·경제적·문화적 결합 방식에서도 뉴욕, 시카고, 필라델피아의 경우와 본질적으로 다르다. 대체로 오늘날 푸에르토리코인들이 플로리다에서 겪고 있는 현상은 유례를 찾아볼 수 없다. 과거에 푸에르토리코 섬에서 대륙으로 이동했던 이주민의 물결과 비교하면 특히 그렇다.

2. 정착 패턴

최근 40년 동안 미국 내 푸에르토리코인들의 지리적 분포는 중대한 변화를 보여주었다. 이주자들이 여전히 뉴욕 주에 밀집되어 있긴 하지만, 그 비율은 1960년대에 전체의 3/4에 근접하던 것이 2000년에는 1/3 이하로 축소되었다. 그에 상응해 다른 주들, 특히 플로리다, 펜실베이니아, 매사추세츠, 코네티컷 그리고 텍사스에서는 푸에르토리코인들의 비율이 증가했다. 인구센서스 통계는 대부분의 푸에르토리코인 디아스포라가 뉴욕의 원래 중심지에서 이동했음을 확인해준다.

플로리다 내에서 푸에르토리코인들은 주로 세 지역에 정착했다. 플로리다 중부지역(특히, 오렌지 카운티와 오세올라 카운티)에 가장 많은 수가 밀집되어 있다. 인구센서스 자료에 따르면, 2004년 당시 거의 22만 2,000명에 달하는 푸에르토리코 출신 이주자들이 이 지역에 거주하고 있었다. 두 번째 집중거주지는 플로리다 남부, 특히 마이애미 데이드 카운티와 브로워드 카운티에 있다. 2004년에 거의 15만 8,000명에 달하는 푸에르토리코인들이 이 지역에 거주했으며, 인접한 팜비치 카운티에도 3만 5,000명 이상이 거주했다. 세 번째 집중거주지는 탬파만 인근, 특히 힐스버러에 형성되었는데, 여기에는 7만 2,000명이 넘는 푸에르토리코인들이 살고 있었다. 게다가 이웃한 피넬러스 카운티와 파스코 카운티에도 2만 9,000명가량이 거주했다. 미국의 한 저널리스트에 따르면, "푸에르토리코인들이 플로리다 남부 대신 이곳(플로리다 중부)에 정착한 것은 남부 지역이 이미 쿠바 공동체의 강력한 지배하에 있었기 때문이다. 푸에르토리코인들은 플로리다 중부에서 자신들의 정체성을 확립할 기회를 보았던 것이다"(Lipman).

1990년대 후반기에 오렌지 카운티와 오세올라 카운티는 브롱크스 카운티를 비롯한 뉴욕, 펜실베이니아, 일리노이의 다른 카운티들을 제치고 푸에르토리코인들의 주요 정착지로 변모했다. 더욱이 최근 서인도제도에서 이주한 푸에르토리코인들이 가장 많이 정착한 열 곳 중 다섯 곳이 플로리다에 위치하고 있다. 또한 인구센서스 자료는 필자가 다른 글(Duany, 2002)에서 상세히 다룬 바 있는, 지속적인 인적 순환 — 푸에르토리코와 대륙의 미국 영토 사이의 '왕래(vaivén)' — 을 보여주고 있다. 플로리다 전역에서 서인도제도로 돌아가는 푸에르토리코인보다 브롱크스를 비롯한 전통적인 정착지에서 돌아가는 푸에르토리코인의 수가 훨씬 더 많다. 결과적으로, 서인도제도에서 플로리다로 이주하는 사람들의 수가 다른 주들로 이주하는 경우보다 더 많을 뿐만 아니라, 플로리다보다 다른 주들에서 더 많은 거주자들이 푸에르토리코로 돌아가고 있다.

미국 내에서 푸에르토리코인이 가장 많이 거주하는 대도시 지역 열 곳 중 네 곳(올랜도, 탬파, 마이애미, 포트로더데일)이 플로리다에 있다. 더욱이 푸에르토리코인들은 올랜도와 탬파에서 히스패닉의 다수를 차지하고 있으며, 마이애미와 포트로더데일에서는 쿠바인들에 이어 두 번째로 규모가 큰 그룹을 형성하고 있다. 올랜도 거주자 전체에서 푸에르토리코인이 차지하는 비율(거의 11%)은 뉴욕 시를 능가한다(10%가량). 두 번째로 주 의회에 진출한 푸에르토리코인인 토니 수아레스가 지적한 대로, "푸에르토리코인들에게 올랜도는 머지않아 쿠바인들의 마이애미와 같은 곳이 될 것이다"(Friedman 2001: 6에서 재인용). 2004년 20만 명에 육박하는 푸에르토리코인 주민이 거주하는 올랜도는 일종의 푸에르토리코인들의 '메카'로 변모했다. 현재 올랜도는 뉴욕 시에 이어 미국 내에서 푸에르토리코인이 두 번째로 많이 거주하는 대도시 지역이다.

올랜도의 대도시 지역에서 푸에르토리코인들의 가장 중요한 정착지들은 오렌지 카운티 남동부와 오세올라 카운티 북부에 위치해 있다. 푸에르토리코인들은 올랜도의 중심지역과 오렌지 카운티의 윈터가든 지구 및 오세올라 카운티에 위치한 키시미 시와 세인트클라우드 지구에 밀집되어 있다. 이 밀집지역들 중 많은 수는 도시 근교에 푸에르토리코인 주민의 비중이 높은 하위 구역들을 거느리고 있는데, 전체 히스패닉 중에서 차지하는 비율은 45%와 70% 사이를 오르내린다. 3,772명의 푸에르토리코인이 사는 매도우우즈(2000년 기준 총 거주자 수 1만 1,286명)는 오렌지 카운티의 푸에르토리코인 밀집지역의 하나다(Duany y Matos-Rodríguez). 그럼에도 이 지역이 보여주는 중산층 공동체 특유의 사회적·경제적·물리적 특징은 뉴욕의 바리오와 사뭇 다르다.

3. 사회적·경제적 면모

플로리다에 거주하는 푸에르토리코인들의 계층 분포에 관한 인구센서스 보고서와 언론의 보도 자료는 복합적인 도표를 제공한다. 한편으로는, 많은 전문직업인들과 경영자들이 푸에르토리코 섬에서 마이애미, 탬파, 올랜도로 이주했다. 푸에르토리코 언론은 최근 20년 동안 이루어진 의사, 간호사, 교사의 집단 이주를 집중 조명한 바 있다(Oliver-Méndez; Pascual Amadeo). 많은 보도기자들과 학자들은 플로리다의 푸에르토리코인들을 대학 교육을 받고 교외 주택가에 거주하는 두드러진 중산층 성향의 주민으로 표현했다(Friedman 2002; Rivera-Batiz and Santiago). 저널리스트인 로버트 프리드만(Friedman, 2002: 2)이 지적한 것처럼, "올랜도 지역에 정착한 푸에르토리코인들은 경제적 관점에서 상대적으로 양호하고 교육 수준이 매우 높으며, 주로 미국 북동부에 정착했던 이전 세대들보다 더 견고한 기업공동체를 형성하고 있다". 최근의 연구들 (Duany y Matos-Rodríguez; Olmeda)은 플로리다로 이주한 푸에르토리코인들이 다른 주들로 이주한 경우보다 더 양호한 사회적·경제적 배경을 가지고 있다는 데 의견의 일치를 보인다.

사회적·경제적 면모를 잘 보여주는 지표는 푸에르토리코인들이 플로리다에 설립한 사업체의 급증이다. 1997년, 푸에르토리코인들은 마이애미의 대도시 지역에 3,450개, 포트로더데일에 2,992개, 탬파에 2,745개 그리고 올랜도에 2,429개의 상점을 소유하고 있었다. 플로리다 전역에서 푸에르토리코인들이 소유한 사업체는 히스패닉 사업체 전체의 7.9%에 이르며, 이는 쿠바인 사업체에 이어 두 번째로 높은 비율이다. 그럼에도 올랜도에서는 푸에르토리코인들이 쿠바인들보다 더 많은 사업체를 세웠다. 이곳에서 푸에르토리코인들의 상점은 주로 무역, 은행업, 보험, 교육을 포함하는 서비스업에 집중되어 있다(US Census Bureau 2000). 푸에르토리코인들은 300명이 넘는 회원을 거느리고 올랜도 히스패닉 상업회의소를 지배하고 있으며, 푸에르토리코 섬에 기반을 둔 수많은 회사를 플로리다 중부로 끌어들인 경제팽창 과정에 중요한 일익을 담당했다.

남플로리다 푸에르토리코 전문직업인 연합(Profesa)의 회원들을 대상으로 실시한 최근의 설문조사는 마이애미 지역 중산층 이주민들의 사회적·경제적 면모를 밝혀준다. 설문에 응한 사람들 중 2/3가 상대적으로 젊었으며(25~44세), 푸에르토리코 섬에서 태어난 경우도 비슷한 비율이었다. 푸에르토리코에서 평균 19년을 살았고 대륙의 미국 영토에서 17년을 살았다. 더욱이 그들은 교육 수준이 높아 33%가 석사과정을 마친 것으로 나타났다. 또 연소득이 8만 달러가 넘는 경우가 절반 이상이었다. 전문직업인들, 특히 회계사, 변호사, 의사가 1/4을 약간 상회했으며, 회사 간부, 경영자, 기업주도 1/4을 차지했다. 1/3가량은 푸에르토리코 출신이 아닌 배우자, 특히 미국인이나 쿠바인과 결혼했다. 설문에 응한 사람들 중 84%는 가정에서 영어와 스페인어를 함께 사용했다. 또 87%는 1년에 한 번 이상 푸에르토리코 섬을 여행했다. 비록 설문조사가 단 한 개의 자발적 단체로 한정되긴 했지만, 그 결과는 교육을 잘 받고 경제적 풍요를 누리는 극히 유동적인 엘리트층의 존재를 시사한다.

다른 한편, 많은 푸에르토리코인 이주자들은 올랜도 지역의 디즈니월드가 정기적으로 모집하는 사람들 같은 서비스 노동자와 블루칼라 노동자들이다(Hernández Cruz).[3] 대부분은 일자리를 구하는 젊은이들이다. 다수의 언론 보도에 따르면, 플로리다 지역의 푸에르토리코인 디아스포라는 환멸을 느낀 미국 북부의 거주자들을 대규모로 받아들이고 있는데, 그들은 기후와 취업 기회, 저렴한 생활비에 끌려 남부로 이주한다

---

3) 플로리다 중부에 거주하는 푸에르토리코인들에 대한 우리의 연구는 피고용자들의 거의 57%가 전화교환수나 공장노동자 같은 서비스 노동자와 블루칼라 노동자이고 24%가량이 판매원이나 사무원이며, 겨우 19%만이 전문직업인, 기술자, 회사 간부, 경영자라는 것을 밝혀주었다(Duany and Matos-Rodríguez).

(Coats; Lipman). 주로 2세대와 3세대의 푸에르토리코인들로 이루어진 이주의 물결은 뉴욕, 펜실베이니아, 일리노이 같은 주에서 비롯된다. 보도기사는 교육 수준이 낮고 서인도제도에서 직접 이주하는 사람들보다 영어를 더 잘 구사하는 하층계급의 이동임을 시사한다. 서인도제도에서 태어나 자란 사람들과 이른바 '뉴요리칸' 사이의 관계는 푸에르토리코는 물론 대륙의 미국에서도 중대한 문제가 되고 있다.

플로리다의 푸에르토리코인들에 관한 인구센서스 자료를 분석해보면, 다른 주들에 거주하는 푸에르토리코인들과의 사회적·경제적 차이를 확인할 수 있다.4) 플로리다 거주자들의 소득 수준은 최상위이다. 1999년에 플로리다의 푸에르토리코인들은 뉴저지(1만 4,851달러)에 이어 1인당 가구평균소득이 두 번째로 높았다(1만 4,350달러). 플로리다에 거주하는 푸에르토리코인들의 1인당 가구평균소득은 펜실베이니아나 매사추세츠 같은 주들에 비해 훨씬 높았다. 게다가 펜실베이니아나 매사추세츠 주에 거주하는 푸에르토리코인들의 빈곤율 – 인구의 40%가량 – 은 플로리다 거주자들의 빈곤율(18.6%)에 비해 두 배 이상 높았다. 뉴욕의 경우, 푸에르토리코인들의 평균소득은 1만 2,954달러였으며 빈곤율은 34%에 달했다.

부분적으로는, 푸에르토리코인들이 플로리다에서 더 높은 소득을 올리는 원인을 상대적으로 연령대가 높고(노동시장에서 근속연수가 더 길고 더 많은 경험을 가졌다) 교육을 더 많이 받았다는 데서 찾을 수 있을 것이다. 플로리다 주의 푸에르토리코인들은 2000년 인구센서스 당시 평균 31.6세였던 반면, 뉴욕은 31.2세, 미국 전체는 29.2세였다. 더군다나 플

---

4) 이 단락과 이어지는 두 단락에서 제시된 인구센서스 자료는 인구의 5%를 표본으로 프란시스코 리베라-바티스가 실시한 조사 결과에서 가져온 것이다.

로리다의 거주자들은 학력 수준이 매우 높아 15.6%가 대학 과정을 마쳤는데, 이는 뉴욕의 11.7%, 미국의 전체 평균 12.6%와 비교된다. 플로리다에서 대학 교육을 받은 푸에르토리코인들의 비율은 펜실베이니아와 코네티컷의 두 배에 달했다. 축적된 노동 경험과 높은 학력 수준은 푸에르토리코인들의 원활한 노동시장 진출을 설명해준다. 남녀를 불문하고 플로리다의 푸에르토리코인들이 가장 낮은 실업률을 보여주었다. 플로리다 주에서 남자의 실업률은 5.2%였으나 코네티컷은 8.6%, 펜실베이니아는 9.2% 그리고 매사추세츠는 9.7%에 달했다. 여성의 경우, 플로리다의 실업률은 6.7%로 미국의 전체 평균 8.4%보다 현격하게 낮았다.

　플로리다에 거주하는 푸에르토리코인들의 경제적 상황이 상대적으로 유리함에도, 모든 지표는 인구의 나머지와 비교해 중대한 핸디캡이 있음을 시사한다. 1999년 플로리다의 1인당 가구평균소득은 2만 1,557달러였지만, 푸에르토리코인들의 경우 1만 4,350달러에 불과했다. 비히스패닉계 백인들의 1인당 가구평균소득은 2만 5,379달러였다. 2000년 인구센서스에 따르면, 플로리다에 거주하는 푸에르토리코인들은 다섯 명에 한 명꼴로 빈곤했다. 통계자료는 무시할 수 없다. 그러나 이 주제를 더 잘 이해하기 위해서는 장차 다른 민족 집단에 비해 사회적·경제적 측면에서 푸에르토리코인들이 지속적으로 뒤처지는 원인에 초점을 맞춘 연구가 이루어져야 할 것이다.

4. 인종 정체성

　플로리다에 거주하는 푸에르토리코인들과 관련해 호기심을 자극하는 문제는 인종 구성이다. 2000년 인구센서스에서, 플로리다 주에 거주하는 푸에르토리코인의 2/3 이상이 자신을 백인으로 분류했는데, 이는 미국 전체에서 가장 높은 비율이다. 반대로, 흑인이나 다른 인종, 또는 두 가지 인종이라고 답한 거주자의 비율은 여타 지역들(54%)에 비해 플로리다가 더 낮았다(33%). 인구센서스 자료는 플로리다로의 이주 흐름에서 백인들이 우세를 점하고 흑인들은 열세에 놓여 있다는 것을 시사한다.

이러한 자체적 인종 분류 패턴을 어떻게 해석할 것인가? 우선, 플로리다에 거주하는 푸에르토리코인들의 우월한 사회적·경제적 배경이 유럽 혈통의 사람들이 높은 비율을 차지하는 이유를 설명하는 데 도움이 된다. 둘째, 플로리다 같은 남부의 주들에 거주하는 사람들은 이 지역에 팽배한 반흑인적 편견을 피하기 위해 스스로를 백인으로 분류할 가능성이 있다. 셋째, 수많은 히스패닉, 특히 대부분 스스로를 백인으로 간주하는 쿠바 출신 히스패닉의 존재가 결과적으로 백인의 인종 범주로 기울어지게 했을 수 있다. 어찌 되었든 플로리다에 거주하는 푸에르토리코인들 대다수가 스스로를 백인으로 인식하는 현상은 더 면밀한 고찰을 요한다.

5. 정치적 진출

언론 보도는 플로리다의 푸에르토리코인들을 지방 선거와 주 선거, 더 나아가 대통령 선거에서 중요한, 그러나 예측하기 어려운 유권자 그룹으로 언급했다(Glanton; Puerto Rico Herald). 푸에르토리코인들은 태어날 때부터 미국 시민이며 미 대륙에 영주하는 순간 곧바로 투표권을 가진다는 것을 기억하자. 매스미디어는 주로 푸에르토리코인들과 여타

비(非)쿠바계 히스패닉의 지지 덕분에 플로리다 중부에서 민주당 세력이 확대되는 것에 비상한 관심을 보였는데, 공화당 지지 성향이 두드러지는 플로리다 주 남부의 쿠바인들과 극명한 차이를 보여준다. 언론 보도에 따르면, 플로리다의 푸에르토리코인 유권자의 60% 이상이 2000년 대통령선거에서 민주당 후보인 앨 고어를 지지했다(Lizza; Milligan). 민주당 고문 제프리 패로우가 한탄한 것처럼, "만약 고어가 플로리다에서 600표만 더 얻었다면 그는 대통령이 되었을 것이다"(Friedman 2004: 5에서 재인용). 그러나 플로리다에 거주하는 대다수의 푸에르토리코인들은 2002년 공화당 주지사 젭 부시(John Ellis Bush)의 재선에 찬성표를 던졌다.

부상하는 푸에르토리코인 유권자들은 공화당과 민주당 사이에서 "가장 중요한 정치적 전장(戰場)의 하나"가 되었다(Silva). 2004년 대통령 선거전은 플로리다 중부에서 푸에르토리코인 유권자의 결정적인 역할을 인정했는데, 다수의 여론조사에 따르면 존 케리 상원의원은 이들로부터 조지 부시 대통령의 두 배에 달하는 지지를 받았다(Friedman 2004; Thomas; Utset). 다시 한번, 푸에르토리코인들은 부시를 압도적으로 지지하는 쿠바인들과 상반되는 패턴을 따랐다.

대다수의 푸에르토리코인들은 전통적으로 민주당에 표를 던진다고 알려져 있다. 이러한 선호도는 흑인이나 멕시코인 같은 다른 민족적·인종적 소수 집단과 일치한다. 공화파를 지지하는 쿠바인들이 히스패닉 인구의 다수를 차지하고 있는 상황에서 푸에르토리코인 디아스포라가 플로리다의 선거 지형에 변화를 가져올 수 있을 것이다. 그럼에도 푸에르토리코인들의 인구 증가는 아직 지방 및 주 정부에서 그에 상응하는 대의권으로 연결되지 못하고 있다. 1966년 모리스 페레는 푸에르토리코 출신으로 플로리다에서 처음으로 주(州) 대표자가 되었다. 1973년,

페레는 마이애미 시장에 선출되었지만, 2001년과 2004년에는 쿠바 후보에 밀려 선거에 패배했다. 이 글을 작성하는 시점에, 플로리다 주 의회에서 복무한 경험이 있는 푸에르토리코인은 단 두 명뿐이다. 2004년, 세 명의 푸에르토리코인이 경찰 국장에 선출되었다. 게다가, 지방 교육위원회와 그 밖의 중요한 공공기구에서 자리를 차지한 푸에르토리코인은 손에 꼽을 정도였다. 이런 의미에서, 저널리스트들은 푸에르토리코인들을 플로리다 정치의 '잠자는 거인(gigante dormido)'으로 묘사한 바 있다(Lipman; Story).

푸에르토리코의 정치 상황과 관련해 플로리다의 푸에르토리코인들은 서인도제도의 푸에르토리코인들 만큼이나 분열되어 있다. 물론 푸에르토리코가 미연방의 51번째 주로 편입되는 것을 옹호하는 사람들의 수가 다른 지역보다 많기는 하다. 가령, 남플로리다 푸에르토리코 전문직업인 연합(Profesa) 회원의 55%는 이러한 정치적 방식을 지지했다. 다른 한편, 일간지 ≪엘 누에보 디아 데 올랜도≫가 실시한 설문조사에서는 플로리다 중부에 거주하는 푸에르토리코인의 48%가 현재의 미국 자치령을 지지한 반면, 42%는 미국으로의 완전한 합병을, 그리고 5%는 독립을 지지했다.

그럼에도 디아스포라가 푸에르토리코 섬의 정치에 미치는 영향력은 아직 매우 제한적이다. 현재까지 푸에르토리코 선거와 총선거, 국민투표 참여는 (도미니카인과 쿠바인 같은 비푸에르토리코 출신 미국 시민을 포함해) 서인도제도 거주자들로 제한되어왔다. 따라서 미국 내에 거주하는 푸에르토리코인들은 서인도제도의 정치적 사안, 특히 민족자결의 난해한 문제에 어떻게 영향력을 행사할 것인가 하는 중대한 도전에 직면해 있다.

6. 문화적 관습

서두에서 강조한 것처럼, 플로리다의 푸에르토리코인 디아스포라는 플로리다 주뿐만 아니라 미국 내의 다른 지역에서도 확대되고 있는 히스패닉 주민들의 이질성의 한 축을 담당하고 있다. 여전히 쿠바인들이 플로리다의 히스패닉 세계를 지배하고 있지만, 푸에르토리코인, 콜롬비아인, 니카라과인, 멕시코인, 베네수엘라인 그리고 도미니카인 같은 다른 그룹들이 존재감을 확대해왔다. 이러한 상이한 히스패닉 집단들의 혼합은 복합적인 문화적 결과를 가져올 것으로 예상되는데, 그중에서 몇 가지만 강조하자면 다음과 같다.

먼저, 라틴아메리카 출신의 어떤 그룹도 1960년대 이후 쿠바인들이 마이애미에서 그랬던 것처럼 고유의 기호와 가치, 문화적 관습을 강제하지 못할 것이다. 이러한 이유로 플로리다의 대중문화는 역사상 처음으로 진정 라티노적 성격을 띨 수 있게 될 것이다. 다양한 국적의 히스패닉 주민들이 라티노 모자이크에 기여하면서 언어, 음악, 음식, 스포츠 그리고 종교는 갈수록 '라티노화'되고 있다. 예컨대, 푸에르토리코 공동체 기구들이 후원하는 공공문화행사(퍼레이드와 페스티벌 같은)의 수와 종류는 올랜도와 탬파, 마이애미에서 증가되었다. 플로리다 중부의 푸에르토리코 퍼레이드는 1992년 처음 개최된 이래 매년 1만 5,000~3만 명의 사람들을 끌어들였다. 이런 의미에서 플로리다 중부의 푸에르토리코인들은 다른 히스패닉 그룹들과 더불어 플로리다 남부의 '쿠바화'를 상쇄하고 있다.

둘째, 플로리다 중부와 남부에서 사용되는 스페인어는 쿠바와 푸에르토리코뿐만 아니라 카리브 및 중남미 다른 국가들의 방언의 조합이 될 것이다. 어휘와 발음, 억양 그리고 그 밖의 다른 언어 양식에서 나타나는 차이는 장기적으로 동질화될 수 있을 것이며, 이제는 쿠바의 말투가 히스패닉 주민들에게 여전히 규범으로 유지될 것이라고 추정할 수 없을 것이다. 시카고에서 멕시코인들과 푸에르토리코인들 사이에 일어났던 것처럼, 가까운 장래에 '올바른(correcto)' 스페인어 사용법을 둘러싼 갈등이 심화될 수 있을 것이다(De Genova y Ramos-Zayas). 뉴욕 시에서 다양한 스페인어 방언, 특히 푸에르토리코, 도미니카공화국, 멕시코 방언 사이에 일어나는 통합 현상은 갈수록 라티노들이 스스로 더 광범위한 공동체의 일부임을 느끼고 있다는 것을 시사한다(Scott).

셋째, 스페인어 사용자들을 위한 이중언어 교육과 기타 공공서비스의 필요성이 날로 증대될 것이다. 플로리다 중부의 여러 교육구가 현재 많은 수의 이주자들을 받아들이고 있는데, 특히 푸에르토리코와 멕시코 이주자들이 두드러진다. 예를 들면, 오세올라 카운티에서는 학생 다섯 명당 두 명이, 그리고 오렌지 카운티에서는 네 명당 한 명이 히스패닉이다. 안타깝게도 히스패닉계 학생들—특히 푸에르토리코인들—은 여타 민족 그룹보다 학업중단율이 더 높다. 푸에르토리코에서 성장한 아이들의 교육에 나타나는 문제점의 하나는 대체로 영어를 제대로 구사하지 못하는 상태로 플로리다에 도착한다는 것이다. 가령, 2000~2001년 시기에 오렌지 카운티에서 영어에 어려움이 있는 학생들의 21.1%가 푸에르토리코 출신이었다(플로리다 주 교육부; Pacheco; Postal y De Luzuriaga). 그 결과, 지역 공립학교들은 히스패닉계 학생들의 학업중단율을 낮추기 위한 노력의 일환으로 이중언어를 구사하는 교사와 직원들을 채용하고 있다.

넷째, 상이한 히스패닉계 그룹 사이의 상호작용이 각자의 국적을 초월하는 혼종적 정체성이 생겨날 것인지를 결정할 것이다. 마이애미, 올랜도, 탬파 지역에서 히스패닉들 간의 혼인율에 대한 연구가 심도 있게 이루어져야 한다. 민족 간 결혼을 통해 태어난 후손들이 대체로 특정 민족으로서의 정체성을 가지게 될지, 아니면 '라티노'로서의 정체성을 가지게 될지 판별하는 것 또한 중요하다. 예컨대 미 대륙의 푸에르토리코인들은 다른 민족 및 인종 그룹과 결혼하는 비율이 상대적으로 높은 편이다. 뉴욕의 푸에르토리코인들은 쿠바인들보다 도미니카인들과 결혼하는 경우가 더 빈번하다. 마이애미의 푸에르토리코인들은 올랜도에 비해 쿠바인들과 결혼하는 경향이 더 강하다(Aquino). 이러한 경향은 단순히 각각의 대도시 지역에서 히스패닉 공동체가 가진 규모와 상관관계가 있는 걸까? 아니면 다양한 국적의 그룹들 간의 관계에 나타나는 폭넓은 패턴을 반영하는 걸까?

마지막으로, 플로리다에서 푸에르토리코인과 히스패닉 주민의 증가는 흑인이나 비히스패닉계 백인 같은 다른 주류 그룹들과의 긴장을 고조시킬 수 있을 것이다. 일부 미국인들은 공적인 영역에서의 스페인어 사용을 불편하게 여긴다. 또 대다수의 라티노들이 속해 있는 가톨릭교회의 팽창에 반대하는 미국인들도 있다. 이러한 갈등에 노동 및 주택시장, 정치적 분쟁에서의 경쟁을 덧붙여야 하며, 플로리다에서 히스패닉과 비히스패닉 간의 관계가 갈수록 폭발적이 되리라는 예측이 가능하다. 쿠바인과 그 밖의 다른 국가 출신의 라티노, 비히스패닉계 백인, 흑인, 유대인, 아이티인 등이 인상적으로 뒤섞여 있는 마이애미 지역에서 이러한 민족적 대립에 대한 많은 연구 조사가 이루어졌다(Stepick et al.).

2005년 8월, 한 백인 여교사가 한 하원위원에게 올랜도에서 일어나고 있는 푸에르토리코인, 멕시코인, 아이티인의 끊임없는 이주를 고발하는 도발적인 편지를 썼다. 여교사의 경멸적인 견해는 공립학교 시스템의 근간을 뒤흔들 만한 것이었다. 이것이 예외적인 사건이었는지, 아니면 플로리다에서 민족적·인종적 소수자에 대한 다수자 백인 집단의 지배적인 태도를 대변하는 것인지는 아직 분명치 않다.

7. 결론

푸에르토리코인들의 정착 패턴은 최근 40년 동안 급격하게 변화했다. 1940년대와 1950년대에는 뉴욕이 푸에르토리코인들의 가장 중요한 정착지였다면, 1990년대에는 플로리다가 선호 지역으로 부상했다. 이 글에서 제시된 자료들은 '플로리리칸들'이 다른 푸에르토리코인 공동체들과 상이한 궤도를 따를 수 있음을 시사한다. 우선, 그 계층적 배경이 과거의 인구이동보다 우월하다. 인구센서스 결과는 플로리다의 푸에르토리코인들이 뉴욕, 펜실베이니아, 매사추세츠 같은 주들에 거주하는 푸에르토리코인들보다 소득, 직업 및 교육 수준에서 더 우월하다는 것을 확인시켜준다. 더욱이 플로리다의 푸에르토리코인들은 미국의 다른 어떤 지역에 거주하는 푸에르토리코인들보다 더욱 빈번하게 자신들을 백인으로 정의한다. 그들 중 많은 수는 특히 뉴욕, 시카고, 필라델피아의 도시빈민지역에서 이주했으며, 일부는 올랜도, 탬파, 마이애미 교외의 중산층 거주지역에 정착하기에 이르렀다.

플로리다 지역의 푸에르토리코인 디아스포라는 정치적·경제적·문화적 측면에서 강력한 잠재적 영향력을 미친다. 경제적으로 푸에르토리코인들은 노동시장, 특히 서비스 부문에 숙달된 기능과 자본을 제공한다. 상대적으로 높은 소득을 올리는 푸에르토리코 기업가들과 전문직업인들의 활력 있는 공동체가 생겨났다. 정치적 측면에서, 푸에르토리코인들은 박빙의 승부가 펼쳐지는 플로리다 주에서 중요한 유권자 블록으로서 민주당뿐만 아니라 공화당에도 영향력을 행사할 수 있을 것이다.

문화적으로, 푸에르토리코인들은 여타 스페인어권 이주자들과 함께 플로리다의 민족적·언어적·종교적 다양성을 증대시키고 있다. 몇몇 주류 그룹들의 저항에도,5) 미국 내의 푸에르토리코인과 히스패닉 세력은 앞으로도 계속 확장될 것이다. 미국 사회가 과거에 수백만의 이민자들을 대상으로 해왔던 것처럼 이주민들을 문화적으로 동화시키는 데 집착할 것인지, 아니면 갈수록 더 다민족적·다문화적·다언어적 국가로 변모할 것이지는 아직 미지수다.

---

5) 미국의 '히스패닉화(hispanización)'에 반대하는 학술적·정치적 주장에 대해서는 이 책 제1장에 실린 페르난도 에스칼란테 곤살보의 글 「내부의 적: 헌팅턴과 '라티노의 침범'」에서 분석하고 있는 새뮤얼 헌팅턴의 최근 저술(2004)을 참고할 것 ― 옮긴이.

참고문헌

Aquino, Gabriel. 2004. "Patterns of Out-Group Marriages: Puerto Ricans in the United States, 1990." www.skidmore.edu/~gaquino/Patterns_of_Out-group_marriages.pdf

Aranda, Elizabeth M. 2004. "The Makings of Home: Puerto Rican Transmigration and Settlement in South Florida." manuscrito inédito, Departamento de Sociología, Universidad de Miami, Coral Gables.

Coats, Bill. 2001. "County's Hispanic Population Changes." en *St. Petersburg Times*, 23/5/2001. www.sptimes.com/News/052301/news_pf/Census/County_s_His panic_pop.shtml

Dávila, Arlene M. 2004. *Barrio Dreams: Puerto Ricans, Latinos, and the Neoliberal City*. Berkeley: University of California Press.

De Genova, Nicholas y Ana Y. Ramos-Zayas. 2003. *Latino Crossings: Mexicans, Puerto Ricans, and the Politics of Race and Citizenship*. Nueva York: Routledge.

Duany, Jorge. 2002. *The Puerto Rican Nation on the Move: Identities on the Island and in the United States*. Chapel Hill: University of North Carolina Press.

_____. 2003. "Puerto Rican, Hispanic, or Latino? Recent Debates on National and Pan-Ethnic Identities." en Centro. *Journal of the Center for Puerto Rican Studies*, vol. 15, No. 2, pp. 256~267.

Duany, Jorge y Félix V. Matos-Rodríguez. 2005. "Puerto Ricans in Orlando and Central Florida." www.orlando.org/clientuploads/hsummit/hsummit_prcen tralflorida.pdf

El Nuevo Día. 2004.10.18. "Sobre el estatus de Puerto Rico," p. 80.

Florida Department of Education. 2004. "Profiles of Florida School Districts 2001-02." www.firn.edu/doe/fefp/pdf/0102profiles.pdf

Friedman, Robert. 2001. "Florida Now 2nd Most Populous P.R. State." en *The San Juan Star*, 29/5/2001, pp. 6~7.

_____. 2002 "Stateside Puerto Ricans Fare Well, Study Says." en *The San Juan Star*, 26/5/2002, p. 6.

Friedman, Robert. 2004. "P.R. Vote in Florida Seen as Crucial in '04." en *The San Juan Star*, 15/3/2004, p. 5.

Glanton, Dahleen. 2000. "Hispanics Turn Florida into More of a Swing Vote." en *The Chicago Tribune*, 20/11/2000. http://ciponline.org/cuba/cubainthenews/newsarchives/november2000/ct112600glanton.htm

Hernández Cruz, Juan. 2002. "La emigración puertorriqueña a Florida y el 'Mundo maravilloso de Disney'." en *Diálogo*. Universidad de Puerto Rico, 7/2002, p. 29.

Huntington, Samuel P. 2004. *¿Quiénes somos? Los desafíos a la identidad nacional estadounidense*. Barcelona: Paidós.

Lipman, Larry. 2000. "City Council Election Indication of Growing Hispanic Political Clout." en Cox News Campaign 2000 Archive. www.coxnews.com/2000/news/cox/052800_hispanic.html

Lizza, Ryan. 2000. "Orlando Dispatch." en *The New Republic Online*, 6/11/2000. www.thenewrepublic.com/110600/lizza110600.html

Milligan, Susan. 2000. "In Florida, Different Latino Group Now in Mix." en *Puerto Rico Herald*, 30/10/2000. www.puertorico-herald.org/issues/vol4n44/Dift Latinos-en.html

Oliver-Méndez, Ken. 2002. "Welcome to Orlando, Puerto Rico." en *Caribbean Business*, 29/8/2002. www.puertorico-herald.org/issues/2002/vol6n35/CB Welcome2OrlanPR-en.shtml

Olmeda, Luz H. 1998. "Aspectos socioeconómicos de la migración en el 1994-95." en Junta de Planificación de Puerto Rico(ed.). *Informe económico al gobernador, 1997*. San Juan: Junta de Planificación de Puerto Rico, 1998, pp. 1~39.

Pacheco, Walter. 2001. "Hispanics Filling Up More Classrooms." en *El Sentinel*, 11/8/2001. www.orlandosentinel.com/comunidad/orl-span-elschool081101.

story?coll=elsentW%2Dcomunidad%2Dheadlines

Padilla, María T. 2001. "Hispanics Lead New Boom." en *Puerto Rico Herald*, 23/3/2001. www.puertoricoherald.org/issues/2001/vol15n17/HispBoom-en. html

Pascual Amadeo, Aixa M. 1994. "La hemorragia no cesa." en *El Nuevo Día, A fondo: suplemento investigativo* No. 3, 17/5/1994, p. 77.

Pérez, Gina M. 2004. *The Near Northwest Side Story: Migration, Displacement, and Puerto Rican Families*. Berkeley: University of California Press.

Postal, Leslie y Tania de Luzuriaga. 2004. "Teaching English to Puerto Ricans Is Put to Test." en *Orlando Sentinel*, 26/4/2004. www.orlandosentinel.com/news/nationworld/orl-asecprconsent26042604apr26,1,5693781.story

Profesa(Puerto Rican Professional Association of South Florida). 2001. "Survey of Members." inédito.

Puerto Rico Herald. 2004. "Puerto Rican Vote May Determine Presidential Election." 5/3/2004. www.puertorico-herald.org/issues/2004/vol8n10/WashUpdate 0810-en.shtml

Ricourt, Milagros y Ruby Danta. 2003. *Hispanas de Queens: Latino Panethnicity in a New York City Neighborhood*. Ithaca: Cornell University Press.

Rivera-Batiz, Francisco y Carlos E. Santiago. 1996. *Island Paradox: Puerto Rico in the 1990s*. Nueva York: Russell Sage Foundation.

Scott, Janny. 2002. "In Simple Pronouns, Clues to Shifting Latino Identity." en *The New York Times*, 5/12/2002, Sección B, p. 1.

Silva, Mark. 2001. "Hispanic Democrats on the Rise." en *Sun-Sentinel*, 6/7/2001. www. tcpalm.com/news/florida/0706fla1.shtm

Stepick, Alex, Max Castro, Guillermo Grenier y Marvin Dunn. 2003. *This Land is Our Land: Immigrants and Power in Miami*. Berkeley: University of California Press.

Story, Louise. 2001. "Hispanos de Osceola son como un gigante soñoliento." en *El Sentinel*, 11/8/2001. www.orlandosentinel.com/elsentinel/comunidad/orl-span-elosceola081101.story?coll=elsent%2Dcomunidad%2Dheadlines

Thomas, Ken. 2004. "Florida Hispanics Targeted During Upcoming Elections." en *Havana Journal*, 9/3/2004. www.havanajournal.com/hispanics_comments/ P1474_0_24_0

US Census Bureau. 2000. "1997 Economic Census: Minority- and Women-Owned Businesses." www.census.gov/epcd/mwb97/us/us.html

_____. 2001. "Census 2000 Summary File 1 (SF 1) 100-Percent Data." http://fact finder.census.gov/servlet/DTSelectedDatasetPageServlet?_lang=en&_ts= 101387820130

_____. 2004. "Migration between Counties in the United States and Puerto Rico: 1995 to 2000." www.census.gov/population/cen2000/prus/tab01.csv

_____. 2005. "Florida: General Demographic Characteristics: 2004." http://fact finder.census.gov/servlet/ADPTable?_bm=y&-context=adp&-ds_name=ACS _2004_EST_G00_&tree_id=304&-all_geo_types=N&-_caller=geoselect&-g eo_id=04000US12&-format=&-_lang=en

Utset, Joaquim. 2004. "Más de la mitad de los electores hispanos de la Florida apoya a Bush." en *El Nuevo Herald*, 18/5/2004. www.miami.com/mld/ elnuevo/news/special_packages/election/8689990.htm

제 7 장

뉴올리언스, 카리브가 침투할 수 있는 북쪽 끝

아나 마리아 오초아 가우티에르 _이은아 옮김

카트리나 홍수로 인한 재난이 뉴올리언스의 다양한 정치적·문화적 모순을 드러냈다. 트럼펫 연주가인 윈튼 마살리스(Wynton Marsalis)처럼 이곳에서 태어나 자란 일군의 예술가들은 재즈와 함께 뉴올리언스를 미국의 문화적 심장에 자리매김하길 원한다. 이들의 희망대로라면 이 도시가 지닌 역사적 예외성이 드러날 수밖에 없다. 카트리나가 발생하기까지 뉴올리언스의 라티노성은 인구적 통계(인구 대부분이 아프리카계 미국인) 뿐만 아니라 카리브의 유역이라는 위치, 유입된 노예의 특이성, 프랑스와 스페인의 식민화에도 근거했다. 뉴올리언스를 재건하기 위해 고용된 라티노 이민자들의 도착으로 인해 지금 새로운 논쟁이 이 도시에서 벌어지고 있다.

아나 마리아 오초아 가우티에르 Ana María Ochoa Gautier 인디애나 대학교 음악 인류학 박사. 뉴욕 대학교 음악과 교수. 음악과 세계화, 라틴아메리카 문화 정치학, 음악과 무력 갈등의 주제를 전공. 논문 중에서 "Entre los deseos y los derechos. Un ensayo crítico sobre políticas culturales"(Instituto Colombiano de Antropología e Historia, 2002), "Músicas locales en tiempos de globalización"(Norma, 2003)이 두드러진다.

* 이 글은 ≪Nueva Sociedad≫ 201호(2006년 라티노 특집호)에 실린 글을 옮긴 것이다.

1. 들어가며

폰차트레인(Pontchartrain) 호수가 제방에 막혀 뉴올리언스의 북쪽 해안가 위로 펼쳐져 있다. 2005년 8월 29일 밤, 카트리나의 바람과 비가 호수의 부드러운 물을 요동치게 하면서 제방 위로 무지막지하게 범람하게 해 약한 벽을 허물어뜨렸다. 도시의 저지대는 거대한 물그릇으로 변했다. 폭력적으로 들어온 물로 젖은 잔해 위를 걸을 때면 마치 호수가 자신의 힘을 만끽하면서 인간의 무기력을 조롱하고자 또 다른 허리케인을 기다리는 것처럼 느껴졌다. (물은) 건물 바깥에 도관의 주둥이만 남긴 주거촌을 휩쓸었다. 집이 있던 자리에는 배만 정박한 채 남아 있었고, 천장을 통해 튀어나온 피아노는 밧줄에 몸채가 엉키거나 부스러기인 채로 길거리에 둥둥 떠다녔다. 냉장고는 작동을 멈춰버려 그 유명한 크로피쉬(crawfish)와 요리되다 만 거북이 스프는 썩어났고, 그나마 빠져나올 수 있었던 거주민들은 이 제국의 남쪽과 북쪽 도시로 흩어졌다. 시민들의 이동이 잦은 국가에서 뉴올리언스란 도시는 이상한 곳이다. 이 도시에 도착해 성장한 사람들을 자신의 습지와 음악에 가둬놓고 만다. 그러나 이것만이 카리브의 가장 북쪽 도시가 이 국가에서 일으키는 유일한 불협화음이 아니다.

허리케인이 있은 며칠 후, 이 도시가 낳은 자녀들 중 한 명인 유명한 트럼펫 연주가 윈튼 마살리스(Wynton Marsalis)는 이곳이 상징하는 바를 다음처럼 국가에 일깨웠다.

뉴올리언스는 미국 도시들 중 가장 예외적이다. 건축, 음악, 축제 의식 등 자신만의 고유한 완결성 있는 문화를 창조해낸, 세계에서 유일한 도시이기 때문이다. 독창적인 용광로로 미국에 특별한 중요성을 지니는데, 스페인,

프랑스, 서부 아프리카, 아메리카인들이 같은 도시에 섞여 살고 있다는 점 때문이다. 이런 문화들 사이의 만남은 재즈를 만들었고 재즈는 미국 민주주의의 근본 원칙에 목표를 제시한 유일한 예술 형식이기 때문에 중요하다. 그래서 재즈가 미국적 최상의 가치를 대변하면서 이 나라와 온 세계에 퍼져 나간 것이다. 뉴올리언스 마을은 블루스의 고향이다. 우리는 역경에 대한 대응, 저항의 능력을 지녔다. 그래서 이 도시가 회복될 것이라고 확신한다. 그럼에도 이 비극은 미국인인 우리가 우리 자신에게, 그리고 세계 모두에게, 인종과 계급의 부정의를 극복할 결단력을 갖춘 국가라는 것을 보여줄 기회를 준다. 세계에서 가장 훌륭한 자원을 갖춘 국가에서, 우리 국가의 문화적 심장을 2005년도 기술과 양심을 바탕으로 소생시키기 위해서는, 최고 엔지니어들의 기술이 필요하다. 또한 노예 제도 시대부터 미국의 많은 도시들에서 악취나는 종양처럼 자라도록 방치한, 인종주의의 무시, 가난이라는 끔찍한 조건, 교육의 부재가 여기에 개입하지 못하도록 하기 위해서 기술이 필요하다. 우리는 환대할 줄 아는 교양인이다. 미국을 세계에서 가장 강력한 국가로 만든 것은 무기도 포르노도 천연자원도 아닌, 불변의 고귀한 정신이다. 우리가 잊고 있었지만, 이 재난이 기억하게 하는 것이 바로 이 정신이라는 점을 밝혀보자.[1]

뉴올리언스와 제국의 문화 중심이 된 이 도시의 혼합적 식민 역사를 소개하는 마살리스의 태도는, 감옥으로 변한 컨벤션 센터에 갇힌 채 카메라 앞에서 소리를 질러대던 아프리카계 미국인 거주자의 말을 울려 퍼지게 만든다. "우리는 미국인입니다." 마치 이 도시의 자녀들이 미국인으로서의 지닌 조건을 정부 관료들에게 상기시키는 것 같다. 가난이

---

1) <www.eurweb.com/printable.cfm?id=22179>

난무하는 이 도시는 남부 플랜테이션이 아닌, 카리브 바닷물을 머금은 늪지 사이에 건축되었고, 거주민과 섬 이웃들이 멕시코 만의 물과 섬 사이를 오가면서 만들어놓은 음악의 요람으로 성장했다. 어느 날 유나이티드 프루트 컴퍼니의 회장이 될 사람의 저택이 속한 대주교구이고, "미국의 도시 중에서 가장 아프리카적인 곳"이다(Hall, 1992a). 요즘과 같은 불안의 시대에, 즉 홍수로 인해서 수많은 주민이 방치되는 역사적 상황이 텔레비전 카메라에 포착되는 시기에, 정부 관료들에게 뉴올리언스는 미 제국의 건설을 위해 극복한 모순과 불평등을 드러내는 거울이라기보다는, 오히려 역사의 뒤뜰로 사라지기를 바라는 딜레마처럼 보인다는 사실이 명확히 눈에 띈다. 마살리스에게 뉴올리언스가 용광로 신화의 진수를 상징한다면, 이 도시의 역사가들에게는 미국 역사의 예외성을 대변한다. 오히려 질문을 던져야 할 것이다. 어떻게 그렇게 이질적 역사를 지닌 도시가 모든 음악 가운데 가장 미국적인 음악 장르 중 하나를 창조해서 세계로 퍼져 나가게 한 걸까? 더구나 마살리스에 의하면 민주주의의 신화를 구현하는 음악을 말이다.

마살리스가 용광로 신화와 동일시한 인종의 혼합은 청교도 개척자들의 인종차별적 폭력보다는 식민지 앤틸리스 세계의 난폭한 역사적 격랑 속에서 시작되었다. 1718년에 건설된 뉴올리언스의 초기 역사는 캐나다와 루이지애나의 프랑스인의 동화 정책과 이 지역의 특이한 노예 매매로 인해 이뤄졌다. 자신의 주거지 근처 원주민을 분리시키면서 식민화했던 앵글로색슨의 경우와는 달리, 프랑스의 식민주의는 북아메리카의 첫 식민지인 캐나다에서 사용한 동화 정책을 그대로 시도했다. 캐나다에서는 프랑스인이 원주민과 결혼하도록 장려했고, 심지어 프랑스 자녀들을 원주민 국가에서 성장하도록 허용했다. 이로써 나중에 프랑스 제국의 중개인과 이중언어를 사용하는 그 유명한 가죽 장사꾼

(corruer du bois)이 생겨나게 되었다. 미시시피 강가의 프랑스 정착민들은 이 동화정책을 수용하여, 이를 당시 이곳에 거주하기 시작한 백인 소수자들이 해로운 땅으로 간주하던 강어귀의 사이프러스 늪지까지 확산시켰다. 치카소(Chickasaw)와 노치(Natchez)의 원주민 국가들을 통해 프랑스인들은 북반구의 남쪽에 루이지애나라는 또 하나의 식민지를 정착시켰다(Johnson).

식민주의자들의 초기 목표는 동화 정책을 통해 원주민들을 선량한 프랑스 시민들로 변화시키는 것이었다. 그러나 식민지와 동떨어진 곳에서 이 목표가 빨리 번복되었고 다른 우려들이 생겨났다. 왜냐하면 프랑스 시민들은 대단히 빠르게 새로운 땅의 자유를 획득하면서 세련된 프랑스적 습관보다는 그동안 경시하던 미국적 관습에 더 치우치는 경향을 보였기 때문이다. 초기 동화 정책은 프랑스인 소수자를 보호하고자 아프리카인과 원주민을 분리하는 전략으로 신속히 대체되었다. 1730년 노치 대량 학살에서 일어났던 것처럼 저항이 있을 때는 공개적으로 공격을 가하는 전략으로 바뀌었다. 한편, 루이지애나의 프랑스 거주자 대부분은 모범 시민과는 거리가 멀었다. 1718년과 1719년 뉴올리언스는 추방을 구형받는 식민지로 변모했다. 사형을 선고받은 사람들은 자신의 삶을 망명과 교환하면서 면죄 받았고, 매춘부, 유랑자, 도둑, 심지어는 사회부적응 동포들과 함께 보내졌다. 이들은 식민 제국의 법을 구현하는 소수 프랑스 출신 시민들에 의해 통치를 받았을 것이다(Hall, 1992a). 그럼에도 프랑스에서 천대받던 많은 이들은 일단 이곳에 도착하면 게으른 아프리카 사람들과 더불어 원주민 마을에서 거주하기 위해 지역 정부의 미진한 감독을 재빠르게 벗어났다. 도시를 감싸 안는 사이프러스 늪지에서 아프리카, 프랑스, 원주민 추방자들이 섞여 살았다. 따라서 프랑스 식민 시대부터 오늘날에 이르기까지 원주민 국가들과 앵글로색슨의 관계를 규정하는 차별정책이 정착하지 않았고, 농업, 이후에는 북동부의 산업이 지닌 노동집약적 성격을 띠지 않게 되었다(Johnson).

이 지역의 아프리카인 매매를 정착시킨 방식은 유럽인 거주만큼 예외적이었다. 1719년에서 1731년 사이, 프랑스 지배 동안 이 지역에 도착한 흑인 노예선 23척 중 22척이 하역을 했다. 루이지애나 식민지 후견은 앵글로 계열의 북미 영토에서 노예주의자(esclavist)가 운영하는 내용과는 매우 달랐다(Hall, 1992). 이 도시의 식민시대 역사가인 홀에 의하면 다음과 같다.

> 18세기 동안 체서피크(Chesapeake) 만에 끌려온 아프리카의 노예들은 비아프라(Biafra) 해협 출신으로 주로 이보(IBo), 아이비보(Ibibo), 에프킨(Efkin), 모콜(Mokol), 소수 앙골라 출신들이다. 1725년에서 1740년 사이 남부 캐롤리나에 끌려온 노예의 70%가 앙골라 출신이다. 1717년에서 1767년 사이 22%가 앙골라에서 왔고, 5%만이 감비아에서 왔다. …… 반면 프랑스 지배 시기 동안 루이지애나에 도착한 노예의 3분의 2가 세네감비아 출신이고, 여기에 밤바라(말리공화국에 주로 거주)에 할당된 노예들이 많이 포함되어 있었다. 루이지애나를 대상으로 한 프랑스의 매매는 세네감비아에 몰려 있었고, 구체적으로는 밤바라인들이었다. 왜냐하면 1720년 서인도 회사가 루이지애나와 마찬가지로 세네감비아에서도 행정적 독점을 하고 있었기 때문이다. …… 1726년에서 1731년 사이, 서인도 회사가 노예 매매를 위해 운행한 거의 모든 선박은 루이지애나에 도착했다. …… 세네감비아 왕국은 어떤 마을을 노예화시켜 유럽인에게 팔 수 있는지 엄격하게 통제했다. …… 1720년대에 밤바라인들은 보호받지 못했다. 따라서 밤바라인들은 루이지애나에 보내진 노예들 중 두드러진 민족이 되었다. …… 언어학적 연구에

의하면 루이지애나에 오늘날 존재하는 크레올 언어는 이들 첫 노예들에 의해 만들어졌다고 한다. …… 언어는 아프리카 크리오요뿐 아니라 모든 사회 계급을 아울러 백인들의 정체성을 이루는 근본적인 부분으로 변화했다 (Hall, 1992: 68~69).

원주민 노예(cimarronaje)와 함께 도망친 흑인 노예들은 현지인들에게 환대를 받으며 급속하게 도시 변두리 지역에 거주하기 시작했다. 이는 마르디 그라스(Mardi Gras) 원주민 사회에서 여전히 기념되는 것으로, 매해 카니발에 음악가들과 무희들은 아메리카 원주민의 관대한 태도에 감사를 표시하기 위해 아메리카 원주민 의상을 입고 아프로-아메리카 (afroamerica)풍 노래를 부른다. 게다가 홀이 지적하듯이, 뉴올리언스는 예외적으로 자유 흑인들과 고도로 훈련을 받은 노예, 즉, 외과의, 목수, 교양인들이 많이 있었다. 한편으로는 도시를 떠난 원주민과 인접한 마을 사이에서, 다른 한편으로는 이들과 도시의 공식적 주민 사이에서, 끊임없는 거래를 통해 18세기를 거쳐 19세기 중반까지 원주민 시장을 유지시켰다(Hall, 1992a). 여기에 1763년에서 1801년 사이 스페인의 지배 동안 그들이 남긴 흔적이 있다. 스페인 왕정의 문서화에 대한 집착으로 인해 남겨진 풍부한 기록물 외에도 함바라야로 변한 파에야처럼 고유한 음식으로 변한 맛을 들 수 있다. 두 번의 화재 후에 스페인 사람들은 프랑스 식민지 초창기에 캐나다에서 수입한 철을 능란하게 다루는 크리오요 건축가를 고용해 도시를 재건축하면서 건축물에 흔적을 남겼다. 스페인 사람들과 앤틸리스 제도의 프랑스 사람들이 맺은 계약의 증가로 인해 뉴올리언스는 식민지 카리브의 전체 경로 속에 한 자리를 차지하게 되었다. 이 모두는 스페인의 존재에 대한 증언처럼 남아 있다(Johnson; Hall, 1992a). 도시 길거리 이름은 크레올화의 역사를 영광스럽게 만든다.

추피툴라스(Tchoupitoulas), 얼라인(Aline), 버번(Bourbon), 팔머(Palmer), 콩고스퀘어(Congo Square), 오늘날 로열 스트리트처럼 앵글로화된 라카예레알(la Calle Real)과 세인트앤으로 변한 산타아나(Santa Ana) 등이 있다.

2. 뉴올리언스의 예외성

'크레올화'의 역사에서 미국식 용광로는 적다. 용광로는 공존이라는 다문화주의적 성격의 문화적 신화로, 국가 — 이탈리아계 미국인, 아프리카계 미국인, 라티노(또한 미국인), 중국계 미국인 — 사이에 존재하는 차별적 정체성을 종이 한 장의 각본에 의해 의도적으로 만들고 있다. 미국 민주주의의 신화에 녹아든 정체성이라기보다는 장벽으로서 의미가 더 강하다. 따라서 루이지애나는 예외적이며 미국적 전형성을 지니고 있지 않다. 사실상, 1803년도에 미국이 루이지애나를 사들인 후 19세기 중반부터 1960년대 중반 시민권을 위한 열렬한 투쟁의 시기까지, 차별주의적 정책에 대한 재정 후원과 크레올화 역사 사이에서 영원한 싸움이 이어졌다. 왜냐하면 예외적이게 크레올화 역사가 분리라는 미국의 후원에 결코 안착하지 않았기 때문이다.

그래서 재즈는 미국 민주주의라는 위대한 신화의 반영이자 그 모순의 반영이다. 그 대단한 중간 계급에 속한 상당수 시민들의 유토피아적 번영은 인종이나 계급이라는 동기에 비춰 달갑지 않은 시민으로 보이는 사람들을 일단 제외하는 것에서 출발한다. 게다가 이 모순은 미국이라는 제국적 표지를 암시하는 이미지를 생성한다. 그것은 말과 행위 사이에, 정치 담론과 실천 사이에, 공식적으로 정부가 실행하는 것과 재즈가 문화적으로 구현하는 것 사이에, 점점 더 간극이 벌어지는 것을 의미한다. 다양한 미국의 비평가들에게 재즈는 하나의 미학을 의미한다. 재즈의 즉흥성은 많은 양식의 소리가 창조적 장에 포함되도록 허용하는, 참여의 방식에 대한 초대의 표식으로 기능한다. 그 창조적 장의 기본 구조는 음악을 통해서, 혹은 음악 안에서 존재의 다른 형식을 협상하는 하나의 열림이다(O'Meally 1988). 이것이 오맬리(O'Meally)가 미국 문화에서 '재즈적 선율'이라고 부른 것이다. 그는 블루스를 역경에도 불구하고 이를 뛰어넘는 능력으로 본다. 또한 이것은 마살리스가 언급한 내용이기도 하다. 그는 뉴올리언스가 현재를 이겨나갈 것이고 말하는데, 왜냐하면 이 도시가 블루스의 사람들, 즉 어려움을 헤쳐나갈 능력과 영원한 적응이라는 문화적 조건으로 인해 즉흥성을 구현할 줄 알게 된 사람들로 이뤄졌기 때문이다(Marsalis y O'Meally, 1998; O'Meally, 1998).

　미국의 거대 신화처럼 정치 행위 내의 참여와 포함의 수사학은, 고유한 내적 배제와 현실 앞에서 흔들린다. 필요시마다 남용하는 무력의 반복적이고 역사적 성격으로 인해 민주주의라는 가면을 엄격히 지킬 일 없는 국가 외부에서는 특히나 더욱 동요한다. 민주주의, 자유, 인권이라는 이름으로 힘, 고문, 무기라는 압도적인 장치를 통해 미국은 세계화의 능력을 행사한다. 필요할 때는 내부적 행사에도 주저하지 않는다. 카트리나의 홍수는 민주주의 수사학과 미국 정치적 핵심에서 점점 더 실체를 드러내는 배제의 행위 사이에 존재하는 간극을 명백하게 드러냈다. 아마도 마살리스가 말할 법하게, 텔레비전에 방영되는 이미지를 본 누구도 비슷한 장면이 '미 제국의 문화적 심장'에서 일어나리라고는 믿지 않았을 정도였다. 뉴올리언스는 자신의 정부에 의해 버림받은 제3세계의 국가처럼 보였다고 한다. 주민들이 국내 이재민이라기보다는 망명자로 불린 것처럼 정말 그렇게 보였고, 마치 다른 나라와 현실에 귀속된 것 같았다. 마이클 이그네이티프(Michael Ignatieff)의 말을 빌리면,

몇몇 논평가들이 반복하는 것처럼 이 재난이 미국 사회의 골 깊은 불평등을 벗겨 냈다는 것은 아니다. 이 불평등이 누군가에겐 뉴스거리일 수 있지만 컨벤션센터와 다른 장소에 피신한 사람들에게는 새로운 사실이 아니었다. 그들에게 씁쓸한 사실은 시민으로서의 그들의 요구가 자신들을 보호할 책임이 있는 기관들에 전혀 중요하지 않았다는 것이었다.

북쪽 땅과 카리브의 해변 사이에 접한 도시로, 동시에 미국에서 가장 카리브적인 도시이자 남쪽에서는 가장 북쪽 도시인 뉴올리언스의 위치는 이 예외적 역사의 핵심적 부분에서 만들어진다.

3. 바나나의 뉴올리언스

카트리나가 도착하기까지 뉴올리언스는 테구시갈파(Tegucigalpa) 다음으로 온두라스 사람이 가장 많은 도시였다. 파나마, 코스타리카, 온두라스의 미국인들에 의해 건립된 바나나 회사들의 독점 합병의 결과로 유나이티드 프루트 컴퍼니가 1899년에 생겨났다.[2] 다음 해, 온두라스에서 뉴올리언스로 8,000그루의 바나나 나무가 처음 수입되었다. 다음 10년간 도시의 얼음 공장은 남쪽에서 들여온 바나나를 냉동하는 데 사용되었다. 19세기 말 미국에 도착한 러시아 이민자 청년인 새뮤얼 제무레이(Samuel Zemurray)는 1929년에 회사에서 가장 강력한 회계사가 되었고 1942년에 회장이 되었다. 그가 살았던 뉴올리언스의 주거촌

---

2) 이 역사는 대부분 "유나이티드 프루트 역사적 사회(United Fruit Historical Society)"에 의해 구성된 연대기에 의존한다. www.unitedfruit.org/chronology.html

오듀본(Audubon) 거리 큰 저택에 튤레인(Tulane) 대학의 총장이 현재 살고 있다. 이 저택은 1965년 제무레이의 미망인에 의해 이 대학에 기증되었다. 많은 기증금 덕분에 이 대학은 메소아메리카 연구의 중요한 센터가 되었고, 이는 제무레이의 부성적 위대함의 결과물로 볼 수 있다. 그는 마야 도시의 고고학적 재생을 꾀하는 많은 회사를 재정적으로 도왔고 동시에 자신의 대농장에서 원주민을 착취했다.

1944년 이 회사는 만화가 다이크 브라운(Dike Browne)를 고용해 투티 프루티(tutti frutti) 모자를 쓰고 있는 브라질 가수이자 배우인 카르멘 미란다의 이미지에 기초한 희극적 인물상을 만들어냈다. 그녀는 1940년 할리우드에서 가장 큰 개런티를 받은 여성이었다. 이렇게 해서 치키타 바나나(Chiquita Banana; 조그만 바나나)가 탄생했다. 이 인물은 카르멘 미란다의 할리우드식 이미지와 더불어 라틴아메리카를 향한 미국의 선한 이웃 정책의 일부를 형성했다(Clarke). 이 정책은 제2차 세계대전 동안 유럽 시장을 상실하면서 시작되었고, 미국의 주기적인 침입과 유나이티드 프루트 컴퍼니 지점이 있는 국가마다 발생한 바나나 노동자들의 파업으로 인해 추진되었다. 따라서 뉴올리언스는 '바나나 공화국' 시대 동안 주요한 주인공으로, 미 제국 한 가운데에서 바나나 도시가 되었다.

20세기에 미국이 제국으로 변모하는 과정에서 식민적 역사와 위치는 뉴올리언스를 라티노 도시로 만들었다. 대다수가 아프리카계 미국인인 인구를 말하는 것이 아니다. 이 도시는 문화적·경제적으로 교차로에 자리 잡고 있는데, 우선 프랑스의 식민화와 아프리카인의 매매라는 관계가 교차한다. 이는 앵글로색슨의 분리주의 실천보다는 카리브의 폭력적인 혼혈 정책과 대단히 유사하다. 이후에는 카리브와 라틴아메리카를 겨냥한 미국의 제국주의적 정책의 캐스팅 보트 도시가 된다. 그래서 아마도 뉴올리언스와 주민들을 제3세계로 동일시하는 것은 카트리나가 남긴 저버림의 이미지에서 시작되었다기보다는 훨씬 이전 시기부터 생겨난 것이다. 편지와 소포를 보내기 위해 찾은 작은 우체국에서 다음처럼 적힌 티셔츠를 파는 것을 보았다. "제3세계가 되는 것에 자부심을 지닌 뉴올리언스." 미국과의 차이와 카리브와의 밀접함을 강조한다. 그러나 이것 외에도 카트리나 시기는 제3세계주의의 은유를 환기시키는 다른 많은 의미의 패러다임을 드러냈다.

4. 무책임성의 역사

폰처트레인 호의 물을 가두고 있는 약한 담벽은 보호 장벽이라기보다는 예비된 비극에 가까웠다. 허리케인이 부는 이 동네에서 부드럽고 깊은 거울 같은 물은 소용돌이치는 태풍의 유약한 먹이다. 2002년 6월 23일에서 27일 사이에 ≪타임스-피케윤(The Times-Picayune)≫ 지역 신문은 감당할 수 있는 능력 이상의 3등급 최고의 허리케인이 올 경우 어떤 일이 일어날 것인가에 대해 상세히 기술하는 연재 기사를 발표했다. 그 연재의 제목들은 오늘날 예고된 죽음의 연대기처럼 읽힌다.

첫째 날, 위험한 길: 홍수를 대비한 우리의 최대 보호인 둑이 우리를 대적할 수 있다. 둘째 날: 거대한 허리케인이 지역을 초토화시킬 수 있지만, 약한 폭풍우의 범람으로도 수 마일을 삼킬 수 있다. 셋째 날, 대가: 9월 11일 이후, 보험업자들은 위험 지역에 대해 공격적인 시선을 보내면서 보험 비용을 많이 책정한다.

이렇게 계속된다. 관료주의의 맛이 느껴진다.

해군의 엔지니어 부대는 뉴올리언스의 제방이 무너질 가능성은 매우 희박하다고 말한다. 그러나 앞서 말한 결론은 40년 전 추산에 기초한 것이라고 인정한다. 다른 별도의 분석은, 세인트버나드, 세인트찰스 교구, 뉴올리언스 서쪽을 포함한 몇몇 지역은 부대의 계산에 의하면 최고의 위험을 지녔다고 암시한다(McQuaid y Schleifstein).

뉴올리언스의 반을 지도에서 지운 것, 주민들을 분산시킨 것, 스너그(Snug) 항이나 티피티나스(Tipitinas)의 밤을 일시적으로 잠재운 것, 마르디 그라스 원주민을 그들의 가장(假裝) 행렬로부터 멀리 떨어져 살게 한 것, 음악가들로 하여금 홍수가 가져간 것들을 다시 마련하고자 인터넷을 통해 트럼펫과 클라리넷 연주의 기부금을 요청하게 만든 것이, 카트리나의 거센 바람이 아니고 이 도시 정부의 태만이라는 것을 기억하기 위해서 이 연대기들을 보는 것은 유용하다. 연방정부가 먼 나라에서 전쟁을 치르기 위해 예산을 삭감시켰기 때문에 제방을 강화할 돈을 도둑맞은 셈이 되었다. 이 역사는 새롭지 않다. 1927년 미시시피 대홍수에 의해 피해를 본 사람들도 상당 부분 권력자들과 다양한 정치권 세력 사이의 질투와 시기에 의한 희생자들이었다. 권력자들이 자신들의 경력을 쌓는 데 몰두해 홍수가 덮쳤을 때 이 지역과 사람들을 보호할 방책을 적절히 해결하지 못했다(Barry). 사실상, 이 역사가 보여주는 바는 미국이 무엇보다도 내부 정치 곡예들을 감추고 법에 따라 기능하고 있다는 생각을 시민들에게 심어줄 능력을 지녔다는 점이다. 숨겨진 도적질이 자행되고 '바나나 공화국'이 자신의 관리하에 있으며 포용과 자유라는 수사학에 많은 위선이 있을 때, 그런 능력이 가능했다.

5. 뉴올리언스의 라티노화

카트리나라는 희박한 사건이 생긴 지 3개월[3])이 지난 요즘, 이 도시는 천천히 회복되고 있다. 그리고 그 얼굴이 영원히 바뀔 것이라는 확실한 사실이 점점 더 공고해진다. 물론 아직은 이 도시가 언제, 얼마나 바뀌게 될지 아무도 모른다. 누가 이 도시에 남을 것인가 하는 논쟁이 있다. 사적 투자를 위해 재건을 맡은 대기업인가? 그들은 아프리카적 파리 혹은 재즈의 디즈니 공원처럼 이 도시를 재창조한다고 허세를 부린다. 아니면 자신의 집이 재건되기를 기다리는 이재민들인가? 카트리나의 이전 혹은 이후 정치적 무관심을 만든 이 도시의 붕괴, 오늘날 이 현실이 루이지애나의 빈곤을 악화시킨다. 그리고 회복이라는 더딘 시간의 무게가 있다. 예를 들어, 인프라 구조를 재건설할 새우 어획회사는 과거의 그림자와 미래의 희망 사이의 갈림길에 놓인 도시에서 물건을 팔 곳을 찾기 어렵다. 미처 도착하지 않는 석유관, 복구 불가능한 집과 물건들, 모든 것을 상실하고 다른 삶의 끈을 찾고 있는 사람들, 사라진 가족들을 여전히 찾고 있는 사람들, 이런 증거 앞에서 거창한 복구 계획이 무릎 꿇는 변화하는 현실 속에서 또 다른 예기치 않은 논쟁이 부상했다. 도시의 라티노화다.

뉴올리언스의 잔해를 줍기 위해 수많은 라티노 사람, 수백의 라티노 일꾼들이 도착했다. 이제 이 도시는 공식적으로 뉴올리언스가 아닌 누에바 오를레안스라고 불릴 것이고, 이 도시를 둘러싼 남쪽 주들보다는

---

3) 이 논문은 2005년 발생한 카트리나 홍수가 일어난 지 3개월 후에 작성된 것이다. 사건 자체로는 7년이나 지났기 때문에 현재와 다소 동떨어진 이야기일 수 있으나 주제로 삼고 있는 도시의 라티노화는 현재까지 논의되는 중요한 사안으로 시의성 면에서 부족하다고 말할 수 없다 — 옮긴이.

로스앤젤레스를 닮기 시작했다고 말한다(Rodríguez). 미국 땅에서 태어났든, 불법 혹은 합법 이민자든, 라티노 유입은 공화당 정부가 이미 예상했던 내용처럼 보인다. 카트리나 두 달 후인 2005년 9월 8일 데이비스-베이컨 법안(Davis-Bacon Act)을 철폐했는데, 이 법안은 조합에 의해 규정된 최저 임금을 모든 계약에서 존중하라는 것이었다. 게다가 고용인의 법적 지위를 무마시키는 도급계약을 인정했다. 이 도시의 새로운 라티노 이민자들, 국가 출신을 무시하고 멕시코인으로 불리는 이들의 논쟁적 존재는 노동과 임금의 최저 기반을 보증하는 법률을 철폐한 데서 생겨났다.

열악한 생활조건과 영양은 말할 것도 없이 노동을 하러 온 사람들 사이에서 큰 긴장이 생겨났다. 이주자들은 일터로 돌아가기 위해 최소 노동 조건을 요구하거나, 아니면 다른 분야의 부분적 혜택이나 비정규직 일자리로 흡수되었다(Varney). 따라서 이 도시의 '멕시코화'에 대한 우려가 크다. 마치 배제된 자들의 역사를 다른 역사에 대적해 위치시키는 역사적 게임이 다시 반복되는 것 같다. 모든 것은 콜로라도 주의 빌 오웰즈(Bill Owens) 주지사와 캘리포니아 주의 던컨 헌터(Duncan Hunter) 공화당 대표가 제안한 논쟁 속에 들어 있다. 이들은 이민 저지를 위해 미국과 멕시코 사이 2,000마일의 국경에 걸쳐 고도의 기술을 지닌 이중 장벽을 건설할 것을 제안했고, 한시적 노동자의 이주 법안을 승인하는 사람들을 반대했다(Cornelius). 그들 모두에게 라티노는 원치 않는 이민자로 보였고, 모두로부터 분리시켜야 할, 일시적인 저임금 단순 노동자로만 인식되었다. 그래서 자유무역 계약자들의 서명과 시장의 신자유화라는 이름으로 유연해진 국경의 움직임에 따르는 반면, 원치 않는 자들을 멀리하고 이들의 색깔과 장소를 통제하기 위해서, 고기술·고비용이 들어가는 장벽을 세우든지, 착취적 노동 법안을 만들든지,

유입 방지를 지원하기 위한 논쟁을 강화시키고 있다(Grimson).

　뉴올리언스에서는 위대한 음악가가 죽었을 때 재즈 장례식이 거행된다. 그를 뒤따른 부활의 첫 소절이 울려 퍼지는 동시에 사라지는 한 세상에 대한 증거로서, 도시의 대표적 메탈 밴드가 연주하는 애도 음악에 맞춰 진행하는 행렬이다. 도시와 연대해 진행되는 모든 콘서트에서 재즈 장례식이 거행되었다. 재난이 남긴 약 1,300명의 사망자들뿐 아니라 지금까지 뉴올리언스라는 모습으로 존재했던 이 도시의 소멸을 추모하기 위해서다. 뉴욕의 링컨 센터와 라디오 시티홀에서 시카고, 샌프란시스코, 애틀랜타, 더럼의 음악가들에게 일자리를 준 주점까지, 트럼펫과 트롬본의 무겁고 축축한 음률이 퍼져 나갔다.

　그러나 돌아오기 시작한 음악가들이 있다. 도시는 점점 회복되기 시작하고 축제의 알림이 시작된다. 빅 이지(The Big Easy), '그란 파실(Gran Fácil)'.4) 축제는 신 나게 떠들며 노는 그들의 신화를 뒤로하지 않는다. 심지어는 파괴의 시기에도 그랬다. 몇몇 술집은 많은 음악가들이 이곳으로 돌아올 수 없어도 영업을 계속했다. 음악가들은 원래 집 없이 살았었고 이제 일자리가 전만큼 나오지 않아서 돌아올 수 없었다. 마르디 그라스 축제가 보통 때보다 짧을 것이라고 광고되었지만, 재즈와 헤리티지 페스티벌 조직위원들은 (4월 말에서 5월 초 사이) 통상적인 날짜에 큰 이벤트를 성사시킬 것을 제안했다. 이는 이 도시에 관광객을 불러 모으고, 축제가 행해지는 장소 근처에서 거주 장소를 소실한 음악가들을 유인할 방법을 찾는 것을 의미했다(Spera). 이 말이 맞았으면! 왜냐하면 쉽게 전파되는 문화가 있는 반면, 깃털로 큰 장식을 하고 재즈 축제에도 나타나는 마르디 그라스의 원주민은 오직 자신의 본토에

---

4) 뉴올리언스의 별명. 그란 파실은 빅 이지의 스페인어 번역 — 옮긴이.

서만 문화로 살아갈 수 있기 때문이다. 카트리나는 '제국의 비극'을 가시화시키는 순간, 곧 미국의 땅에 불협화음을 울리게 하는 종소리로 변했다(Bergareche). 비극은 항상 추방지에만 숨어 있었다. 역설적인 뉴올리언스가 되어야만 했다. 미국 해변의 침투 가능한 가장자리, 빈곤 가운데 욕망의 문화를 가능성으로 구현하는 곳. 많은 사람들에게 고통을 주는 정치 현실과 많은 이들이 사랑하는 음악 사이의 간극을, 버려짐 가운데서 이 세상에 일깨운 도시다.

참고문헌

Barry, John M. 1997. *Rising Tide. The Great Mississippi Flood of 1927 and How it Changed America.* Nueva York: Touschstone.

Bergareche, Borja. 2005. "Katrina contra el imperio." in *El País*, 12/9/2005. www.elpais.es/articulo/elpapiautpvs/20050912elpvas_3/Tes/Katrina%20contra%20%0%el%20imperio

Chasteen, John Charles. 2004. *National Rhythms, African Roots, The Deep History of Latin American Popular Dance.* Albuquerque: University of New Mexico Press.

Clarke, Walter Aaron. 2002. "Doing the Samba on Sunset Boulevard." in *From Tejano to Tango.* Nueva York: Routledge.

Cornelius, Wayne A. 2005. "Inde-fence-ible?" in *LA Times*, 13/11/2005. www.latimes.com/news/opinion/commentary/la-op-border13nov13,0,1191542.story?coll=la-news-comment-opinions

Grimson, Alejandro. 2000. "Introducción: ¿Fronteras políticas versus fronteras culturales?" in A. Grimson(comp.): *Fronteras, naciones e identidades, la periferia como centro, Ediciones Ciccus.* Buenos Aires: La Crujía, pp. 9~40.

Hall, Gwendolyn Midlo. 1992. "The Formation of Afro-Creole Culture." in Arnold R. Hirsch y Joseph Logsdon(eds.) *Creole New Orleans, Race and Americanization.* London, Baton Rouge: Louisiana State University Press. pp. 58~90.

_____. 1992a. *Africans in Colonial Louisiana. The Development of Afro-Creole Culture in the Eighteenth Century.* Baton Rouge: Louisiana State University Press.

Ignatieff, Michael. 2005. "The Broken Contract." in *The New York Times Magazine*, 25/9/2005, pp. 15~17.

Johnson, Jerah. 1992. "Colonial New Orleans: A Fragment of the Eighteenth-Century French Ethos." in Arnold R. Hirsch y Joseph Logsdon(eds.). *Creole New Orleans, Race and Americanization.* London, Baton Rouge: Louisiana State

University Press, pp. 12~57.

Lovato, Roberto. 2005. "The Latinization of the New New Orleans." in *New America Media*, 18/10/2005. http://news.ncmonline.com/news/view_article.html? article_id=fa92e2c88a63985418da75582292b5c7

Marsalis, Wynton y Robert G. O'Meally. 1998. "Duke Ellington: Music Like a Big, Hot Pot of Good Gumbo." in Robert G. O'Meally(ed.). *The Jazz Cadence of American Culture*. Nueva York: Columbia University Press, pp. 146~153.

McQuaid, John y Mark Schleifstein. 2002. "In Harm's Way." in *The Times-Picayune*, 23/6/2002. www.nola.com/printer/printer.ssf?/washingaway/harmsway_1. html

O'Meally, Robert G. 1998. "Prefacio." in Robert G. O'Meally(ed.). *The Jazz Cadence of American Culture*. Nueva York: Columbia University Press, pp. 3~6.

Rodríguez, Gregory. 2005. "La Nueva Orleáns." in *Los Angeles Times*, 25/9/2005. www.latimes.com/news/opinion/sunday/commentary/la-op-latino25sep25,0, 3215119.story?coll=la-home-sunday-opinion

Spera, Keith. 2005. "Planners Promise Bigger Jazzfest." in *The Times-Picayune*, 12/11/2005. www.nola.com/music/t-p/index.ssf?/base/entertainment-1/11318 2102384280.xml

Varney, James. 2005. "Nuevo Orleans?" in *The Times-Picayune*, 18/10/2005. http://www.nola.com/news/t-p/frontpage/index.ssf?/base/news-4/112961510 3205800.xml

제 **3** 부
국경/이민의 현실과 문학적 목소리

제8장

멕시코 북부 국경 지역이 이민과 범죄에 미치는 작용의 변화와 악순환

브라이언 로버츠 _최수진 옮김

1990년대 초까지 미국-멕시코 국경의 경제는 통합의 일로를 걷는다. 그러나 이후 불어닥친 멕시코의 경제 위기로 인해 미국으로의 월경 바람이 거세진다. 대규모 이주와 동시에 자유무역지대인 마킬라도라 또한 극적인 변화를 겪게 되고, 국경의 군사화로 인해 이민의 양상이 순식간에 달라진다. 탈국경화에서 재국경화로 역행하게 만든 미국 이민 정책은 급속도로 보수 강경화되어가고, 빈번한 범죄와 폭력으로 나날이 국경을 넘나드는 것은 위험해지고 있다.

* Agustin Escobar와 Claudia Masferrer에 감사의 말을 전한다.

브라이언 로버츠 Bryan R. Roberts 텍사스 대학교 오스틴캠퍼스 사회학과 교수. 라틴아메리카 도시화 문제와 미국-멕시코 이민 현상을 연구. 대표적 저술서는 *Cities of Peasants: The Political Economy of Urbanization in the Third World*(Edward Arnold, 1978), *The Making of Citizens*(Edward Arnold, 1995), 편저서로는 *Rethinking Development in Latin America*(Penn State University Press, 2005), *Ciudades Latinoamericanas: Un análisis comparativo en el umbral del nuevo siglo*(Prometeo Libros, 2006), *Urban Segregation and Governance in the Americas*(Palgrave Macmillan, 2009) 등이 있다.

* 이 글은 서울대학교 라틴아메리카연구소 석학 강좌 '오르비스 테르티우스: 라틴 아메리카 석학에게 듣는다' 다섯 번째 강연자로 2011년 5월 초청된 필자의 강연문을 옮긴 것이다.

1. 서론

이 논문은 미국-멕시코의 국경에 얽힌 최근의 역사에 대한 글이다. 이 논문의 목적은 경제적 세계화와 초국가주의에 직면한 현대 국가의 국경(bordering)과 탈국경(debordering)을 논의하는 일반적인 토론에 기여하고자 하는 것이다(Albert and Brock; Spener and Staudt, 1998). 탈국경은 경제와 인구의 교류가 빈번해지면서 발생한다. 여기서 국경은 반드시 지리적인 것만을 지칭하는 것이 아니고 여러 국가의 공통적 관심사를 규제하기 위해 발생하는 다국적 관할권(jurisdiction)과도 관련이 있다. 미국과 멕시코 간 리오그란데 강의 수량 문제를 둘러싼 국제환경조정위원회(Border Environmental Commission)와 국제국경과 수자원 위원회(International Boundary and Water Commission)의 판결(Albert and Brock, 1998: 226)을 예로 들 수 있다. 국가들이 정치적·경제적 국수주의나 안보 또는 두 가지가 혼합된 목적으로 국경 지역을 통제하고자 할 때, 탈국경은 이따금 역경향(countertendencies)을 유발하기도 한다. 우리는 1960년대부터 1990년대까지 탈국경이 상당히 진행된 후 재국경(rebordering)현상으로 급속한 이행을 경험한 미국-멕시코 국경의 변화 과정을 살펴보고자 한다.

미국-멕시코 국경을 둘러싼 경제적·사회적 통합의 역사는 19세기까지 거슬러 올라간다. 물론 텍사스와 미 남서부 지역은 1884년 미국에 통합될 때까지 원래 멕시코의 영토였다. 이 지역이 멕시코에서 분리되면서 새로운 국제적 국경이 설정되었고, 따라서 이전에는 같은 멕시코인이었던 인구가 두 국민으로 나뉘었다. 예를 들면, 엘패소는 20세기 전환 무렵 농업과 철도 부설을 위한 멕시코 노동자들이 미국으로 입국하기 위한 중심지였다. 텍사스와 캘리포니아에서 멕시코의 노동인구가 필요했고, 이 요구는 제2차 세계대전 당시 노동력 부족을 해결하고자 만든 브라세로(Bracero) 프로그램(1942~1964년)으로 제도화되기도 했다. 브라세로 프로그램은 1965년 국경산업화 계획(Border Industrialization Program: BIP)이 출범하면서 종료되었다. 국경산업화 계획은 아시아를 포함한 세계 다른 지역의 수출가공공단을 모델로 만들어졌다. 양국의 합의하에 산업 자본의 수입을 자유롭게 하고 무관세로 완제품 수출을 가능하게 하는 보세산업(마킬라도라)을 멕시코 국경지대에 설립한다. 마킬라도라의 목적은 멕시코 이주민에게 새로운 취업 기회를 제공하는 것이었다.

국경산업화 계획과 더불어 멕시코 북부 도시들은 국경에 인접한 지리적 기능과는 별개로 경제기반도 구축했다. 이 도시들이 성장함에 따라 텍사스 주의 도시들은 더 큰 경제적 중요성을 갖게 되었다. 다시 말하면, 텍사스 도시들은 멕시코 북부 국경도시들의 산업과 인구에 제품과 서비스를 제공하고, 멕시코 도시들은 텍사스 쪽의 가정과 공장, 그리고 사업에 즉시 공급할 수 있는 저렴한 노동력을 제공했다. 이러한 노동력은 제조업, 특히 의류 산업이 텍사스 국경으로 이전할 때 중요하게 고려되는 사항이었다. 관세와 쿼터제 실시는 국경에 특별한 경제적 기능을 부여했다(Spener and Pozos, 1996).

국경에서는 미국산 제품을 구할 수 있었고, 이를 멕시코 전역으로 수송할 수 있었다. 무역의 대부분은 멕시코 산업 ― 특히 북부 지역 ― 에 필요한 중간재였지만 국경도시에서는 기술이 요구되는 미국산 소비재를 쉽게 구할 수 있었다. 또한 상당수의 거래는 관세나 주요한 규제를 피하기 위한 불법 무역이었지만, 여전히 대다수는 검역을 거쳐 수입을 신속히 하려는 국경 무역을 이용한 합법적인 방식이었다. 많은 미국의 사업장들은 멕시코 고객이 직접 구매할 수 있도록 미국 국경도시 여러

곳에 창고를 보유하고 있었다. 텍사스 국경 인근의 사업장들도 미국 제품을 멕시코에 발주할 때 적용되는 규제에 따른 혜택을 입었다. 의류 산업은 멕시코에 정해진 양만큼만 하청 계약을 할 수 있었는데, 실제로는 통근노동자만큼 많은 수의 멕시코 노동자를 고용했기 때문이다.

1992년에 체결된 북미자유무역협정(The North American Free Trade Agreement: NAFTA)은 자본과 재화가 국경의 양 방향으로 자유롭게 이동함으로써 양국의 경제적인 관계를 변화시켰다. 단, 노동의 자유로운 이동은 제외되었다. 그 결과로 멕시코 노동력에 대한 접근성, 이와 더불어 국경 근처 멕시코 산업에 대한 미국 공급자와 시장의 근접성이 지속적으로 향상되면서, 멕시코와 미국 산업 모두 국경에 인접한 지리적 이점의 혜택을 보게 되었다. 이런 장점은 물 부족 및 현재 인구와 산업을 거의 지탱하지 못하는 취약한 자연환경이라는 단점과 어느 정도 상쇄된다.

이 논문은 1990년대 새롭게 국가 간(transborder) 경제 관계가 통합되던 NAFTA 초기에 미국과 멕시코 국경의 경제를 서술하는 것으로 시작된다. 이어서 두 나라 국경에서 발달된 경제의 중요성, 국경을 넘나드는 (cross-border) 사회적 관계, 그리고 1990년대 초기까지 비교적 통합된 국경 경제와 사회를 만들어냈던 미국과 멕시코 사이의 이주에서 국경이 맡은 역할을 요약할 것이다. 이것이 바로 탈국경의 단계이다. 이러한 상황은 국경 간의 관계 및 미국-멕시코 이주에 대한 역할이라는 두 가지 점에서 21세기 초기까지 극적으로 변화할 것이다. 마지막으로 미국-멕시코 국경의 재국경화에 따른 이민 정책의 역할과 멕시코에서 증가하는 범죄와 폭력에 대한 탐구로 이 논문을 마무리한다.

2. 1990년대의 탈국경화: 국경 간의 경제

멕시코 북부에 위치한 국경도시들의 산업 성장은 국경산업화 계획에 의해 생긴 보세산업(마킬라도라)에 기반한다. 1960년대 말까지 마킬라도라 산업에는 약 1만 7,000명의 노동자가 종사했다(Ericson, 1970). 1980년부터 1993년까지 멕시코 북부 국경도시인 시우다드후아레스와 티후아나를 중심으로 마킬라도라 고용 인구는 10만 6,000명에서 38만 8,000명으로 늘어났다(Mercado, González and Banda, 1996: Table 5.1). 댈러스 연방준비위원회의 루신다 바르가스(Lucinda Vargas)의 보고에 따르면 2000년까지 멕시코의 국경도시들의 마킬라도라 산업은 전체 마킬라도라 산업 고용의 62%(약 79만 7,000명)와 생산의 70%(500억 달러)를 차지한다. 마킬라도라 투자가 가장 많이 집중된 시우다드후아레스와 티후아나는 멕시코의 전체 마킬라도라 고용의 34%를 차지한다. 시우다드후아레스에는 24만 9,500명, 티후아나에는 18만 7,300명 이상의 노동자가 근무하고 있다(Vargas, 2001). 2010년 인구조사 결과에 따르면 국경 부근의 제조업 고용인구가 줄었는데 시우다드후아레스의 경우에는 모든 종류의 제조업 노동인구가 2000년 24만 9,500명에서 17만 8,337명으로 줄었고, 티후아나의 경우 18만 7,300명에서 17만 2,928명으로 축소된 것을 볼 수 있다. 그러나 2010년에도 북부 국경의 6개 주의 산업 인구는 멕시코 전체의 약 26%를 차지한다.

미국 국경도시의 경제 또한 마킬라도라 산업에 상업적 사업 서비스를 제공하고 마킬라도라 산업과 상호보완적인 생산 활동을 하면서 크게 성장했다. 이러한 현상은 엘패소에서 두드러졌다. 이 도시에서는 국경산업화 계획에 포함되지 않는 의류산업이 성장했는데, 이는 멕시코와 상호보완적인 생산활동이 가능했고(봉제는 멕시코에서 워싱 가공 등과 같은 마감은 미국에서 진행함), 국경 지대의 저렴한 노동력도 일조했기 때문이다. 고든 한슨(Gordon Hanson)에 따르면 멕시코와 미국 국경의 제조업이 지속적으로 성장한 것은 멕시코와 미국의 성장 사이에 긍정적 상관관계가 명백히 존재하기 때문이다(Hanson, 1997). 텍사스 주 국경도시들의 고용성장률은 텍사스에서뿐만 아니라 전미를 통틀어 가장 급속히 상승했다. 이와 같이 1980년대에 텍사스 4대 국경 부근 자치구인 카메론 카운티의 브라운즈빌, 히달고 카운티의 맥알랜, 웹 카운티의 러레이도, 엘패소의 1980년대 고용성장률은 해리스 카운티의 휴스턴을 넘는 수준이었다.

데이비드 스페너(Spener, 1995)는 의류산업과 플라스틱 몰딩 분야를 중심으로 엘패소와 후아레스에 기반을 둔 기업들 간에 하도급 계약 관계가 있음을 찾아냈다. 그러나 비슷한 규모의 독립 사업체나 합작투자 업체들 간에 관계가 지속되는 경우를 찾는 것은 어려워 보였다. 대부분의 엘패소에 기반을 둔 기업들은 엘패소로 찾아온 멕시코 고객을 통해서 멕시코와 거래를 했는데(Spener and Roberts, 1998), 많은 전문가들과 기업인들도 사업을 위해 멕시코로 건너갔지만 매우 적은 수만이 멕시코 파트너와 지속적인 노동 계약을 맺는 데 그쳤다. 이러한 기업가들이 직면한 문제는 NAFTA의 발효로 국경의 지위가 달라졌다는 점이다. 앞서 스페너가 보여준 것처럼(Spener, 1995), 쿼터제와 관세의 소멸로 인해 미국 국경도시의 기업가는 가게를 직접 방문한 멕시코 사람과 활발히 직거래할 수 있게 되었다. 중고 의류나 의약용품을 거래하는 일부 멕시코 사업의 경우 미국산 제품을 미국 국경도시를 통해 가장 가까운 곳에서 제공받을 수 있었다. 관세 감소와 NAFTA 때문에 멕시코 쪽 국경 지역은 미국 제품을 손쉽게 구입하는 데 있어 중요성을 점차 상실하게 되었다. 이제 미국 제품은 멕시코 중심부로 직접 들어갈 수 있게 되면서 국경의 일부 기업가들은 자신들의 역할이 없어졌다고 한다. 즉 과거에는 국경의 중개상이 멕시코의 무역을 좌지우지했지만 이제 미국의 공급업자들은 멕시코와 직거래를 하는 것이다.

3. 멕시코 국경의 마킬라도라 고용

멕시코 국경의 마킬라도라 고용은 경제적으로 활발한 젊은 미혼 남녀에게 집중되었다. 1980년대 초에는 젊은 미혼 여성들이 노동력의 대부분을 구성했고(Fernandez-Kelly, 1983), 1980년대 후반에 들어서는 전통적으로 남성 취업률이 높은 자동차 부품 같은 새로운 마킬라도라 공장이 생기면서 젊은 남성 노동력이 대거 유입되기 시작했다(<그림 8-1>).

분기별 멕시코 노동력 조사(Quarterly Mexican Labor Force Survey, ENEU)의 자료에 따르면, 1987년에 대규모 제조업에 종사하는 남녀 정규 노동자의 56%가 세대주가 아닌 미혼 남녀로 구성되어 있음을 보여준다.[1] 1994년에 비율은 45%로 떨어졌는데, 18%는 기혼 여성이었고, 34%는 기혼 남성이었으며, 3%는 한부모 가정의 여성이었다. 1994년의 노동인구의 교육수준은 1987년과 비교해볼 때 크게 상승했지만, 멕시코시티나 몬테레이, 과달라하라와 비교하면 낮은 수준이었다. 그래서 대기업에 종사하는 국경 노동인구의 40%가 중등학교 과정을 마치지 못한데 비해, 같은 비율이 멕시코시티에서는 34%, 몬테레이와 과달라하라에서는 37%로 떨어져 있는 것을 확인할 수 있다(Zenteño, 1997: Cuadro 7).

또한 대부분의 마킬라도라 고용인구에 대해 사회보장제도가 적용되

---

1) 1987년 3분기 노동력 조사 자료와 1994년 2분기 자료를 활용했다.

〈그림 8-1〉 마킬라도라 노동자 성비 구성

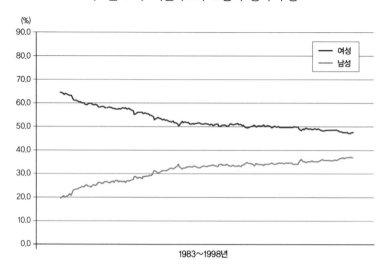

었다. ENEU의 자료는 1987년에서 1994년 동안의 변화를 더 면밀히 검토해 이를 취업 기회와 관련지어 분석할 수 있도록 한다. 1987년에 여성은 사회보장제도가 적용되는 직종에 주로 취업했다. 따라서 분야는 주로 제조업이었으며 대부분 마킬라도라를 의미한다. 그러나 이들의 평균 연령은 30세 미만으로, 사회보장제도가 없는 일터의 나이가 많은 연령대의 여성들(평균 38세)과 명확한 대조를 이룬다. 단, 사회복지사업 의 경우는 예외였는데, 보수가 높았고 주로 중등교육 이상을 받은 여성 을 고용했으며 연공서열을 보상했다. 따라서 사회보장을 지원하는 직장 은 상대적으로 기술이 없는 젊은 여성 노동자를 주로 고용했으며 연공 서열에 따른 보상이 적었다는 것이다. 1987년 자료에 따르면 나이가 있는 여성들은 사회보장이 되지 않는 일자리, 특히 무역과 인적용역 (personal services) 분야에서 쉽게 찾아볼 수 있다. 1994년 자료에서도 역시 나이가 더 들수록 사회보장이 되지 않는 직장에서 일한다는 사실

을 보여준다.

1994년까지 사회보장이 되든 안 되든 여성 노동인구의 평균연령은 거의 높아지지 않았다. 1987년부터 1994년까지 사회보장이 지원되는 직종에서 여성들이 계속 근무할 수 있는 가능성 때문에 사회보장 여부에 따른 직업 간 평균 연령 차이가 감소되었다는 증거는 전혀 없다.

이러한 관점은 마킬라도라 산업에 고용된 여성의 근무이력을 수집한 연구 자료들이 뒷받침한다(Young and Fort, 1994; Carrillo et al., 1993). 이 연구에 따르면 마킬라도라 산업의 노동인구들은 평균 1년 또는 2년 사이에 매우 높은 이직률을 보인다. 같은 마킬라도라 산업 내에서의 이동일 때도 있지만 주로 결혼을 하거나 혹은 결혼하고 얼마 지나지 않아 마킬라도라 산업이 아닌 곳으로 이직하는 경우가 많다. 결혼에 따른 가사의 부담 때문에 임금과 고용조건이 더 나쁘더라도 근무시간이 유동적인 비정규직을 찾는 것 말고는 여성들에게 다른 선택의 여지는 거의 없어 보인다. 1987년과 1994년 사이에 여성의 전반적인 고용 상황이 악화되는데, 또한 이는 센테뇨(Zenteño, 1997)의 글에서도 확인할 수 있다. 즉 남성들과는 달리 1987년과 비교해 1994년에 더 많은 여성들이 사회보장이 안 되는 직종에서 근무하는 것으로 확인된다. 같은 기간에 국경도시에서 25세 이상의 여성을 중심으로 노동 참여가 증가한 것을 감안하면, 이들은 주로 비정규직으로 근무했음을 시사한다(Cruz, 1997).[2]

예외적으로 남성이 사회보장이 안 되는 직종에서 훨씬 더 많이 발견되긴 하지만, 남성고용의 경향은 여성고용과 매우 비슷하다. 그러나

---

2) Cruz(1997: 표 2)에 따르면 25세부터 39세까지의 여성들의 경제참여율은 1987년 38.7%에서 1993년 42.3%로 증가했다. 40세 이상의 여성들의 경우, 20.2%에서 24.8% 증가했다.

1987년에서 1994년 사이에 사회보장이 되는 제조업에서 남성 노동인구가 증가한다. 1987년과 1994년에 사회보장이 되는 직종에서 일하는 남성들은 젊은 청년이며 제조업에 집중되어 있다. 사회보장이 안 되는 직종에서 근무하는 남성은 무역, 호텔, 인적용역에 집중되었으며 나이가 더 많다. 이 때 대부분의 미숙련(low-skilled) 혹은 반숙련(semi-skilled) 노동자들의 임금이 사회보장이 되는 제조업의 임금과 비슷하다는 점에 주목할 필요가 있다. 따라서 남성의 경우 사회보장이 되는 직종에서 안 되는 직종으로 옮겨가는 이동이 여성과는 다른 양상을 띠게 된다.

멕시코 북부 국경 경제는 젊은 여성들에게 취업기회를 제공하는 저임금 경제로서, 많은 이주민 가정에서 그들의 딸들이 벌어오는 돈으로 수입을 충족할 수 있었기에 매력적이었다. 그러나 그것은 노동자들, 특히 여성들이 오래 근무할 수 없는 급변하는 성격의 경제였다. 또한 가족들이 국경도시에 영원히 정착할 수 있는 경제가 아니었다. 게다가 많은 수의 젊은 여성들이 밤늦게까지 마킬라도라 기업에서 근무했고, 독립적인 여성에게는 적대적인 문화에 시달리기도 했으며, 결국 성폭력의 표적이 되기도 했다(Staudt and Cambell, 2008).

4. 미국의 국경: 엘패소의 제조업 근로자

우리는 국경 간의 관계와 이주에 관한 포드 재단(Ford Foundation) 프로젝트의 일부로서 엘패소의 의류 산업 종사자들을 대상으로 인터뷰를 실시했다. 그 인터뷰는 이례적으로 국경 노동시장의 역학을 탐구할 기회를 제공한다(Spener and Roberts, 1998). 이 인터뷰는 의류 산업이 국경 너머 미국 쪽에서 고용한 노동력의 유형에 관한 통찰력을 제공해준다.

또한 일부 공장은 문을 닫았는데 이러한 의류산업의 몰락에 따라 피해를 입은 노동자들의 유형에 대한 정보도 제공한다.

엘패소 의류 공장에서 근무하는 309명의 인터뷰 대상자들은 대규모 공장에서 근무하는 80명과 소규모 의류 가게에서 일하는 229명으로 나눌 수 있다. 소규모 의류 가게의 임금과 혜택은 대규모 제조공장보다 약간 열악하다. 대상자의 약 63%는 여성이고, 대규모 제조업체의 남성 근로자 비율은 42%로 여성보다 다소 높게 나타난다. 전체 표본 중 243명(75%)는 멕시코 태생이다. 미국 태생인 사람 중에서도 대부분은 부모가 멕시코 이주민이고 따라서 상당기간을 멕시코, 주로 시우다드후아레스에서 성장했다. 그리고 상당수가 멕시코 의류 공장에서 근무한 이력을 가지고 있다. 한 예로, 67명이 엘패소에서 일하기 이전에 마킬라도라에서 일한 적이 있다고 응답했다.

멕시코 태생인 37명은 시우다드후아레스에 거주하며 매일 직장으로 통근한다. 통근자 중 13명은 엘패소 출신이고, 다른 2명은 부모가 미국 출신이다. 그리고 크로스보더 패밀리(cross-border families) 현상을 쉽게 찾을 수 있었는데, 이는 멕시코 거주 여성이 출산을 위해 미국 거주 형제자매와 함께 사는 것을 의미한다. 따라서 통근노동자들의 41%는 그들의 출생권에 따라 미국에서 일할 합법적 권리를 갖는다.

자료에 따르면 통근노동자 대부분이 출생이나 합법적 거주에 따라 합법적인 노동자일 가능성이 많다는 것을 보여준다(민감한 사안이기 때문에 우리는 이 노동자들의 법적 지위에 관해서는 묻지 못했다). 이 통근노동자의 가족관계망을 통해 엘패소에서 일하는 멕시코 이주 노동자의 국경 간의 상황을 볼 수 있다. 후아레스에 거주하는 노동자 37명 중 16명은 부모나 형제가 엘패소에 산다고 했고, 6명은 엘패소가 아닌 다른 지역에 거주한다고 응답했다. 고작 15명만이 모든 가족이 멕시코에 산다고 응답했다.

엘패소에서 직장을 구하기 위해 멕시코에서 엘패소로 이주한 197명의 노동자 중 146명(74%)은 시우다드후아레스를 멕시코의 최종 거주지로 꼽았다. 그러나 시우다드후아레스에서 온 이민자 중에서 절반이 채 안 되는 숫자만이 원래 그 도시에서 살았던 경우라고 대답했다. 멕시코 내부에서 엘패소로 직접 이주한 경우는 비교적 드물었다. 가장 많은 예로는 치와와 주의 도시에서 이주하는 경우(9명)였고 이어 두랑고에서 직접 이주한 경우가 4명이었다. 이전의 거주지가 시우다드후아레스가 아닌 경우의 51명에게 가장 흔한 이주 패턴은 후아레스나 치와와에서 시작해 엘패소로 돌아오기 전에 미국 내에서 이동했다는 것이다. 42세의 한 여성노동자의 경우 두랑고의 작은 마을에서 첫 6년을 보냈다. 이후 가족과 함께 후아레스로 이주해서 22년을 거주하며 마킬라도라 산업에 종사한 경력을 갖고 있다. 그러고 나서 그녀는 엘패소로 옮겨 2년을 살고 로스엔젤레스로 이사해서 6년을 지냈다. 그리고 1990년에 엘패소로 다시 돌아왔다.

이러한 이주 패턴은 텍사스 국경도시들로 직접 이주하는 경우 대부분 멕시코 국경도시들에서 왔다는 의견을 뒷받침해준다. 노동자의 이주 역사와 부모의 출생지에 관한 데이터는 단계별 이주(stage migration)를 입증한다. 응답자들이 흔히 후아레스에서 태어나거나 자랐던 반면 부모 세대는 치와와 주 출신이다. 이들은 보통은 한 번에 후아레스로 이주하지만 가끔은 미국의 다른 도시들을 거쳐 엘패소에 도착한다. 이 때 노동자들의 형제가 거주하는 곳에 따라 단계적 이주의 패턴이 변하기도 한다. 즉 엘패소에 거주하는 197명의 이주노동자들 중 23명은 현재 캘리포니아에 사는 형제를 두고 있으며, 10명은 텍사스의 다른 도시에 살고 있다. 여전히 멕시코와 엘패소에 강한 유대감을 갖고 있다. 또한 114명에게는 형제가 여전히 멕시코에 살고 있으며 주로 시우다드후아레스에 거주한다. 미국에서 태어난 멕시코 사람들이 엘패소로 전입하거나 다른 곳으로 전출할 데에는 본인이 이주하는 경우도 있지만 형제들이 이주하는 경우도 있다. 이러한 형태의 이주민은 미국 내 다른 지역에서 일자리를 찾지만, 결국 가족 때문에 다시 엘패소로 돌아온다. 그러나 엘패소의 지속적인 실업에 부딪혀 이곳으로 돌아오는 숫자가 점점 줄어들 것이다. 텍사스 주의 브라운즈빌과 맥알랜에서는 1990년대 미국 태생의 멕시코 인구가 다소 줄었다. 브라운즈빌의 경우, 멕시코계 미국인 인구가 6%가량 줄어들었기 때문에 멕시코에서 직접 이주한 숫자를 합산해도 사실상 줄어든 셈이 되었다. 이 자료는 멕시코 이주민이 마타모로스에서나 타마울리파스 인근 지역에서 입국해 브라운즈빌에 얼마간 정착한 후, 다른 곳으로 이주하는 단계별 이주를 보여준다. 이러한 양상은 맥알랜과 샌안토니오에서도 비슷하게 찾아볼 수 있다. 그러나 그곳에서는 멕시코계 미국인 직접 이주와 순전출인구(net out migration)가 다른 두 곳의 경우보다 낮다. 엘패소와 라레도는 둘 다 이미 1985년에 멕시코 이주민의 미국 전입전출인구의 균형을 이루었다. 이주민은 계속 전출했지만 다시 돌아왔던 것이다.

5. 국경과 이주, 그리고 국경 양쪽 관계에 함축된 의미

국경 부근의 산업이 성장함에 따라 멕시코 내륙에서 이주민이 유입되면서 국경 인근 주의 인구는 꾸준히 증가되었다. 이와 같이 1980년에 미국과 국경을 접한 6개 주에는 멕시코 전체 인구의 16%가 살고 있었다. 이 비율은 2000년까지는 17.1%, 2005년까지는 17.6%, 2010년에는 17.7%까지 증가되었다(Censos de 1980, 2000, Conteo de 2005 and Censo de 2010). 그러나 이 수치는 북쪽으로 향하는 인구 이동의 양상을 제대로 보여주지 못해 인구증가 비율이 느리게 나타난다. 북쪽 국경, 특히 티후아나, 시우다드후아레스, 멕시칼리, 그리고 마타모로스 같은 대도시는 미국으로 이주하기 위해 거치는 거점이자 또한 귀향한 이주민이 다시 미국으로 돌아갈 때까지 잠시 머무르는 장소의 역할을 했던 것이다.

　2000년의 인구조사결과를 활용한 멕시코 국내 이주민에 대한 분석은 두 가지 중요한 양상을 띠고 있다(Hamilton and Roberts, 2007). 첫 번째는 멕시코 중앙 지역 내의 인구 교환이었는데, 국내의 모든 이주민 가운데 거의 절반이 1995년과 2000년 사이 멕시코시티 수도권 지역에서 중앙 지역의 타도시로 다시 이주했다. 한편 1995년에 멕시코의 중앙 지역에 사는 이주민에게는 그 반대가 적용되는데, 절반가량이 멕시코시티로 이주했던 것이다. 이 두 지역에서 나간 나머지 이주민은 멕시코 남동쪽과 국경지대에 비슷한 수로 나뉘어 이주한다. 멕시코의 중심이자 남동 지역에 있는 멕시코시티는 유입되는 이주민보다 떠나는 이주민이 더 많아서 1995년과 2000년 사이에 순인구이동이 마이너스를 기록한다. 반면 국경 지역에서는 북쪽을 향한 국내 이주 인구가 늘어나면서 순인구이동 숫자가 증가한다. 실제로 남동지역의 이주민 대부분은 국경 지역으로 이주하고 있다.

　20세기 내내 티후아나와 시우다드후아레스는 둘 다 이주민의 도시로 여겨졌다. 모든 인구조사 연도 사이에 이 두 도시는 자연 증가가 아니라 인구의 유입으로 성장했다(Sobrino, 2010: Cuadro 8). 즉, 도시 성장의 대부분은 인구의 유동에 따른 것이었는데, 이들은 잠시 미국으로 이주했다가 멕시코로 돌아와 고향으로 돌아갔다. 북부 국경도시들의 산업이 급속히 성장한 것은 북부 국경 주들의 내부 도시와 다른 주에서 유입된 인구 때문이었다. 1987년에 티후아나는 분명히 가장 큰 이주 도시였다.

12세 이상 인구의 33%가 태어났으며, 3%는 바하칼리포르니아 주에서 태어났던 것이다. 한편 나머지는 멕시코의 내륙 출신인데, 주로 할리스코(14%), 멕시코시티(5.3%), 미초아칸(3.7%), 과나후아토(4.4%), 시날로아(7%), 소노라(4.3%) 출신이었다. 1995년까지 인구는 티후아나와 바하칼리포르니아 주, 그 외 내륙 지역에서 태어난 30%와 더불어 점점 더 이주민이 증가하는 것처럼 보인다. 오악사카와 치아파스 남부 출신 이주민 비중이 3%까지 치솟으면서 두 배로 증가했다. 멕시코시티 출신은 7%까지, 시날로아 출신은 9%로 증가했다. 한편 할리스코에서 온 이주민은 10%까지 증가했다. 2010년 12세 이상의 티후아나 인구 가운데 62%는 베라크루스 같은 새로운 주를 포함한 다른 주에서 태어났는데 이는 티후아나의 성장에 크게 기여했다.

티후아나와는 대조적으로, 시우다드후아레스는 치와와 주 내부 도시에서 이동한 이주민 비율이 25%로 높았다. 그리고 나머지 이주민은 두랑고, 코와윌라, 사카테카스에서 유입되었다. 1995년까지 그 도시 인구의 39%는 치와와 주가 아닌 곳에서 출생했는데 2010년 인구조사에 따르면 후아레스의 12세 이상 인구의 42%가 치와와 주가 아닌 곳 출신이었으며, 이주민 출신지가 티후아나보다 다양하지는 않았다.

티후아나를 제외한 멕시코 북부 국경도시들로의 이주는 1990년대 후반까지 미국으로 유입되는 멕시코인의 이주와는 별도의 흐름을 이룬다. 북부 국경도시로 오는 이주민 대부분이 미국 입국의 발판으로 삼기 위해서만 이동하는 것은 아니다. 맥카더(MacCarther) 재단이 후원하는 프로젝트의 일부로 1990년대에 마타모로스와 시우다드후아레스에서 이루어진 심층 인터뷰에서 다음과 같은 사실이 밝혀졌다. 이주민이 취업 기회를 위해 국경도시로 오기는 하지만 처음부터 일자리를 찾아 국경을 넘을 생각은 하지 않는다.[3] (미국의 다른 도시나 여타 지역에 비해)

상대적으로 작은 브라운즈빌과 엘패소의 크기와 빈곤 때문에 멕시코 내륙에서 온 이주민에게는 두 도시는 최종 목적지로서 그다지 매력이 없었던 것이다. 누에보라레도는 예외지만, 이 점에서 텍사스를 둘러싼 멕시코 국경의 도시들은 티후아나와는 다른 상황에 있었다. 티후아나와 누에보라레도는 멕시코 이주민이 미국으로 넘어가기 위해 거치는 주요 목적지다. 이러한 점에서 두 도시는 미국을 최종 목적지로 삼는 이주민이 거치는 임시 거점의 역할을 아주 잘하는 것처럼 보인다. 그러나 티후아나와 누에보라레도에는 그 자체로 멕시코 이주민을 끌어들이는 실제 산업적·상업적·서비스 경제가 존재한다.

이제 이주의 목적지였던 멕시코 국경도시들에 관해 한 가지 더 기억할 사실은 이 도시들이 미국에서 거주하며 일한 적이 있는 멕시코 이민자들을 끌어들인다는 점이다. 2010년에 멕시코의 인구조사에 따르면 시우다드후아레스 인구의 2.5%인 3만 2,748명과 티후아나 인구의 2.3%인 3만 6,111명이 미국에서 태어났다. 우리 인터뷰에 따르면 미국 영주권을 얻은 멕시코 이주민은 종종 자신의 출신지 대신 국경도시를 택해 돌아가기도 하는 것을 보여준다. 실제로 2010년 인구조사에서는 내륙 목적지로 돌아간 사람들과 비교할 때, 미국에서 돌아와 국경에 거주하는 많은 이주민이 그곳에서 태어나지 않았다는 사실을 보여준다. 미국 시민이나 영주권자로서, 이 멕시코인들은 여전히 미국에서 일하면서도 멕시코 도시에서 저렴한 생활비로 살 수 있는 장점을 이용했던 것이다.

이런 전략은 센테뇨와 로드리게스(Zenteño and Rodriguez, 1997)가 분석

---

3) 이 인터뷰는 라켈 마르케스(Raquel Marquez)가 브라운즈빌과 마타모로스에서, 앨리슨 뉴비(Alison Newby)가 시우다드후아레스와 엘패소에서 실시한 프로젝트의 일부이다. 이 두 프로젝트는 국경 양쪽 이주자들의 삶과 노동의 역사에 대한 조사로 각 지역에서 100명이 넘는 심층인터뷰에 기반한다.

한 국경 노동자들의 통근 현상을 뒷받침한다. 이 통근 노동자들은 멕시코의 국경도시에 살지만, 미국에서 일하기 위해 매일 또는 주 단위로 출퇴근한다. 응답자들의 직장 소재지를 물은 멕시코의 도시 노동력 조사에 따르면, 센테뇨와 로드리게스는 1993년 티후아나의 경제활동 인구 중 7.5%가 국경의 미국 쪽에서 근무했다고 추산한다. 후아레스와 누에보라레도, 마타모로스에서는 이 수치가 각각 5.7%와 3.9%, 2.7%이다. 이 통근 노동자들이 모두 미국에서 일할 합법적인 권리를 소지한 것은 아니지만 대부분에게 이런 권리가 있는 것 같다. 1987년의 도시 노동력 조사에서는 네 개의 국경도시에 대한 특별한 추가설문이 포함되어 있다. 그 설문에서는 멕시코 주민에게 미국으로 넘어오는 데 어떠한 서류를 사용했는지 그 서류의 유형을 묻고 있다. 미국에서 일하는 사람들은 대부분 시민권이나 법적 영주권을 갖고 있었다.

일단 텍사스 국경 근처의 멕시코 도시에서 거주하고 일을 하면 다른 미국 도시들과의 사회적·경제적 관계가 급속히 형성된다. 시우다드후아레스와 마타모로스 같은 도시의 비정규직에는 대부분 다른 도시에서 온 방문객이나 다른 도시로 간 방문자들로 구성되어 있다. 마킬라도라에서 일하는 젊은이들의 이직률과 이들이 국경의 양쪽에서 다른 일자리를 찾는다는 사실은 곧 국경도시에 사는 가구들의 상당수가 국경 건너에 거주하는 가까운 친척이 있다는 뜻이다. 북부 국경 양쪽의 사회적 통합은 미국 국경 쪽에 사는 다수의 멕시코계 주민 덕분에 손쉽게 이루어진 것이다. 이러한 현상은 비히스패닉계 인구가 압도적으로 많은 샌디에이고가 있는 캘리포니아 주에서만 예외였다.

6. 재국경화: 자발적 이주와 비자발적 이주

20세기 후반 들어 멕시코-미국의 이주 패턴은 일시적인 것에서 영구적인 이동으로 점차 변해왔다. 2010년 인구조사에 따르면, 5년간 멕시코에서 미국으로 간 이주민 중 30%만이 같은 기간 안에 돌아왔는데 이러한 현상은 미국과 멕시코의 경제적 상황에 따라 유동적이다. 다시 말하면, 미국의 경제가 멕시코보다 악화되면 귀환이 증가하는 것이다. 양국의 경제적 상호의존성 때문에 멕시코의 GDP 성장 패턴은 일반적으로 미국의 성장에 좌지우지된다. 따라서 1995년부터 2005년까지 멕시코의 연간 성장률은 2.7%로 3.3%의 미국의 성장률과 비슷하다. 연도별로 살펴보면 격차가 벌어지기는 하지만 양국 모두 2001년과 2002년에 낮은 성장률을 보여준다. 이를 바탕으로 우리는 2005년까지 미국의 경제상황을 멕시코와 비교하면 귀환 이주자들이 증가하지도 줄어들지도 않을 것임을 예상할 수 있다.

그러나 21세기 들어 이주민의 귀환 패턴은 가차없이 붕괴되었다. 그 이유는 불법 이민자들에 대한 미국 당국의 통제가 더욱 엄격해져서 추방되는 불법 이민자들의 숫자가 급격히 늘어났기 때문이다. 이에 따라 불법 순환 이민(circular migration)이 점차 어려워졌고 정기적으로 멕시코로 귀환하는 인구의 이주 또한 어렵게 된 것이다(Cornelius, 2008; Fuentes et al., 2008; Massey, 2005).

2005년 이후에 미국과 멕시코의 상대적 평가는 변하기 시작했다. 2005년부터 2010년 사이 미국은 성장이 둔화되며 연평균 1%의 성장률을 기록하는 사이, 세계 금융위기에 영향을 덜 받은 멕시코의 경우 5.5%의 성장을 한 것이다. 같은 기간 동안 귀환 이민자의 숫자를 비교해 보면, 장기적 귀환 이주민의 숫자가 23만 명에서 99만 4,474명으로 급격

<표 8-1> 이주민 귀환과 추방 현황

기간	2000~2005	2005~2010
단기 귀환자 수[1]	-	389,296
장기 귀환자 수[2]	230,000	994,474
총 귀환자 수	230,000	1,383,770
일반적인 추방자 수	452,350	808,078
범죄에 따른 추방자 수	321,178	386,193
총 추방자 수	773,528	1,194,271

주 1) 단기 귀환자 수는 이전의 인구조사나 인구수 측정 후에 이주한 후 새로운 조사시점 이전에 귀환한 인구수로 측정되었다. 5년 단위의 인구수 측정(Conteo)는 단기 이주에 관한 정보를 포함하지 않는다.
  2) 장기 귀환자 수는 이전의 인구조사나 인구수 측정 시점에 미국에 머물러 있다가 새로운 조사시점에 귀환한 인구수로 측정되었다.
자료: 2010 Census of Mexico. 2005 Conteo de Población. Yearbooks of Immigration Statistics, US Dept of State, 2001~2010.

히 증가한 것을 확인할 수 있다(<표 8-1>). 그러나 이 수치는 같은 기간에 발생한 국외추방의 발생건수와 비교할 필요가 있다. 국외추방은 출입국 관리 당국에서 내린 공식 명령이다. 따라서 이 숫자에는 서류 없이 비공식적이고 자발적으로 귀환하는 인구가 포함되어 있지 않기 때문에 실제로는 이보다 더 많은 국외추방이 발생했다. 또한 공식적 국외추방은 보통 국외추방과 형사상 죄목으로 추방당하는 경우로 나뉜다. 보통 국외추방만이 문서화되므로 보통 국외추방을 당한 후 재입국 하면 경범죄로 분류되어 범죄 선고를 받는다.

2000년부터 2009년까지 추방된 인구는 2005년 멕시코 인구 집계 또는 2010년 인구조사(<표 8-1>)에서 나타난 전체 귀환자 숫자와 비슷한 수준이다. 멕시코 귀환 이주민에 대한 2005년 인구 집계가 불완전했기 때문에 실제 귀환 인구와 추방 인구 격차는 2010년보다 크다. 그러나 2005년과 2010년 사이 전체 추방인구와 전체 귀환인구의 숫자가 매우 비슷한데, 이는 귀환 이주가 강제적으로 내려진 결정임을 암시한다. 여기서 주목해야 할 점은 추방 인구의 상당수가 범죄자가 될 수 있는 위험을 무릅쓰고 추방 후에 미국으로 재입국할 계획을 하고 있다는 것이다. 이들 중 많은 수, 특히 유죄 기록이 있는 사람들은 이미 이런 이주 이력을 갖고 있을 확률이 크기 때문이다(Hagan et al. 2008).

적절한 예로는 2011년 5월 8일 지역신문 ≪오스틴 아메리칸 스테이츠맨(Austin American Statesman)≫에 실린 AP통신의 보도를 들 수 있다.[4] 이 기사는 마약왕이라 불리는 엘킬로(El Kilo)의 이력을 소개한다. 그는 멕시코 북부 타마울리파스 주에서 약 250명의 이주민 살해를 지시하고 조종한 혐의로 고소되었다. 엘킬로는 세 번이나 미국에서 추방되었는데, 강도와 무기 소지 혐의로 7개월 형기를 채운 뒤 1998년에 처음으로 추방되었다. 이후 그는 다시 수감되어 형량을 채운 후 두 번째로 추방되었으며, 국외추방 후 재입국한 것을 이유로 캘리포니아에서 감옥살이를 한 뒤 2009년 1월에 세 번째 추방을 겪었다. 마지막 추방 때 그는 국경 너머 티후아나로 보내졌지만 가족이 있는 타마울리파스로 가버렸다.

엘킬로의 일화는 멕시코 국경도시들에 대한 함축된 의미를 보여준다. 이민자들의 추방은 육로를 통해서 이루어지기 때문에 멕시코 북부 국경 도시에는 많은 수의 불법 이민자들이 모여 있다. 자발적이든 비자발적이든 귀환 이민자들이 반드시 그들의 출신지역으로 돌아가는 것은 아니다. 그들은 기회의 부족으로 북부 국경도시를 떠나는 경우가 있지만, 이것이 그들의 선택은 아니다. 결과적으로 귀환 이민자들은 불균형적으

---

4) "미국이 만든 범죄자들, 마크 스티븐슨과 쉐넌 디니니, 다중살인으로 구속됨(Mark Stevenson and Shannon Dininny, US-bred criminal accused in mass killings)," AP 연합통신, ≪오스틴 아메리칸 스테이츠맨≫ 2011년 5월 8일자.

<표 8-2> 2010년의 귀환 이주민 분포

2010 순위	주	도시	2010년 총인구	2010년 귀환자	2000년 순위
1	바하칼리포르니아	티후아나	1,543,644	32,864	25
2	D.F.	D.F.	8,783,909	21,476	5
3	할리스코	과달라하라	3,801,870	20,705	1
4	치와와	후아레스	1,328,246	15,056	12
5	바하칼리포르니아	멕시칼리	932,001	11,520	81
6	타마울리파스	마타모로스	487,709	8,754	216
7	두랑고	두랑고	579,719	8,433	10
8	소노라	S.L.리오콜로라도	176,420	8,433	189
8	과나후아토	레온	1,431,710	8,240	3
9	치와와	치와와	818,069	8,147	9
10	바하칼리포르니아	엔세나다	460,793	7,771	45
11	미초아칸	모렐리아	726,572	7,486	13
12	시날로아	쿨리아칸	855,033	6,609	36
13	소노라	에르모시요	776,032	6,542	133
14	아구아스칼리엔테스	아구아스칼리엔테스	793,997	6,399	7
15	타마울리파스	레이노사	607,057	6,326	65
16	멕시코	에카테펙	1,655,063	5,657	8
17	푸에블라	푸에블라	1,532,638	5,377	17
18	미초아칸	우루아판	312,996	5,286	
19	타마울리파스	누에보라레도	382,528	4,945	129
20	과나후아토	셀라야	468,506	4,758	
21	나야리트	테픽	377,232	4,740	20
22	산루이스포토시	산루이스포토시	769,713	4,620	14
23	틀라하물코	할리스코	417,205	3,218	
24	할리스코	푸에르토바야르타	253,647	3,108	
25	과나후아토	돌로레스이달고	148,262	3,095	
26	과나후아토	산미겔아옌데	157,837	3,006	
27	할리스코	라고스데모레노	152,258	2,567	
28	누에보레온	몬테레이	1,129,652	2,315	15
29	킨타나로오	베니토후아레스	659,311	2,166	137

자료: 2010년 멕시코 인구조사(Population Census of Mexico).

로 더 큰 도시나 경제적으로 활발한 곳으로 이동하게 된다. 멕시코에서 새로운 여행의 중심지로 떠오른 칸쿤(Cancun)을 예로 들 수 있다 (Masferrer and Roberts, 2009). 또한 귀환 이민자들은 자신의 출신지가 아니라도 경제적으로 활성화되어 있고 미국과 가까운 북부 국경도시에 남아 있게 된다. 이는 가장 많은 이주민이 집중되었던 2010년의 귀환 이주민 분포를 통해 명확하게 드러난다(<표 8-2>). 2010년과 비교해 과달라하라와 멕시코시티에도 상당히 많은 귀환 이주민들이 모여 있기는 하지만 대다수는 멕시코의 북부 국경도시에 집중되어 있음을 알 수 있다.

7. 국경과 범죄

현재 멕시코에서 범죄가 자주 발생하는 지역은 멕시코 북부에 위치한 주들로 특히 치와와, 타마울리파스와 바하칼리포르니아뿐만 아니라 마약의 주요 원산지이자 유통경로인 시날루아와 소노라, 그리고 두랑고 주다. 심지어 누에보라레도 주와 '안전한' 도시로 여겨졌던 몬테레이는 최근 몇 년 동안 마약과 관련된 폭력 때문에 심각한 영향을 받고 있다. <표 8-3>은 멕시코 신문 ≪레포르마(Reforma)≫에 최근 보도되었던 조직적인 범죄에 의한 살인사건을 보여준다(Rios and Shirk, 2011). 멕시코의 다른 20개 주에서는 북부 국경지대에서 살인 사건이 가장 적게 보도된 코아윌라보다도 적은 살인사건이 발생했고, 11개 주에서는 연간 100건 미만의 살인사건이 발생했다.

산티아고 로엘과 그의 회사 RRS y Asociados가 꼼꼼하게 수집하고 도표화한 데이터는 살인뿐 아니라 납치와 강간, 폭행과 강탈을 포함해 전년도 폭력 범죄가 국가 평균 이상(검정색과 짙은 회색)으로 일어난 곳의

〈표 8-3〉 조직된 범죄에 의한 사망이 높은 지역(2010년)

북부 국경 지역		다른 지역	
치와와	4,427	시날로아	1,815
타마울리파스	1,209	게레로	1,137
누에보레온	620	두랑고	834
바하칼리포르니아	540	멕시코	623
소노라	495	할리스코	593
코아우일라	384	미초아칸	520

자료: Rios and Shirk, 2011. Figure 6.

분포를 시각적으로 보여준다(<그림 8-2>).[5] 폭력 범죄는 북부 국경지대
에 집중되어 있는데, 그중 절반가량의 폭력 범죄율은 평균 이상이다.

마약 거래와 마약 관련 폭력사태의 증가에는 몇 가지 이유가 있다.
멕시코의 마약 거래는 오랜 역사를 갖고 있는데다가 20세기에 상당
기간 다수당이었던 PRI의 지방 공무원과 중앙 공무원의 공모로 더욱
증가했다. 공무원들은 마약 거래업자와의 유착관계로 금전적 이익을
얻었고, 정부에서는 정치적 충성에 대한 보답으로 그들의 중개를 관용
해주었으며, 마약 거래 조직들(Drug Trading Organizations: DTOs)의 폭력에
대해 저자세를 취했다(Astorga and Shirk 2010; Astorga 2009; Astorga 1999).
이러한 균형은 우연히 발생한 두 개의 경향 때문에 깨졌는데, 첫 번째는
멕시코의 마약 거래량과 수익성의 증가였다. 멕시코 국내에서의 마약
수요가 증가한 데다가 미국의 수요도 지속되었고, 1990년대 초기에
콜롬비아 마약 거래 조직이 약해지고 분열되면서 멕시코 마약 거래
조직들이 미국과의 마약 거래의 많은 부분을 인수했기 때문이다. 두
번째 경향은 멕시코의 민주화와 행정부의 지방 분권이다. 이 경향은

---

5) 보고서 전문과 범죄 및 폭력에 대한 다른 데이터는 RRS y Asociados의 웹사이트에
서 확인할 수 있다. www.prominix.com

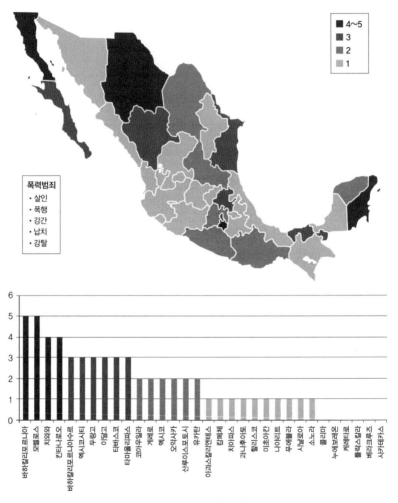

〈그림 8-2〉 멕시코 폭력 범죄 분포

자료: RRS y Asociados, S.C. www.prominix.com에서 재구성.

1990년대에 시작되어 PRI당 집권 말기까지 처음에는 주지사 차원에서, 나중에는 2000년 선거의 대통령 차원에 이르기까지 굳건해졌다.

　　앞서 설명한 두 가지 경향은 지금껏 중앙으로 집중되었던 정치권력이 사라지자 마약 거래의 수익과 지역 거래를 증가시킬 기회가 상당히 많아졌다는 것을 의미한다. 이런 상황에서 새로운 마약 거래 조직들이 등장했고 기존의 마약 거래 조직들은 각자의 영역과 경로를 통제하기 위해 경쟁하기 시작했다. 실제로 대부분의 마약 관련 폭력사태는 마약 거래 조직 간에 발생했지만, 이 과정에서 많은 수의 경찰, 기자, 민간인 도 사망했다(Astorga and Shirk, 2010). 주요 멕시코 육로를 통한 마약 유통 경로는 북부 국경으로 이어진다. 합법적으로 국경을 건너는 지점은 피 하더라도 마약 거래 조직들은 손쉽게 마약을 밀수하기 위해 국경과 가까운 도로나 마을을 통제할 필요가 있었는데 이 경로는 불법 이주민 들도 사용하는 것이다.

미국으로 건너가려는 멕시코 사람들과 중앙아메리카 사람들 때문에 국경 지역은 이제 더 위험하고 경제적으로 비용이 많이 드는 곳이 되었 다. 코요테들(밀입국 브로커 ─ 옮긴이)은 더 많은 비용을 요구하는 한편 사기 건수도 증가했다. 최근 타마울리파스에서 표식 없는 무덤이 대거 발견된 것도 중앙아메리카와와 남아메리카 출신의 이주민들이 마약 거래 조직에 납치되어 살해된 것으로 추측할 수 있다. 앞서 인용한 엘킬로의 경우가 이런 상황을 잘 묘사한다. 엘킬로는 타마울리파스의 작은 마을에서 활동했는데, 국경으로 가는 이주민을 납치한 혐의를 받 은 바 있다. 멕시코 국가 위원회의 2011년 인권 보고서에 따르면 남부에 서 북부 국경으로 가는 이주민을 대상으로 한 납치와 강탈이 널리 행해 지곤 했다. 또한 증언에 기초해 위원회에서는 2010년 4월부터 9월 사이 에 1만 1,000명 이상의 이주민이 납치되었다고 추정한다. 이주민을 납 치하는 조직원들의 목적은 국경을 넘나들며 마약 운반을 비롯해 조직을 위해 일할 이주민을 모집하는 것이다.

이러한 전개 양상은 북부 국경을 사이에 둔 이주와 국경 간의 관계에 대한 매우 중요한 의미를 함축한다. 국경 강화는 반(反)이민조직들의 정치적 압력의 일부분으로 발생했으나, 9·11테러 공격 이후의 안보와 마약 거래에 대한 관심사를 모두 반영하는 것이다. 매일 국경을 넘나드는 사람들에게 상황은 더 어려워졌고, 멕시코 국경도시에서 폭력이 증가함에 따라 경제 및 관광 수입이 모두 감소했다. 북부 국경의 도시들은 마약과 관련된 폭력 때문에 극심한 타격을 받았는데, 시우다드후아레스의 경우와 같이 여러 도시에서 지역 경제가 타격을 입었다. 따라서 시우다드후아레스와 몬테레이 같은 도시에서 중산층 가족들이 미국으로 탈출하는 대규모 이주(exodus)를 감행했다. 멕시코에 기반을 둔 사업가들은 가족을 텍사스 주로 이주시켰다. 아직도 국경 간 거래가 발생하지만 사람들이 필요한 용무가 있을 때만 이동함으로써 거래량이 줄어들었다.

이러한 상황은 두 가지 방법으로 북부 국경을 이주민에게 어려운 지역으로 만들었다. 다시 말하면 멕시코 북부 국경이 미국에서 온 귀환 이민자들(비자발적인 경우를 포함)이 다시 국경을 건너기 전에 머물면서 직업을 찾기에는 예전처럼 안전한 피난처가 아니라는 것이다. 라틴아메리카연구소와 텍사스 대학교 사회학과에서 주관한 국외추방 프로젝트(Deportation Project)의 일부분으로 실시된 인터뷰에 따르면, 귀환 이주민들은 과거와는 달리 멕시코에 도착하자마자 곧장 시우다드후아레스와 라레도의 버스터미널로 가서 멕시코 내륙 지방에 있는 각자의 집으로 향한다. 그러나 일부는 마약 범죄 조직에서 일하기를 원하기도 하는데, 자발적 귀환 이주자들에게는 이런 조직이 이주를 방해하는 요소가 되지만 비자발적 귀환자들에게는 삶을 위협하는 요소가 되기도 한다. 국경의 위험성은 멕시코에서 미국으로의 밀입국을 저지하지만, 동시에 합법적인 미국 거주자나 시민의 귀환 이주마저 더욱 위험하게 만들었다.

합법적 미국 거주자지만 소득이 낮은 멕시코 사람들의 경우, 국경을 통과하는 일반적인 수단은 버스나 차를 이용한 육로 이용이다. 그러나 육로는 이제 북부 국경의 위험 때문에 많은 이들이 꺼리는 선택이 되었다.

8. 결론

미국-멕시코 국경은 명확히 구분되는 경제와 일상생활, 인구 이동을 통해 재국경화가 일어났다. 미국에서는 이민국과 반마약청이 상당한 영향력을 행사하면서 국경을 강화해야 한다고 주장했다. 멕시코에서는 국권을 행사하는 주체가 국가보다는 마약 거래 조직들이다. 이들은 많은 지방자치제 당국을 통제하고 지방 경찰력을 장악하는 것이 가능하다. 또한 마약 거래 조직들은 재국경 현상을 일으키는 활동적인 주체로도 볼 수 있는데, 미국의 단속과 감시로부터 이주민들을 보호하고 납치, 강탈, 마약 거래 등의 활동을 병행하면서 더 큰 수익을 탈취하기 때문이다.

이런 상황을 개선하려는 정책적 선택들이 있긴 하지만 미국-멕시코 국경 양쪽의 정치적 고려 때문에 제약을 받고 있다. 미국의 반이민 정서와 국경에 대한 엄격한 통제가 마약 및 마약과 관련된 테러행위로부터 미국을 안전하게 지키는 데 필요하다고 보는 관점이 이민법 개혁을 지연시킨다. 멕시코에서는 펠리페 칼데론(Felipe Calderón) 대통령의 마약 거래 조직과의 전쟁 선포로 인해 주요 마약 거래 조직의 우두머리들을 제거하는 데 성공을 거두었지만 결국 북부 국경지대를 무장지대로 변화시키고 말았다.

이런 어려움에도 미국-멕시코 국경 간의 협력은 계속되고 있다. 멕시코와 미국 간의 경제적 관계는 높은 수준에서 지속되고 있으며, 멕시코 수출의 약 80%가 미국으로 향하고 있다. 또한 미국과 멕시코의 산업 분야는 매우 밀접하게 통합되었는데 특히 자동차 부문을 꼽을 수 있다. 그리고 물 보전과 리오그란데 강과 리오브라보 강의 하계의 물 부족을 해결하는 문제에 관해서도 긴밀한 관계를 맺고 있다(Sandoval, 2011). 그러나 결국 양국 간 이민 정책을 조정하는 것이 필수적 과제다. 이런 정책은 국경에서 초국가적인 공간을 효과적으로 창조하는 데 기여할 수 있으며, 이때 국경은 경제적·문화적 공동체로서의 역할뿐만 아니라 양국 간에 제품과 사람을 유통시키는 안전한 경유지로서의 역할도 할 수 있다.

이런 개혁에 대한 심층적 논의는 이 논문에서 다루지 않는다. 다만 개혁과정에서 부딪치게 될 어려움이 많고 토론이 필요한 여러 가지 사안 가운데 몇 가지를 다음과 같이 제시한다.

1. 이민법 개혁에는 미국에서 근무하는 멕시코와 중앙아메리카 불법 노동자들의 지위를 조정하는 방안을 포함해야 하고, 미국으로 입국하는 멕시코 노동자들에 대한 임시 비자 프로그램의 대폭적 확대에 이 조정 방안을 결합시킬 필요가 있다.
2. 사업주는 위의 과정을 모두 등록해야 하고, 이주민은 수입세나 사회보장세금을 낼 의무를 진다.
3. 양국은 세금과 사회보장제도에 대해 협정을 맺을 수 있는데, 양국의 사회보장제도를 통합시켜 미국 내 멕시코 이주민과 멕시코 내 미국 이주민이 모두 보장받을 수 있도록 해야 한다. 미국 내 멕시코 이주민은 미국에서 의료 서비스를 받을 수 있고, 비용은 멕시코의 복지 예산으로

지불한다. 멕시코 내 미국인은 양국 간 협정에서 명시하는 바에 따라 노인 의료 보험 제도의 혜택을 받을 수 있다.

4. 이민법 개혁은 멕시코 국민의 미국행 이주와 귀환 이주를 규제하기 위한 멕시코 정부의 대책이 동반될 필요가 있다. 이주민이 적합한 서류를 지참했는지 보장할 수 있도록 멕시코에서 출국하는 지점을 모니터링하는 방안이 포함될 수 있다.

5. 또한 이민법 개혁은 멕시코 귀환 이주민에게 정착을 목적으로 현금지원을 하는 사회적 정책을 포함할 수 있다. 현금지원은 재정착의 초기 단계를 지원하고 취업을 위한 재입국시 보조금으로 활용된다.

6. 미국-멕시코 국경에 양국의 국민이 국경의 다른 쪽에서 일할 수 있게 하는 공동 노동시장을 만들 수 있다. 적정한 최소 거주기간을 정할 필요가 있다.

참고문헌

Albert, Mathias and Lothar Brock. 1998. "New Relationships between Territory and State: The US-Mexico Border in Perspective." In David Spener and Kathleen Staudt(eds.). *The US-Mexico Border: Transcending Divisions, Contesting Identities*. Boulderand London: Lynne Riener Publishers, pp. 215~232.

Astorga, Luis and David A. Shirk. 2010. "Drug Trafficking Organizations And Counter-Drug Strategies In The U.S.-Mexican Context." In Eric L. Olson, David A. Shirk, and Andrew Selee(eds.). *Shared Responsibility: U.S.-Mexico Policy Options for Confronting Organized Crime*. Wilson Center.

Astorga, Luis. 2009. "Mexico: Its democratic transition and narco-terrorism." *Canada Watch*, Spring, 2009. http://www.yorku.ca/robarts/projects/canada-watch

Comisión Nacional de los Derechos Humanos. 2011. *Informe Especialsobre S Ecuestro De Migrantes En México*. http://www.cndh.org.mx/InfEspecial SecuestroMigrantes7.pdf

Cornelius, W. A. 2008. "Introducción. Disuade el Control Fronterizo la Inmigración Documentada?" In W. A. Cornelius and J. M. Lewis(eds.). *Los Impactos del Control Fronterizo Sobre la Migración Mexicana: Perspectivas desde las Comunidades de Origen*. Ciudad de México: Publicaciones de la Casa Chata, CIESAS, CCIS, CIESAS-Occidente, pp. 13~30.

Cruz, Rodolfo. 1997. "Cambios en la Oferta de Trabajo Femmenino de la Frontera Norte de México." Report to Labor Market Section of joint PRC and COLEF Ford Foundation financed project on Small Business Activity, Migration, and Urban Poverty. Tijuana: El Colegio de la Frontera Norte.

Ericson, Anna-Stine. 1970. "An Analysis of Mexico's Border Industrialization Program." *Monthly Labor Review*, 93: 5, pp. 33~40

Fernández-Kelly. 1983. "For Weare Sold, I and My People." *Women and Industry on Mexico's Frontier*. New York: State University of New York.

Fuentes, J., H. L' Esperance, R. Pérez, and C. White. 2008. "Impactos de las Políticas

Migratorias Estadounidenses sobre la Conducta Migratoria." In W. A. Cornelius and J. M. Lewis(eds.). *Los Impactos del Control Fronterizo Sobre la Migración Mexicana: Perspectivas desde las Comunidades de Origen*. Ciudad de México: Publicaciones de la Casa Chata/CIESAS, CCIS and CIESAS-Occidente, pp. 71~94.

Hamilton, Erin and Bryan Roberts. 2007. "The New Geography of Emigration: Emerging Zones of Attraction and Expulsion, Continuity and Change." In Marina Ariza and Alejandro Portes(eds.). *Perspectivas de México y Estados Unidos en el estudio de la migración internacional*. Mexico, D.F.: UNAM.

Hanson, Gordon. 1996. "US-Mexico Integration and Regional Economies: Evidence from Border-City Pairs." National Bureau of Economic Research Working Paper 5425.

Masferrer, Claudia and Bryan Roberts. 2009. "Going Back Home? Individual And Household Characteristics Of Of Mexican Contemporary Return Migration." Paper Presented to Conference on Migration during an Era of Restriction, Austin: University of Texas, November 4-6th.

Massey, D. 2005a. *Backfire at the Border. Why Enforcement Without Legalization Cannot Stop Illegal Immigration*. Washington, D.C.: Center for Trade Policy Studies.

Mercado, Alfonso, Salvador Gonzalez, and Gustavo Banda, 1996. *Indicadores de la Economía Mexicanacon Enfásis en la Frontera Norte*. Departamento de Estudios Económicos, El Colegio de la Frontera Norte, Tijuana.

Ríos, Viridiana and David A. Shirk. 2011. *Drug Violence in Mexico: Data and Analysis Through 2010*. Trans-Border Institute, Joan B. Kroc School of Peace Studies, University of SanDiego. www.justiceinmexico.org

Sandoval, Samuel. 2011. "Water Planning and Management for Large Scale River Basins Case of Study: the Rio Grande/Rio Bravo Trans boundary Basin." PhD Dissertation, School of Engineering, University of Texas at Austin.

Sobrino, Jaime. 2010. *Migración Interna en México durante el siglo XX*. México,

DF: Consejo Nacional de Población.

Spener, David. 1995. "Entrepreneurship and Small-scale Enterprise in the Texas Border Region: A Sociocultural Perspective." Doctoral Dissertation, Department of Sociology, Austin: University of Texas.

Spener, David and Fernando Pozos. 1996. "US-Mexico Trade Liberalization and its Effects on Small-scale Enterprise in two distinct regions: West-Center Mexico and the Texas Border Region." *International Journal of Sociology and Social Policy*, 16(7/8), pp. 102~147.

Spener, David and Kathleen Staudt. 1998. "Conclusion: Rebordering." In David Spener and Kathleen Staudt(eds.). *The US-Mexico Border: Transcending Divisions, Contesting Identities*. Boulder and London: Lynne Riener Publishers, pp. 233~257.

Staudt, Kathleen and Howard Campbell. 2008. "The Other Side of the Ciudad Juárez Femicide Story." *Revista: The Harvard Review of Latin America*, Winter.

U. S. Department of Homeland Security. *Yearbook of Immigration Statistics*. Washington, D.C.: Office of Immigration Statistics.

Vargas, Lucinda. 2001. "Maquiladoras Impact on Texas Border Cities." *Federal Reserve Bank of Dallas*, June.

Zenteño, René, 1997. "Características y Cambios Recientes en el Empleo de las Empresas Pequeñas y Medianas en los Mercados de Trabajo de la Frontera Norte de México: 1987-1993." Report to Labor Market Section of joint PRC and COLEF Ford Foundation financed project on Small Business Activity, Migration, and Urban Poverty. Tijuana: El Colegio de la Frontera Norte.

Zenteño, René and Hector Rodriguez, 1997. "La Población Transmigrante en las Ciudades Fronterizas Mexicanas." Report to Labor Market Section of joint PRC and COLEF Ford Foundation financed project on Small Business Activity, Migration, and Urban Poverty. Tijuana: El Colegio de la Frontera Norte.

제9장

멕시코 이민과 미국에서의 논쟁

티파티(Tea Party) 운동의 그늘에서

카를로스 에레디아 수비에타 _성유진 옮김

최근 미국으로 유입되는 멕시코 이민의 양상은 매스컴을 통해 일종의 편견과 신화로 굳어지고 있다. 이러한 왜곡된 이미지는 티파티 성향의 반이민 정책 제정에 힘을 실어줌과 동시에 일련의 이민 억제 방안에 박차를 가하고 있다. 그러나 경험적 자료에 따르면, 이민이 감소한다고 해서 미국과 같은 국가들이 번영을 누리게 된다거나 이민자들이 진입한 사회가 발전하고 이민자들이 그 사회가 제공하는 복지혜택을 누리게 된다는 뜻은 아니다.

* 자료수집에 힘을 써준 경제교육연구센터 연구보조원 알렉시스 리베라 바예스테로스(Alexis Rivera Ballesteros)에게 감사의 말을 전한다. 이 글을 집필하는 데 큰 도움이 되었다.

카를로스 에레디아 수비에타 Carlos Heredia Zubieta 멕시코 경제학자. 캐나다 몬트리올 맥길 대학교에서 석사, 멕시코 국립자치대학교에서 박사학위 취득. 멕시코의회 연방의원이자 경제교육연구센터(Centro de investigación y Docencia Económica: CIDE) 국제문제분과 책임자.

* 이 글은 ≪Nueva Sociedad≫ 233호(2006)에 실린 글을 옮긴 것이다.

1. 미국 내 멕시코 이민자들

2010년 인구주택총조사통계(el Censo de Población y Vivienda de 2010)에 따르면, 멕시코는 자국영토 내 인구가 1억 1,200만 명으로 집계된다. 여기에 멕시코 인구의 11%를 차지하는 약 1,200만 명이 미국에 거주하며 일을 하고 있다. 1997년에서 2007년 사이에 약 50만 명이 매년 미국으로 이민을 떠났지만, 2008년 가을에 발생한 경제위기 이후로는 이민자 수가 매년 급격히 감소하는 추세이다. 그러나 멕시코는 멕시코 이민자들의 본국이면서 동시에 다른 라틴아메리카 이민자들이 거쳐 가는 통행국(un país de tránsito)이기도 하다. 약 17만 명의 중앙아메리카인들, 특히 과테말라, 온두라스, 엘살바도르 출신 이민자들이 미국 땅을 밟기 위해 매년 멕시코 영토를 건너간다.

멕시코에서 미국으로 유입되는 대규모 취업이민은 1920년에 시작해 1990년대까지 엄청나게 증가했다. 이는 이민을 야기하거나 동시에 유도하는 요인으로 인해 발생한 대규모 이동이지만, 그 근본적인 원인은 멕시코와 미국 사이에 존재하는 경제발전과 임금 차이에 있다. 이민을 야기하는 요인으로는 경제활동 기회의 부재, 자본 부족, 신용 불량, 재정난이 있다. 이민을 유도하는 요인으로는 고용 기회, 경제력 획득 기회, 사회적 신분상승 기회, 법적 평등이 있다.

오랜 기간 동안 이민자의 사회적·경제적 위치는 변모해왔다. 20년 전까지만 해도 대부분의 이민자들은 멕시코 중서부지방 출신 남성들이었고, 주로 과나후아토, 할리스코, 미초아칸, 사카테카스 주 출신들이 이민의 역사를 선도했다. 오늘날에는, 이와는 정반대로 멕시코 32개 연방주 전체에서 이민이 이루어지고 있으며, 여성과 아이의 수가 매우 증가했다. 2005년 멕시코은행(Banco de México)의 조사에 따르면, 미국으로 이민 간 멕시코인의 60%가 멕시코에서 직업을 가지고 있었던 것으로 보아, 미국 이민현상을 주도한 주요인은 연봉 상승에 있음을 알 수 있다. 전체 이주노동자 가운데 63%의 평균월급은 멕시코 최저임금의 약 3배에 달하는 1,500달러이며, 26%는 매달 2,500달러를 받는다.[1)]

한편 2007년 인류발전보고서(El Informe sobre Desarrollo Humano)에 따르면, 이민자들이 빈민가 출신이 아니라 일정한 학력을 갖추고 평균적인 수입이 있는 가정 출신인 것으로 밝혀졌다. 이는 멕시코 출신 이민자들이 더 이상 저소득층이 아니라 일정한 자격을 갖춘 사람으로, 수입이 적더라도 국경을 넘어 미국에 들어갈 수 있도록 도와주는 브로커, 일명 '코요테(coyote)'를 고용할 자금을 저축할 수 있다는 것을 보여준다.

1) 이민의 지형도

치아파스, 오악사카, 베라크루스와 같은 멕시코 남동부 주의 경우, 토지 부식, 허리케인과 같은 기후변화와 관련된 현상이 이민을 야기하는 요인으로 지적되었다. 바하칼리포르니아, 치와와, 두랑고, 코아우일라, 누에보레온, 타마울리파스와 같은 북부지역에서는 2007년 이후, 조직범죄로 인한 사회적 불안정을 이유로 기업가, 전문직종사자, 중상류층의 미국 이민이 시작되었다. 샌디에이고, 로스앤젤레스, 엘패소, 샌안토니오, 오스틴, 댈러스, 휴스턴과 같은 도시에서는, 멕시코 기업가들이 자신의 회사를 포함해 모든 재산을 북부로 이전하는 경우가 증가하고 있다. 지금의 디아스포라는 과거와는 달리 중산층에서 이루어지고 있으며 사회적·경제적 배경 역시 다르게 나타난다.

---

1) 멕시코은행, 2006년 4월, 『2005년 연차보고서』.

<표 9-1> 1997/2000년 미국 내 멕시코 이민자 현황

멕시코 이민자의 사회적 특성		1997	2000
학력(%)	고졸 이하	58.7	47
	대졸자	26.9	38
	고등기술자	9.6	9.9
	전문직종사자 및 박사	4.8	5
미국 시민권 소지 여부(%)	미국시민권 소지	18.2	21.5
	미국시민권 미소지	81.8	78.5
빈민층 여부(%)	빈민층	33.7	22.1
	비(非)빈민층	66.3	77.9
의료보험 종류(%)	공영보험	13.5	12.7
	민영보험	31.7	28.3
	복수(複數)보험	2	2.6
	보험 미소지	52.8	56.4
멕시코 이민자 노동의 특성(100만 명)	15세 이상 인구	6.5	10.9
	경제활동 인구	4.4	7.7
	취업자	4	7.2
	실업자	0.4	0.4
	비경제 활동 인구	2.1	3.3
주간 근무시간(%)	34시간 이하	12.5	10.5
	35~44시간 사이	69.8	75.1
	45시간 이상	17.7	14.4
연봉(%)	1만 달러 이하	29.8	11.1
	1만~1만 9,999달러	42.1	34.4
	2만~2만 9,999달러	16.6	27.5
	3만~3만 9,999달러	6.8	13.7
	4만 달러 이상	4.7	13.3
활동 영역(%)	1차산업	12.4	4
	2차산업	36.4	40.6
	3차산업	51.2	55.4
직업 종류(%)	전문직 관련	데이터 없음	7.3
	서비스업, 의료업	데이터 없음	14.9
	환경미화, 가내업	데이터 없음	23.3
	농림수산업	데이터 없음	3.9
	건축, 수리업	데이터 없음	27.8
	운송업, 생산업	데이터 없음	22.6
	채굴업	데이터 없음	0.2

자료: BBVA 상업은행재단 경제연구서비스.

현재 미국 50개 주 각각에서 적어도 1만 명 이상의 멕시코 이민자가 거주하고 있다. 캘리포니아, 텍사스, 일리노이, 애리조나와 더불어 최근에는 뉴욕, 플로리다, 노스캘리포니아, 조지아 등으로 확대되고 있다. 미국에 거주하는 멕시코 인구는 3,000만 명이며, 그중 1,850만 명이 '멕시코계 미국인'(즉, 멕시코 혈통의 미국 출생자)이고, 1,180만 명은 멕시코 출생이다. 종합해보면, 멕시코 인구는 미국 전체 인구의 10%,[2] 히스패닉 인구의 2/3를 차지한다. 이들의 사회적·경제적 배경 및 노동현황은 <표 9-1>에서 구체적으로 나타난다.

2) 미국 이민 정책

미국 이민 역사와 이민 정책에서 주요한 세 시기가 있다.

1) 1930년 이전부터 제2차 세계대전 발발 전까지 이민이 시작된 시기.
2) 제2차 세계대전 전후로 임시노동 또는 브라세로(bracero) 프로그램이 적용된 시기.
3) 1960년대 이후, 브라세로 프로그램이 폐지되고 불법 이민 제한을 목적으로 한 이민법이 제정된 시기.

불법 노동자에 대한 최후 사면이 시행된 1986년 이후, 주법 및 연방법은 훨씬 엄격해졌다. 여기에 9·11테러와 2008년 경제위기는 상황을

---

2) BBVA 상업은행재단 경제연구서비스, 2010년 5월 『멕시코 이민현황』, <www.bbvaresearch.com/KETD/fbin/mult/100526_PresentacionesMexico_59_tcm346-223261.pdf?ts=2842011>.

더욱 악화시켰다. 이러한 상황에서 멕시코 이민자들이 미국 경제에 짐이 되고 있다는 일반적인 편견과는 반대로, 미국 이민의 영향을 연구하는 개별적인 연구들은 체계적인 방식으로 하나의 명확한 결론을 내린다. 바로 이민자들이 미국 경제 성장에 긍정적으로 기여한다는 것이다. <표 9-2>3)에서 나타나 있듯이 2003년 이민 관련 국가포럼의 한 연구가 이를 보여준다.

<표 9-2> 미국 이민에 대한 열 가지 신화

1. 이민자들은 세금을 안 낸다.
모든 이민자들은 세금을 낸다. 소득세, 재산세, 부가세는 물론, 연방세, 주세, 지방세도 낸다. 사회보장기록에 등록되지 않은 불법 체류자들 역시 세금을 낸다.
(자료: 국립과학원, 카토(Cato)연구소, 사회보장부처)

2. 이민자들은 사회복지 예산으로 산다.
이민자들이 미국 전체 인구의 11.5%를 차지하지만 전체 노동력의 12.4%를 구성하고 있다. 따라서 연봉으로 2억 4,000만 달러를 벌고 세금으로 9,000만 달러를 지불하며, 500만 달러 규모의 공적 혜택을 누릴 뿐이다. 이민자들이 내는 세금은 공적 혜택 비용을 초과한다.
(자료: 미국 이민변호사연합 및 도시연구소)

3. 이민자들은 돈을 모두 출신국에 송금한다.
일일지출액 외에는 이주노동자들과 그들이 일하는 기업은 연방정부, 주정부, 지방정부에 1억 6,200만 달러 이상을 벌어다 준다. 수입에서 각 10달러마다, 1달러는 출신국에 송금하고 나머지 9달러는 교통비, 중개수수료 및 생활비로 지출한다.
(자료: 카토연구소, 상호아메리카발전은행)

4. 이민자들은 미국인의 직업과 고용 기회를 빼앗는다.
노동통계청(BLS)에 따르면, 1900년에서 1989년까지 이어진 거대한 미국 이민 물결은 미국의 경제성장 및 실업률 감소와 일치한다.
(자료: 카토연구소)

---

3) <www.immigrationforum.org>.

5. 이민자들은 미국 경제에 무거운 짐이 된다.

전 연방기금(Reserva Federal) 회장 앨런 그린스펀(Alan Greenspan)이 지적한 바 있듯이, 이민자의 70%가 자신의 출신국에서 공교육이 시행된 이후 노동생산력이 증가하게 된 시기와 맞물려 미국에 이민을 왔다. 이민자들의 노동은 향후 20년 동안 미국 노동자의 연금을 충당하는 데 기여할 것이다.
(자료: 국립과학원, 노스웨스턴 대학교 노동시장연구소, 연방기금이사회)

6. 이민자들은 영어 배우기를 싫어하며 미국 시민이 되기를 원하지 않는다.

이민 후 10년이 지나면 이민자의 75%가 영어를 정확하게 구사한다. 영어수업에 대한 수요가 공급을 훨씬 넘어섰다. 이민자의 1/4 이상이 미국 시민으로 태어났으며, 조만간 훨씬 증가할 것이다.
(자료: 국토안전부, 인구통계청)

7. 오늘날 이민자들은 10년 전과 다르다.

외국에서 태어난 미국 인구는 오늘날 전체 인구의 11.5%를 차지한다. 20세기 초에는 15%에 달했다. 계속되는 이민에 의문과 의심이 뒤따르고 있지만 이민이 미국에 이로운 것으로 받아들여지고 있다.
(자료: 인구통계청)

8. 이민자 대부분이 밀입국을 한다.

이민자의 75% 이상이 영주권을 갖고 있다. 나머지 25%가 불법 체류자이며, 이 중에서 40%는 비(非)이민비자로 미국에 체류하고 있다.
(자료: 이민 및 귀화서비스 관련 통계 연차보고서)

9. 국경 지역에서 법을 느슨하게 적용해서 불법 이민이 증가했다.

1986년부터 1998년까지 국경수비대 예산이 6배 증가했고, 인원수 역시 2배로 증가했다. 그러나 이러한 규모의 변화가 불법 이민자의 수를 감소시키지 못했는데, 그 이유는 합법적으로 입국하기 위한 도로가 부족해서 병목현상을 야기했기 때문이다.
(자료: 카토연구소)

10. 대규모 이민 제한 정책을 통해 대(對)테러리즘 전쟁에서 승리할 수 있다.

9·11테러를 주도한 테러리스트 다수가 합법적인 비자로 미국에 거주하고 있었다. 이민자들에게 가해진 조치들이 상당수의 테러리스트를 체포, 기소하는 데 기여하지 못했다. 샌디에이고, 피닉스, 엘패소, 샌안토니오, 오스틴과 같이 멕시코와 국경을 접하고 있고 평균 인구 100만 명 이상 되는 도시들은 미국에서 가장 안전한 도시이다.

자료: 미국 이민개혁을 위한 재단, 미국 이민의회.

<표 9-3> 미국: 인종 또는 출신별 인구

(인구수, %)

전체인구	2000	2010	2050
전체 인구(1,000 단위)	282,125	308,936	419,854
백인(히스패닉 포함)	228,548	244,995	302,626
흑인	35,818	40,454	61,361
아시아인	10,684	14,241	33,430
기타 '인종'*	7,075	9,246	22,437
히스패닉 (타'인종' 제외)	35,622	47,756	102,560
백인 (히스패닉 제외)	195,729	201,112	210,283

전체 인구 백분율	2000	2010	2050
백인(히스패닉 포함)	81	79.3	72.1
흑인	12.7	13.1	14.6
아시아인	3.8	4.6	8
기타 '인종'*	2.5	3	53
히스패닉(타'인종' 제외)	12.6	15.5	244
백인(히스패닉 제외)	69.4	65.1	50.1

주: 미국 원주민, 남태평양 제도 및 알래스카 원주민, 하와이 원주민 인구 포함.
자료: 미국 인구통계조사원 「연령, 성별, 인종 및 히스패닉 출신에 따른 미국 인구조
사 2004년 중간보고서」. www.census.gov/ipc/www/usinterimproj/

<표 9-2>에 나타나는 지표에도 불구하고 이민자들이 미국 경제에
긍정적으로 기여한다고 인정하는 경우는 극히 드물다. 대중매체에서
내보내는 대부분의 의견은 이민에 대한 편견과 무지를 분명하게 보여준
다. 이러한 의미에서 40세 이상 '백'인[4] 남성이 대부분인 반이민 성향의
사람들이 우려하는 근본적인 부분은 이민이 야기할 미국 인구 현황의
변화와 미래에 끼칠 영향이며, 특히 히스패닉 인구가 상당히 증가할

---

4) '인종'이라는 개념은 논쟁적이지만 여기서 이 용어를 사용하는 이유는 미국 인구
조사에서 사용되는 공식용어이기 때문이다.

것이라는 판단이다. 미국 정부 인구통계청에서 제시한 프로젝트에 따르면, 백인 인구는 2010년 전체 인구의 65%인 2억 100만 명에서 2050년 전체 인구의 50%인 2억 1,000만 명으로 증가하면서 실제적으로 계속 유지될 것이다. 반면, <표 9-3>에서 알 수 있듯이 히스패닉 인구는 2010년 전체 인구의 15%인 4,800만 명에서 2050년 전체 인구의 약 25%인 1억 300만 명으로 늘어날 것이다.

그러나 아직 히스패닉 인구의 영향력은 실질적인 선거에까지 미치지는 못한다. 우선 이들 상당수가 미국시민이 아니기 때문이고, 미국시민일 경우에도 선거구에 등록하는 비율과 투표권을 행사하는 비율이 다른 인구그룹에 비해 현저히 저조하기 때문이다. 예를 들어, 2010년 히스패닉 인구는 미국 전체인구의 15.5%를 차지했지만 투표권을 행사한 비율은 10%에 그쳤다. 2008년 대통령선거에서는 히스패닉 유권자 1,700만 명 중 1,100만 명만이 투표권을 행사했다.

3) 티파티 운동의 출현과 이민 관련 논쟁에 미치는 영향

티파티[문자 그대로 '차당(Partido del Té)'][5]는, 2009년 이후 버락 오바마 행정부의 정책, 특히 의료개혁에 반대하는 포퓰리즘, 보수주의, 자유주의[6] 성향의 정치운동이다. 티파티 운동은 중앙지도부가 없는 단체들이

---

5) 티파티 명칭은 1773년 보스턴 차 사건에서 유래한 것으로 당시 영국정부의 조세정책에 대한 항의의 표시로 보스턴 시민들이 영국에서 수입한 차 상자를 바다에 던지면서 벌어진 사건이었다.

6) 미국에서 '우파 무정부주의자(anarquistas de derecha)'라고도 불리는 자유주의자들(libertarians)은 의료개혁 문제를 포함해 정부의 모든 규제와 개입에 대해 공격적이며, 공권력과 관련된 영역에서 가장 극단적으로 반응한다. 미국에서 포퓰리즘은

연합한 형태로, 회원들은 기독교 우파(la derecha religiosa) 및 공화당과
여러 지점에서 연결되어 있다. 사실 티파티에서 가장 상징적인 인물은
전 알래스카 주지사이자 전 부통령 후보였던 사라 페일린(Sarah Palin)이
다. 티파티 회원들이 공화당의 정치노선에 불만을 표명하고 있지만 공
화당은 연방 선거 및 주 선거에 다수의 티파티 회원을 후보로 선출했다.
공화당의 정치적 플랫폼은 세금 낮추기, 작은 정부 및 지출 감소, 공공부
채 및 예산비축 감소이며, 이는 헌법에 대한 정통적인 해석에 기반하고
있다.

　티파티 회원들이 경제분야 엘리트 및 정당 엘리트에 맞선 반기득권층
이라는 거대한 동질감으로 묶여 있는 것 같지만, 그들의 목적이 꼭
일치하는 것은 아니다. 전 민주당 하원의장을 지낸 원내대표 낸시 펠로
시(Nancy Pelosi)에 따르면, 티파티가 추진하는 세금축소는 본질적으로
부유층에 이득이 된다.[7] 그뿐만 아니라 티파티 측 상하원의원들이 정부
지출을 감소시키라는 압력을 행사해 2011년 4월 8일 연방정부 폐쇄
직전 상황까지 몰고 간 바 있으며,[8] 이들의 근본적인 목표는 2012년
11월 오바마 대통령의 재선을 막는 것이다. 또한 쿠바 출신의 플로리다

　특히 재정분야와 관련된 엘리트에 대항하는 소수의 풀뿌리운동을 지칭한다.

7) ThinkProgress.org 사이트에 따르면, 티파티 조직에는 두 개의 주요 싱크탱크가
　존재한다. 번영과 자유를 위한 미국인들 전집 제5권 및 2009년 4월 15일 Think
　Progress.org에 실린 "펠로시: 티파티는 일부 미국인 부유층에 의해 '조작된 시민운
　동' 캠페인의 일부이다." <http://thinkprogress.org/2009/04/15/pelosi-astroturf/>

8) 즉 '비본질적인 공공서비스'를 마비시키는 것을 의미한다. 2011년 4월 9일자 ≪엘
　파이스(El país)≫에 실린 다빗 알란데테(David Alandete)의 글 「민주당과 공화당
　은 미국 정부 폐쇄를 피했다」를 참조하라. <www.elpais.com/articulo/internacional/
　Democratas/republicanos/evitan/cierre/Gobierno/EE/UU/elpepuint/20110409elpepu
　int_4/Tes>

주 공화당 하원의원 마르코 루비오(Marco Rubio)가 다음 총선에서 부통령 후보감으로 언급되기도 했다.

한편, 티파티의 외교관은 극단적인 고립주의인 데다 세계정세에 대해서는 무관심하다.[9] 그러한 징후로서, 오바마 대통령이 미국 출생이 아니라거나 미국을 공산주의로 물들이고 있다고 생각하는 티파티 회원의 비율이 이와 동일한 의견을 가진 미국 인구의 비율을 압도적으로 능가하고 있다. 그뿐만 아니라 티파티 회원들은 흑인 및 라티노와 같은 소수 인종의 권리를 보장하려는 정부 측 차별철폐조치에 반대하고 있으며 성적 소수자들이 정치적인 힘을 지나치게 많이 누리고 있다고 생각한다.

이민법과 관련해 티파티는 애리조나 주 이민자단속법(SB1070)의 승인을 적극적으로 지지했으며 미국 전역에 걸쳐 불법 체류자에 대한 강경한 법규 제정을 촉구하고 있다. 또한 티파티 회원들은 백인 인구 증가 비율을 월등히 앞지르고 있는 라티노 및 이민자들이 미국인의 직업 기회를 빼앗는 것에 불편한 심기를 드러낸다. 이러한 의미에서 이민과 관련한 티파티의 입장은 다음과 같다.

   a) 이민이 미국 노동력의 질을 저하시키고 따라서 임금 수준 또한 낮추고 있다.
   b) 미국 시민의 세금으로 충당되는 이민자들을 위한 사회보장 서비스 제공 비용이 증가하고 있다.

---

9) 2011년 3월 4일 ≪포린 어페어스(Foreign Affairs)≫에 실린 월터 러셀 미드(Walter Russell Mead)의 글 「티파티와 미국 외교정책: 세계주의에 있어서 포퓰리즘이 의미하는 것」을 참조.

c) '이민자'라는 개념 자체가 마약밀수, 폭력, 살인, 강도와 같은 이미지와 연계된다는 점에서 이민이 미국 사회를 심각한 위험에 빠뜨리고 있다.

그뿐만 아니라 티파티 회원들은 1,200만 불법 체류자들을 의료보험제도에 포함시키는 데 막대한 비용이 들기 때문에 우선 미국으로의 이민 자체를 강력하게 규제해야 한다고 주장한다.[10) 티파티 회원들이 통합적인 이민개혁에 반대하는 또 다른 주장은 이민자 중 많은 여성들이 불법적인 원정 출산을 통해 자녀들을 자동적으로 미국 시민으로 만들기 위해 미국으로 이민을 오고 있다는 것이다. 이러한 가정들은 미국에 함께 오지 않은 가족구성원을 위한 비자를 신청하게 되고 따라서 이민자들의 수가 급격히 불어나게 된다는 것이다. 이와 관련해 미국 의회에서는 불법 체류자의 자녀들이 미국 영토 내에서 출생했더라도 미국 시민권을 제한하는 다양한 이니셔티브[11)제도를 마련하고 있다.

또한 고도로 이데올리기화된 티파티 운동 추종자들은 앞서 언급했듯이 이민자들이 영어 배우기를 거부하고 있으며 따라서 라티노 인구가 증가함에 따라 스페인어가 '공식' 언어인 영어를 대체할 것이라는 편견을 공유하고 있다. 이러한 논쟁은 공화당과 민주당, 고소득층과 저소득층 사이에서 활발히 전개되고 있으며 이는 이민을 바라보는 미국인들의 시각 차이를 단적으로 보여준다. 민주당원들보다 인종주의자로 더 쉽게

---

10) 2010년 2월 5일자 ≪더 뉴 아메리카 미디어(The New America Media)≫에 실린 마르셀로 발베(Marcelo Ballvé)의 글 "티파티가 이민 정책에 손대다"를 참조. <http://new.newamericamedia.org/new_article.himl?article_id=b4cc03dbd6820b4 b82cb77f47573dce2>.

11) 국민발안제도. 국민이 직접 헌법개정안이나 중요한 법률안을 제출할 수 있는 제도를 말한다 ― 옮긴이.

분류되는 공화당원들은 이러한 현상을 이민 정책의 부족과 국경통제가 미비한 탓으로 돌리면서 이민제한정책 강화를 요구하고 있다.

티파티 이데올로기 지지자들 중에 멕시코 이민자 단속을 포함해 애리조나 주 이민자단속법(SB1070)에 찬성하는 그룹이 있다. 이들은 모든 통계자료 및 인구통계학적 시각을 거부하면서 미국이 이민자들 없이도 번영할 수 있으며 선진 도시들이 제공하는 양질의 삶을 유지하기 위한 강력한 반이민 정책이 필요하다고 역설하고 있다.[12] 티파티 내 또 다른 그룹들은 이러한 주장을 인권 침해로 간주하고 있지만, 이민이 '코요테'(월경 브로커) 망을 조장하고 일용직 불법 체류자들의 처우가 거의 노예 수준과 다를 바 없는 심각한 상황을 야기하고 있다고 지적한다.

이민과 관련한 논쟁은 티파티 내부에서도 역시 이어지고 있다. 한 측에서는 이른바 '드림 법(Dream Act)' ― 미국 내 거주하는 외국인 소수자를 위한 발전, 구제, 교육(Development, Relief and Education for Alien Minors)의 약자 ― 라 불리는 이민개혁 법안을 찬성한다. 그러나 드림 법안은 2010년 말, 단 몇 표 차로 상원에서 부결된 바 있다. 이 법안은 어릴 때 미국으로 이민을 온 학생과 불법 체류자 신분의 부모를 둔 학생들에게, 많게는 3배에 달하는 학비를 내는 미국 내 외국인 학생들과는 달리 미국 시민권을 가진 다른 학생들과 동일한 학비를 납부할 것을 제안하고 있다. 그뿐만 아니라 이 학생들에게 임시 체류 비자를 발급하고 졸업 후에는 영주권 획득 기회를 제공하고자 한다. 반면 또 다른 측에서는 이민 급증을 우려해 이러한 제안을 강력하게 반대하고 있으며 오히

---

12) 2010년 2월 2일 ≪오픈 데모크러시(Open Democracy)≫에 실린 다니엘 아르치부기(Daniele Archibugi)의 글 「애리조나 국경: '죽음은 이제 그만' 대(對) '더 미니트맨」을 참조. <http://www.opendemocracy.net/daniele-archibugi/arizona-border-%E2%80%9Cno-more-deaths%E3%80%9D-versus-minutemen>.

려 밀입국을 방지하기 위해 국경지대에 대한 통제 강화를 제안한다.[13]

반면, 민주당 역시 이민법 개혁에 찬성하고 있지만 좀 더 통합적인 방식을 추구하고 있으며, 추방 관련 규제화 역시 원하고 있다. 미국 이민위원회가 시행한 연구에 따르면 이민과 실업은 전혀 상관관계가 없으며 불법 체류자를 포함한 이민자들은 자신의 구매력을 바탕으로 일자리를 창출하고 있다. 미국산 서비스와 재화를 획득하고 직접 사업을 운영하면서 더 많은 일자리를 창출하고 납세를 통해 미국 정부 수입 증가에 기여하고 있다는 것이다.[14]

한편, 대기업 소유주들은 이민 노동자들에게 낮은 급여를 지급함으로써 더 큰 이윤을 남길 수 있기 때문에 이민이 지속 및 증가되길 원한다. 그러나 미국 노동자 계층은 이를 반대하는데, 그 이유는 이민 노동자들로 인해 일자리를 빼앗기고 있으며 미국 국적이 없는 사람들과 의료서비스와 같은 사회보장 서비스를 공유해야 하기 때문이다. 미국 노동조합에서는 멕시코의 삶의 수준이 향상되어 더 나은 급여를 찾아 밀입국하는 불법 이민자들이 감소될 수 있도록 기여하는 동시에, 불법 이민자들이 더 이상 '환영받지 못한다'는 것을 깨닫도록 이민 통제를 강화하고 불법 이민자들의 값싼 노동력을 이용하는 고용주들을 처벌하고자 한다.

제한할 것이냐 정규화할 것이냐, 이것이 문제다. 미국 이민위원회

---

13) 2010년 9월 23일자 《더 데일리 콜러(The Daily Caller)》에 실린 스튜어트 로렌스의 글 "이민 정책에서 엇갈린 티파티"를 참조. <http://dailycaller.com/2010/09/23/tea-party-divided-over-immigration/>.

14) 2010년 8월 30일자 《FRBSF 이코노믹 레터(FRBSF Economic Letter)》에 실린 지오반니 페리(Giovanni Peri)의 글 "미국의 고용과 생산력에 이민자들이 미치는 영향"을 참조. <http://www.frbsf.org/publications/economics/letter/2010/el2010-26.html>.

〈표 9-4〉 통합 이민 정책이 미국 경제에 미칠 우호적인 영향 열 가지

1. 불법 체류자 합법화 프로그램과 합법적인 이민을 위한 향후 프로그램은 10년 안에 미국 국내총생산(GDP)에 15억 달러의 추가 이윤을 안겨주지만, 추방 관련 정책만 고수할 경우 동일한 기간 내에 미국 경제에 26억 달러의 손실을 가져올 수도 있다.

2. 2008년 자료에 따르면 이민자들은 미국 인구의 12%(약 3,800만 명)를 차지하며 그중 43%는 미국 시민권자로 투표권을 가지고 있기 때문에 유권자 수의 상당 부분을 차지한다.

3. 이민자들은 노동자, 기업가, 소비자로서 주요한 경제 역할을 수행하고 있기 때문에 미국 경기침체를 완화시킬 수 있다.

4. 불법 체류자에 대한 규정을 마련해 이들을 미국 경제에 통합시킴으로써 이민자들의 삶의 수준을 향상시킬 수 있고 따라서 사회적·경제적 간극을 줄일 수 있다.

5. 이민자들 중 일부는 잠재적인 과학자 및 연구원으로 구성되어 있으며, 이들은 앞으로 미국 환경 개선을 위한 대체에너지 기술과 공급원 개발에 기여할 수 있다.

6. 합법이든 불법이든 간에 이민의 증가가 실업을 조장한다는 증거는 없다, 오히려 이민 정규화가 이민자들의 사회적·경제적 수준을 향상시키고 구매력을 강화해 취업을 증가시킬 것이다.

7. 일반적으로 이민자들은 경제적 능력을 갖춘 세대이며 지역경제에 기여할 수 있다.

8. 미국에서 낮은 임금을 받는 이민 노동자들의 노동력은 미국 경제에 최적의 방식으로 통합될 수 있다.

9. 이민자들에게 의료서비스 혜택을 제공하는 것은 국가 공중보건에 대한 투자다.

10. 미국 경제는 외국 출신의 고급 전문인력에 크게 의존하고 있다.

자료: 미국 이민위원회 이민 정책센터(www.américaninmigrationcouncil.org).

이민 정책센터(El Centro de Políticas de Inmigración del Consejo de Inmigración Americana de EEUU)는 통합 이민 정책이 미국 경제에 미칠 우호적인 영향 열 가지를 작성했다(<표 9-4>).

그러나 이민 논쟁에는 경제적이고 윤리적인 측면을 넘어 선거와 관련한 정치적 배경 또한 존재한다. 민주당은 선거공약으로 불법 체류자의 미국 경제로의 통합을 내세우고 있으며 따라서 공화당은 앞으로 이민이 정규화되어 이민자들이 투표권을 획득하면 민주당에 투표할 것이기 때문에 공화당의 정치적 이익에 반하는 위배자나 적이 될 것으로 내다보고 있다.

미국 라티노 이민자들을 위한 이러한 오랜 도전은 이민자들의 정치적 무게를 인구수적 무게와 대등하게 하려는 것이다. 퓨 히스패닉 센터(el Pew Hispanic Center)에 따르면 2010년 인구통계조사에서 등록된 히스패닉 인구 5,050만 명 중에서 2,130만 명만이 투표권이 갖고 있으며, 1,810만 명은 미성년자이고 1,120만 명은 시민권 신청 자격에서 연령미달이다. 라티노 이민자를 규합하는 기관들은 미국 시민권 취득 자격을 갖춘 많은 이민자들이 신청절차를 밟아서 향후 선거권 등록을 하도록 종용하고 있으며 이것이 이민자들의 목소리를 낼 수 있는 가장 효과적인 방법으로 간주하고 있다.[15]

일부 공화당원들은 이민자들이 갑자기 공화당을 선호하기 시작하면 민주당은 불법 이민과 관련해 의견을 바꿀 것이라고 주장한다. 그러나 양당을 지지하는 대부분의 사람들은 불법 이민자들의 상황을 규제할 이민개혁을 실행하는 동시에 마찬가지로 미국과 멕시코 양측 모두에 부정적인 결과를 감소시키기 위한 국경지대 통제를 실시해야 한다는 데 동의한다.

---

15) 2011년 4월 27일자 ≪레포르마(Reforma)≫에 실린 호세 디아스 브리세뇨(José Díaz Briseño)의 글 "미국에서 투표하는 라티노들 그러나 충분치 않아"를 참조.

2. 멕시코에서의 이민개혁

멕시코 정계 및 경제 엘리트들은 이민 문제를 안일하고 무책임하게 다루어왔다. 수십 년간 미국으로의 이민을 멕시코의 사회적 긴장을 회피하는 하나의 편리한 안전판으로 간주해왔다. 이러한 태도는 냉소주의와 다를 바 없는데, 왜냐하면 멕시코 정부가 늑장을 부려온 인프라 구축 및 도로건설에 드는 비용을 충당하기 위해 이민자들이 해마다 거액을 본국으로 송금하는 것이 그들의 의무라는 것을 은연중에 강요하고 있기 때문이다.

멕시코가 이민자들의 송출국이자 통행국, 피난국임에도 불구하고 1974년 「인구법(la Ley de Población)」 승인 전까지 이민현상과 관련한 법률 제정이 이루어지지 않았다. 인구법은 당시 실제적으로 이민과 관련된 유일한 법적 수단이었고 멕시코에 체류하는 외국인에게만 관련된 법으로서 해외로 이주하는 멕시코인이나 멕시코를 경유해서 이주하는 외국인 이민자들에게는 적용되지 않았다. 2010년에 멕시코에 거주했던 1억 1,200만 명 중에서 외국인은 단지 약 60만 명이었으며 멕시코 전체 인구의 1%도 안 되는 수치다. 그중 미국인이 제일 많고, 스페인인, 캐나다인, 과테말라인 순이다.

제도혁명당(PRI) 집권 시기 동안 멕시코 이민자들은 자국 땅을 버리고 타국으로 이주한 '조국의 배신자'로 여겨졌다. 정치적 논쟁에서 자국민을 이민자로 받아들인 나라가 그들에게 발전의 기회를 제공하지 않는 것은 중요하지 않았다. 그러나 비센테 폭스(Vicente Fox) 정권에서는 이민에 대한 입장을 선회해 이민자들을 본국에 막대한 금액을 송금하는 '영웅'으로 치켜세웠다. 그럼에도 여전히 이들은 멕시코 내 정치적 행위자가 아닌 미국 내 멕시코 대변자로 비치고 있다. 2006년 대통령 선거

당시 국외에서 부재자 투표를 한 멕시코 이민자들에게 멕시코 정당들은 오로지 선거와 관련된 목적으로 이들에게 접근했으며 그들의 정치적 어젠다에서 이민 관련 사항은 우선순위가 아니었다. 그러나 2001년 9·11테러 이후 이민과 관련한 여론이 악화된 직후 미국 내 멕시코 이민자의 어젠다와 멕시코 시민사회 조직의 어젠다 사이의 합의 과정이 서서히 진행되기 시작했다. 그 이후부터 이민자와 멕시코 시민사회 조직 간의 공통적인 요구사항에 대한 구체적인 목표가 드러나기 시작했다.

- 미국 내 멕시코 이민자의 인권보장
- 멕시코 국내외에서 멕시코 이민자들의 정치적 권리 복권
- 이민문제와 관련한 새로운 관점으로서 이민자를 위한 발전 정책 마련 및 지역, 지방, 양국에서의 정치참여를 위한 정책 마련

이와 관련한 결정적인 전환점은 2010년 가을 멕시코에서의 이민법 발안이었다. 그 전까지 멕시코 공무원들은 무의식적으로 이민은 미국의 문제지 멕시코의 문제가 아니라고 생각했다. 이 이민법은 상원에서 가결되어 하원의 심의를 거쳐 법으로 제정되기를 기다리고 있다. 불행하게도 이민법 발안은 빙산의 일각일 뿐이다. 국립이민연구소(el Instituto Nacional de Migración)에서는 외국인 이민 사항만을 취급할 뿐 멕시코인의 해외 이주 문제는 다루지 않는다. 앞에서 지적했듯이 멕시코는 이민자들의 송출국이자 통행국, 피난국임에도 불구하고 이민법에 자국민의 이민 문제는 포함되지 않는다.

3. 북미에서의 노동시장, 경제통합 및 발전

멕시코 이민 노동자들의 상황과 이에 대한 조치와 관련한 논쟁은 합의에 도달하지 못했으며 여전히 많은 논쟁거리를 낳고 있다. 워싱턴 측은 국경수비대의 감시 강화, 국경지대 장벽 및 철조망 건설, 고무탄환 발사와 같은 통제 조치를 마련해왔으나 모두 실패하고 오히려 역효과를 불러일으켰다. 또한 북미자유무역협정(NAFTA)에서 노동력의 이동이 제외되었다는 사실은 모순적이다. 왜냐하면 이민 현상을 이해하기 위해서는 집단적 이주가 발생한 사회적·경제적 이유에 대한 이해가 본질적이기 때문이다.

아메리카 지역에서 이민은 미국, 멕시코, 중앙아메리카 및 카리브 지역 국가들의 경제적이고 정치적인 현실에 기반하고 있다. 이민은 자국의 사회적·경제적 불안정의 결과이자 빈곤과 불평등 문제를 해결할 공공정책의 부재의 결과이다. 따라서 이민은 이민 수용국의 일방적인 관점만으로 다루어질 수 없다.

미국은 이민이 복잡한 초국가적 관계와 결부된 문제임에도 어떠한 논의나 협상 없이 내부적인 법률제정을 통해 이민현상을 다루어왔다. 멕시코, 중앙아메리카, 카리브 지역은 미국의 경제활동 가능 인구를 보충해주는 노동력 공급처이다. 따라서 미국은 미국 노동부가 보여주는 것, 즉 아메리카 지역에 실제로 노동시장이 존재한다는 사실을 직면하는 것이 중요하다. 그리고 이민은 노동경제 분석의 틀 안에서 다루어져야 한다. 인구이동과 노동시장 보완 문제는 자유무역협정과 마찬가지로 협정의 방식으로 취급되어야 한다.

2010년 11월 초 멕시코의 푸에르토 바야르타(Puerto Vallarta)에서 열린 국제인구회의(la Asamblea Global de los Pueblos)와 이민과 발전 국제포럼

(el Foro Mundial de Migración y Desarrollo)에서 이민자 관련 시민사회조직의 참여 조짐이 엿보였으나, 여전히 이민과 이민자들은 주요한 정책제안이 가능한 정치적 행위자로서 인정되는 사회현상이기보다는 해결해야 할 문제로 인식되고 있다.

이러한 맥락에서 미국 진보진영, 멕시코 이민자들 그리고 미국, 멕시코, 중앙아메리카, 카리브 지역 국가들의 시민사회조직 간의 탈경계적 동맹을 결성하는 것이 급선무이다. 이민은 북미자유무역협정 관련 협상 기간 동안 부상한 문제로, 그에 대한 합의와 동맹을 결정하는 일은 각각의 지역사회를 이해하고 이를 변화시키는 전력이라는 점에서 국적과 관련된 문제가 아닌 화합의 문제이다.

제10장

포스트모던한 플라타노의 트루히요

주노 디아스의 『오스카 와오의 짧고 놀라운 삶』,
맥콘도(McOndo)보다 마콘도(Macondo)에 더 가까운

이그나시오 로페스-칼보 _김현균 옮김

"작가의 한 마디"
당신네 깜둥이들이 뭐라고 지껄일지
난 안다. 이 자식, 진부하기는.

『오스카 와오의 짧고 놀라운 삶』

이그나시오 로페스·칼보 Ignacio López-Calvo 캘리포니아 대학교 머시드캠퍼스 라틴아메리카 문학 교수. 히스패닉/라티노 세계의 문학 및 문화 전문가로 아시아계 라틴아메리카 작가들에 의한 문화 생산에도 관심을 쏟고 있으며, 최근 저술로는 *Latino Los Angeles in Film and Fiction: The Cultural Production of Social Anxiety*(University of Arizona Press, 2011)가 있다.

* 이 글은 《안티포다스(Antípodas)》 20호(2009)에 실린 글로 2012년 4월 인천문화재단 주최 제3회 아시아·아프리카·라틴아메리카 문학포럼(AALA) 자료집에 번역, 게재된 글을 재단의 허락을 얻어 수록했다.

1. 서론

이 글에서는 주노 디아스(Junot Díaz, 1968~)의 작품에 나타난 영향의 불안, 그가 의식하지 못하고 마술적 사실주의(Magical Realism)에 진 빚과 함께 데뷔 소설『오스카 와오의 짧고 놀라운 삶(The Brief Wondrous Life of Oscar Wao)』(2007)에서 그의 토착 정보원(native informant)으로서의 역할을 살펴볼 것이다. 도미니카계 미국 작가인 주노 디아스는 첫 번째 작품인 단편소설집『드라운(Drown)』(1996)을 출간한 지 11년 만에『오스카 와오의 짧고 놀라운 삶』을 펴냈다. 이 소설은 2007년, 사전트소설상과 미국비평가협회상을 수상했고, 이듬해에는 권위 있는 퓰리처상을 받았다.[1] 이 매혹적인 소설은 오래전에 막을 내린 트루히요 독재

---

[1] 디아스는 산토도밍고의 비야 후아나에서 태어났다. 그러나 1974년 어머니, 네 명의 형제자매와 함께 뉴저지 주 올드브리지의 팔린 지구로 이주했다. 그곳에서 그들은 수년 동안 그 지역의 레이놀즈 알루미늄 공장에서 일하고 있던 그의 아버지를 만났다. 그는 스물두 살이 될 때까지 고국 땅에 돌아가지 않았다. 디아스는 킨 칼리지와 러트거스 대학교(1992년에 졸업)에서 영어를 공부했고, 후에 코넬 대학교의 대학원과정에서 문예창작을 공부했다. 그는 시러큐스 대학교와 매사추세츠 공과대학교에서 문예창작을 가르쳤다. 그는 또한 러트거스 대학교 출판사에서 편집자로 일했고, 현재는 ≪보스턴 리뷰≫의 소설 부문 편집자로 있다. 디아스는 또 소수자 작가들을 주로 다루는 '글쓰기 작업장의 목소리들(Voices of Writing Workshop)'의 창설자의 한 사람이다. 그는 라티노 작가로서는 쿠바계 미국 작가 오스카르 이후엘로스(Oscar Hijuelos, 1951~)에 이어 두 번째로 소설 부문에서 퓰리처상을 수상했다. 디아스는 또한 제22회 푸시카드상(1997), 유진 맥더모트상(1998), 구겐하임펠로우십(1999), 릴라 애치슨 월러스 리더스다이제스트상(2002), 펜/맬러머드상(2002), 국립예술기금이 후원하는 미-일 크리에이티브 아티스트 펠로우십(2003), 하버드 대학교 래드클리프 고등연구소 장학금, 로마의 미국 예술문예 아카데미가 수여하는 상을 받았다. 2007년, 미라맥스는『오스카 와오의 짧고 놀라운 삶』을 영화화할 권리를 획득했다. 디아스는 또한 ≪뉴요커≫, ≪스토리

(Trujillato, 1930~1961)가 어떻게 1980년대와 1990년대 초까지도 여전히 오스카 와오의 삶에 영향을 끼치고 있는가를 보여준다. 오스카 와오는 땅딸막하고 자멸적이며 성적 좌절에 빠진 도미니카계 미국인 소년으로 뉴저지에서 성장하며 SF 소설과 여자, 그리고 가문 대대로 내려오는 푸쿠(fukú)의 저주에 병적으로 집착한다.[2] 그런데 소설 중간쯤에 수십 년 전에 일어난 사건을 다룬 몇 개의 장(章)이 등장한다. 이 부분은 그의 어머니 이파티아 벨리시아 '벨리' 카브랄과 그의 할아버지 아벨라르에게 바쳐졌는데, 두 사람 모두 라파엘 레오니다스 트루히요 몰리나 (Rafael Leónidas Trujillo Molina, 1891~1961; 1930~61 통치) 독재 치하에서 파란만장한 비극적 삶을 살았다.

『오스카 와오의 짧고 놀라운 삶』은 도미니카인들의 디아스포라적 정체성 같은, 『드라운』에 이미 등장했던 주제들을 다루고 있지만, 라틴 아메리카의 많은 독재자 소설들처럼 권위주의 권력의 위험성과 광범위한 영향력뿐만 아니라 독재의 본질에 대한 새로운 성찰을 덧붙이고 있다. 디아스 자신이 설명하고 있듯이, 글쓰기 경험은 그에게 탈식민화 과정의 일부이자 근원으로 돌아가는 자기탐구 여행-알레호 카르펜티에르(Alejo Carpentier)의 단편집 『씨앗으로의 여행(Viaje a la semilla)』(1944)을 패러프레이즈하자면-의 일부이기도 했다: "당신이 미국에 가면 미국은

매거진≫, ≪파리 리뷰≫에 단편소설을 발표하기도 했다.

2) 한 인터뷰에서(소설의 한 단락에서뿐만 아니라), 그는 주인공의 이름이 어디서 유래했는지 설명한다: "한번은 룸바의 밤을 보내고 나서 한 친구의 집에서 음악을 들으며 실없는 얘기를 나누고 있었는데, 우연히 『진지함의 중요성』의 복사본을 집어 들고 도미니카 말로 오스카 와일드를 발음했는데 오스카 와오라는 말이 튀어 나왔다. …… 오스카 와오라고 불리는, 게토의 주눅이 든 한 불쌍한 얼간이 흑인의 모습이 떠올랐다"(Karina, 2008).

당장 갖은 방법을 동원해 조직적으로 당신을 지우기 시작하고, 동화시킬 수 없다고 생각하는 것들을 억압하기 시작한다. 당신은 식민화되면서 오랫동안 허송세월을 한다. 그러고 나서도 기회와 숨 돌릴 여유를 얻지 못하고 가이던스도 받지 못하면, 당신은 그 사실을 깨닫는 즉시 자신을 탈식민화하기 시작한다"(Céspedes, 2000: 896).

그러나 도미니카성(Dominicanness)의 진정한 본질을 찾기 위한 이러한 개인적 탐구는 정형화된 고정관념과 본질주의에서 자유롭지 못하다. 전반적으로 이 소설은 도미니카인들[특히 그들의 역사적 지도자들인 트루히요와 그의 총신이자 대리자인 호아킨 발라게르(Joaquín Balaguer, 1906~2002; 1960~1962, 1966~1978, 1986~1996에 대통령 역임)]을 자신들의 아프리카적 유산에 수치심을 느끼는 구제할 수 없는 인종차별주의자들로 규정한다. "갓 이주해 온 레티시아는 반은 아이티계이고 반은 도미니카계인, 도미니카 정부에서는 '존재하지 않는다'고 단언하는 특수한 혼합이었다"(Díaz, 2007: 26). 같은 이유로, 오스카의 어머니 벨리는 자신을 '모레나(morena)'보다는 '인디아(india)'로[3] 여기고 싶어 하며(Díaz, 2007: 115), 그녀의 어머니 라 잉카는 자신의 검은 피부를 경멸한다(Díaz, 2007: 80). 심지어 벨리의 부모와 자매들이 죽었을 때, 그녀의 친가 쪽 친척들은 피부가 검다는 이유로 아무도 그녀를 입양하기를 원치 않는다. 그 결과, 그녀는 한 가난한 집에서 일하는 일종의 아이 하인 혹은 노예(아이티의 크레올[4]에서 'restavek' 또는 'restavec'로 알려진)의 처지가 되고 만다. 이 가족은 그녀를 학대하는 것도 모자라 학교에 가겠다고 고집을 부리는 그녀의 등에 끓는 기름을 끼얹어 화상을 입힌다. 아주 유머감각이 뛰어

---

3) 모레나는 머리나 피부가 검은 여자, 인디아는 인디오 여자를 말한다 ― 옮긴이.
4) 아이티에서 사용되는 일종의 프랑스어의 변종 언어 ― 옮긴이.

난 화자이자 작가 지망생인 유니오르5)의 이야기에 따르면(오스카의 아름다운 누이 롤라 역시 이야기의 일부를 서술한다), 벨리의 누이들인 "재클린과 아스트리드는 파도 사이로 헤엄을 치거나 물장난을 했고(그르느라 '물라토 색소 악화 장애'로 고생한 적도 많았다. 아, 이건 햇볕에 그을렸다는 말씀), 피부색이 더 짙어지는 위험을 감수할 수 없었던 어머니는 눈을 떼지 않고 파라솔 그늘 아래에서 두 딸을 지켜보았다"(Díaz, 2007: 213). 도미니카의 백인우월주의와 흑인의 자기혐오에 대한 그의 유머러스한 해석에도 불구하고, 어느 순간 그는 맹렬히 비난한다: "그게 바로 내가 속한 문화다. 사람들은 태어난 자식의 피부색이 검으면 나쁜 징조로 받아들였다"(Díaz, 2007: 248).

오스카 와오를 제외하고 소설 속에 등장하는 다른 도미니카 남자들은 하나같이 바람둥이 마초들이다. 그들은 종종 이러한 행실을 자랑스럽게 여기기도 하는데, 그들 중에서 트루히요는 단연 돋보이는 전형적인 슈퍼 마초다. 한 인터뷰에서, 디아스는 그의 소설에서 이 주제를 다루고 싶었다고 밝히고 있다: "나는 또한 도미니카의 전통적인 남성성을 일그러뜨리고 그 기괴한 선도자들 중의 하나에 대해 쓰고 싶었다"(O'Rourke, 2007). 그러나 여러 등장인물들이 오스카를 규범을 벗어난 예외적인 경우이자 진정한 별종 도미니카인으로 묘사하고 있다는 사실은 디아스가 인터뷰에서 밝힌 의도와는 반대의 결과를 낳고 있는 것처럼 보인다. 실제로 오스카의 동료들은 그의 도미니카성에 의문을 제기한다. 그가 운동에 젬병인 데다 도미노게임을 하지 않으며 또 싸움에 서툴기 때문이기도 하지만, 무엇보다 여자들과의 관계가 성공적이지 못하기 때문이다. 이와는 대조적으로, 바람둥이인 그의 대학 룸메이트 유니오르는

---

5) 이 인물은 그의 단편집 『드라운』에 등장하는 유니오르와 동일인으로 보인다.

자신을 "선수 중에서 제일 선수"(Díaz, 2007: 186)로 정의하며, (오스카의 누나를 포함해) 그 어느 순간에도 여자친구들을 속이며 바람피우는 일을 멈출 수 없었기에 홀가분하게 "재활치료"(Díaz, 2007: 175)를 받을 필요성을 고려한다. 도미니카의 어머니들이 어린 자녀들에게 이러한 노골적인 남성우월주의를 가르친다고 『오스카 와오의 짧고 놀라운 삶』은 말한다. 그래서 벨리는 아들인 오스카가 여자애 때문에 울고 있는 것을 눈치채고는 다음과 같은 반응을 보인다: "그녀는 아들을 바닥에 내동댕이쳤다. '달레 운 가예타소(그 계집애, 싸대기를 한 대 날려줘).' 그녀가 씩씩대며 말했다. '그러고 나서 그 콩알만 한 푸타(창녀) 년이 네 말을 듣는지 한번 보라구'"(Díaz, 2007: 15). 그러나 어느 시점에서 트루히요 치하의 도미니카 사회는 노골적인 동성애로 특징지어진다: "때가 되면, 아벨라르는 엘 헤페의 손을 잡고 넘치는 경애심을 표현하곤 했다〔트루히요 정권은 동성애와 거리가 멀다고 생각한다고? 주다스 프리스트의 노랫말을 인용하면, '그건 엄청난 오산이다(you got another thing coming)'〕"(Díaz, 2007: 215).

도미니카 사회에 대한 이러한 자유분방한 묘사를 생각할 때, 그리고 특히 훌리아 알바레스(Julia Álvarez)의 『나비들의 시절(In the Time of the Butterflies)』(1994)이 도미니카에서 가혹한 평판을 받았다는 사실을 고려할 때,[6] 2008년 5월 1일, 도미니카 의회가 디아스를 "도미니카공화국

---

6) 훌리아 알바레스의 경우, 도미니카 시인 아이다 카르타헤나 포르탈라틴(Aída Cartagena Portalatín, 1918~1994)은 그녀가 영어로 소설을 쓰는 것을 비판했다. 알바레스는 「도냐 아이다, 실례지만(Doña Aída - with Your Permission)」이라는 제목의 에세이에서 아이다의 비판에 응답하는데, 이 글은 후에 그녀의 에세이집 『분명히 밝혀야 할 어떤 것(Something to Declare)』(1988)에 실리게 된다: "그래요, 난 도미니카 작가가 아니고, 실제로 전통적 의미의 도미니카인도 아닙니다. 하지만 당신 말이 맞아요, 도냐 아이다. 난 '미국 사람'도 아닙니다. 난 영어가 모국어인

문화대사”로 공식 임명하고, 또 산토도밍고 국제도서전 기간 중에 그가 문화성의 인정을 받았다는 것은 다소 의외다. 위에서 살펴본 바와 같이, 알바레스와 대조적으로, 디아스는 자신이 파악한 도미니카의 사회적 병폐를 고발하는 데 훨씬 더 공격적인데, 자신의 소설에 법적 책임을 부여하지 않으며 소설 뒤에 덧붙인 긴 ‘감사의 말’에서 트루히요 정권을 다룬 이전의 문학 텍스트나 역사 텍스트를 언급하지 않는다. 이러한 차별적 대우가 디아스가 자신을 도미니카 작가로 규정했고, 또 그가 퓰리처상을 수상했다는 사실에 대한 화답이든, 아니면 추측할 수 있는 다른 어떤 이유가 있든 그것은 주목할 만한 가치가 없다. 어쨌든 그것은 도미니카 정부에 찬사를 보낼 만한 이유다.

2. 토착 정보원

디아스의 소설에 녹아 있는 도미니카인들의 초국가적 정체성의 탐구

사람과 영어로 같은 리듬을 들을 수 없어요. 나는 지도 상에 없는 나라의 지도를 그립니다. 그리고 그것이 바로 내가 그것을 종이 위에 적으려고 애쓰는 이유입니다”(1988: 821). 게다가, 소설의 후기에서 알바레스는 영어로 쓰는 것을 사과하고 있으며, 사실 그녀 소설의 직접적인 원천이 아니었던 몇몇 도미니카 작가들에게 고마움을 표한다. 그러나 어쩌면 이 모든 안전책을 강구한 것이 현명했는지도 모른다. 얼마 뒤에 미겔 아키노 가르시아(Miguel Aquino García)는 전기적·역사적 기술인『세 명의 여걸과 한 명의 폭군(Tres heroínas y un tirano)』(1996)을 출간하는데, 알바레스의 소설에 들어 있는 “역사적 오류”를 바로잡는 것이 집필 동기였다. 이 책의 부제「미라발 자매와 라파엘 레오니다스 트루히요에 의한 암살의 실화(The true story of the Mirabal Sisters and their assassination by Rafael Leónidas Trujillo)」는 알바레스의 소설이 전설적인 미라발 자매의 탈신화화라는 공언된 목표를 가진 허구적 작품이라는 사실을 무시하고 있다는 것을 자명하게 보여준다.

에서, 등장인물들은 그들 자신의 자기 탐구를 돕는 다수의 '타자들'을 발견한다. 그들은 도미니카계 미국인의 정체성을 유럽계 미국인이나 서인도제도에 거주하는 도미니카인들의 정체성과 대비시킨다: "백인이 겠지. 백인이 잃어버린 고양이 한 마리는 전국 지명 수배감이지만, 우리 도미니카인들은 딸을 잃어버리고도 미용실 예약조차 취소하지 않는 다"(Díaz, 2007: 66). 그리고 더 뒤에는 이런 대목이 나온다: "우리 포스트 모던한 플라타노(Plátano)[7]들은 우리 할머니들의 천주교 신앙을 구시대 적인 것으로, 부끄러운 과거지향의 것으로 치부하는 경향이 있지만, 모든 희망이 사라지고 종말이 가까워진 바로 이런 순간에야말로 기도는 큰 영향력을 발휘한다"(Díaz, 2007: 139). 이러한 두 가지 대립적 입장은 다음의 질문을 불러일으킨다: 디아스는 누굴 위해 쓰는가? 최근의 한 인터뷰에서, 그는 일부 동료들처럼 독자들을 위한 문화 번역가의 역할 을 수행하지 않겠다는 뜻을 분명히 밝히고 있다: "나는 관음증이 있는 사람도 아니고 토착 정보원도 아닌 것 같다. 나는 이탤릭체나 감탄사, 또는 사이드바, 괄호 따위를 활용해 문화적인 것을 설명하지 않는 다"(Céspedes, 2000: 900). 그는 같은 생각을 여러 인터뷰에서 되풀이한다: "많은 유색인 작가들이 당신에게 그러한 관음증적 스릴을 제공할 것이 다. 나는 그러한 패턴에 가담하고 싶지 않을 뿐이다. 너무 빈번하게 유색인 작가들은 기본적으로 그들의 '타자성'의 연주자에 지나지 않는 다. 나는 그것을 무너뜨릴 방법을 찾아내려고 노력하는 중이다"(Lewis, 2008).

---

7) '플라타노'는 '바나나'를 뜻하는 스페인어 단어로, 여기서는 도미니카인, 구체적으 로 작가인 주노 디아스 또는 주인공 오스카 와오를 가리킨다. 바나나를 비롯한 일차산품의 생산과 수출에 절대적으로 의존하는 중미의 소국들을 흔히 경멸적 의미로 '바나나 공화국'이라 부른다 — 옮긴이.

그러나 다시 생각해보자. 실제로 그가 토착 정보원 역할을 하지 않는 가?[8] 그는 자신이 피하고자 하는 "관음증적 스릴"을 마지못해라도 우리 에게 제공하지 않는가? 소설은 이따금씩 디아스가 도미니카 독자들과 도미니카계 미국 독자들을 염두에 두고 쓴다는 것을 암시하기도 하지만 〔가령, 화자가 "그렇다, 전부 사실이다, 플라타네로[9]들이여"(Díaz, 2007: 155)라 고 말할 때〕, 동시에 유니오르의 많은 각주(디아스의 각주인가?)[10]가 대부 분의 도미니카인들과 도미니카계 미국인들이 이미 잘 알고 있는 슬랭 (pariguayo), 신앙(guanguas, mongooses, fukús, zafas), 구전 이야기, 미신, 전 설, 그리고 역사적 인물과 사건들에 대한 간략한 설명이라는 것 또한 분명하다. 디아스 자신이 각주의 기능을 이렇게 설명한 바 있다: "각주 는 많은 이유로 그 자리에 있다. 우선 이중적 내러티브를 만들어내기 위해서다. 빈도수가 더 적은 각주는 더 주된 서사인 중심 텍스트에 도전한다. 각주는 왕의 명에 이의를 제기하는 어릿광대의 목소리와 같

---

8) (필자가 보기에) 때때로 토착 정보원의 역할을 함에도 불구하고, 이 소설에서 ("작가의 한 마디" 같은 구절들을 포함해) 펜을 잡은 손을 보여주기를 꺼리지 않는 디아스는 도미니카의 지리, 문화, 역사에 더 정통한 다른 이들에 의해 그의 원고가 수정되었음을 겸허하게 인정한다. 이와 같이 각주 17에서 그는 누군가가 자신에게 하라바코아에는 해변이 없으며 페리토(perrito)라는 대중적인 춤이 1980 년대 말까지는 널리 보급되지 않았다고 지적해주었음을 시인한다(물론 소설의 유머러스하고 불경한 어조에 따라, 그는 오류뿐만 아니라 뒤에서는 비밀경찰을 이전 시대의 "SIM"으로 부르는 시대착오를 유지하는 편을 선택한다)(132). 같은 맥락에서, 그는 또한 갱스터를 "이 중년의 칼리반"이라고 부르는데, 이 표현은 명백히 그의 인물인 벨리보다는 학식 있는 작가에 어울리는 말이다.
9) 바나나 재배자를 뜻하며 여기서는 중미, 특히 도미니카 사람들을 가리킨다 — 옮긴이.
10) 이러한 각주의 사용은 마누엘 푸익(Manuel Puig)의 『거미여인의 키스』(1976)나 호르헤 루이스 보르헤스(Jorge Luis Borges)의 몇몇 단편을 상기시킨다.

다. 온통 독재의 위험성, 단일한 목소리의 위험성에 대해 다루고 있는 책에서, 이것은 현명한 조처로 보인다"(O'Rourke, 2007). 이러한 접근방법이 칭찬할 만하다 해도, 그의 각주에 포함된 정보는 여전히 내가 토착 정보원의 문화적 번역으로 간주하고자 하는 것에 매우 가깝다. 물론 디아스는 스페인어로 된 문구 전체를 번역하지 않은 상태로 남겨두며, 인용부호나 기울임꼴을 사용하기를 거부한다. 그리고 소설이 영어로 쓰였다는 것 또한 그가 서인도제도의 '플라타네로들'를 염두에 두지 않았다는 것을 시사한다.

덧붙여 말하자면, 이러한 각주는 트루히요 독재의 획기적이고 가장 중요한 역사적 사건들을 간략하게나마 두루 고려함으로써 그 시기의 현실 전체를 포착하려는 디아스의 총체적 시도를 반영한다. 요컨대, 마누엘 바스케스 몬탈반(Manuel Vázquez Montalbán)은 트루히요의 부하들이 자행한 바스크인 망명자 헤수스 갈린데스(Jesús Galíndez)의 납치 및 암살에 소설『갈린데스』(1990)를 온전히 바치고 있는 데 반해, 디아스는 각주에서 로버트 D. 크래스웰러(Robert D. Crassweller)의『트루히요: 한 카리브 독재자의 생애와 시대』(1966)를 인용하면서 이 사건을 간략하게 소개하고 있다. 훌리아 알바레스가『나비들의 시절』에서 미라발 자매들의 비극적 이야기를 재창조하고 있다면, 디아스는 다시 한 번 다른 각주에서 스치듯 그녀들을 언급한다. 마찬가지로 마리오 바르가스요사(Mario Vargas Llosa)의『염소의 축제』(2000)에 등장하는, 정교하게 빚어진 인물들인 호아킨 발라게르와 조니 애비스는 여기에서 두 개의 경멸적인 각주로 축소되어 있다. 마지막으로, 도미니카에서 트루히요가 자행한 아이티인들과 아이티계 도미니카인들의 대량학살에 프레디 프레스톨 카스티요(Freddy Prestol Castillo)는 증언소설『학살은 걸어서 지나간다』(1973)를 바쳤고 에드위지 당티카(Edwidge Danticat)는 소설『유골 농업』(1998)을 바친 반면, 디아스는 마치 중요한 사건을 단 하나도 내버려두지 않고 그 시기의 현실 전체를 재창조하기 위해 최선을 다하는 것처럼 다시 한 번 하나의 각주에서 이 모든 사건들을 카니발화한다.[11]

3. 주노 디아스의 영향의 불안

또 다른 인터뷰에서, 디아스는 바르가스 요사의 『염소의 축제』가 출간된 이후 트루히요 독재의 주제가 포화상태에 이른 것으로 보였음에도 불구하고 무모하게 다시 이 주제를 다루게 된 이유를 밝힌다. 그에 따르면, 아직 트루히요 독재를 다룬 소설들에 빠진 본질적인 어떤 것이 있다: "소설로서 『염소의 축제』는 흠잡을 데가 없다. 그러나 그 소설을 읽고 나서 뒷맛이 좋지 않았다. 신화가 영속되고 있어 트루히요가 좋아했을 법한 작품이라는 것을 깨달았기 때문이다. 나는 찬양 의식을 중단시키고자 한다. 트루히요의 권력은 그에 관해 쓰이는 이야기들 속에서 영속된다. 나의 책은 대항 역사를 세우고자 한다"(Lago, 2008). 그러나 다시 한 번, 디아스의 트루히요(소설에서 주된 역할을 맡고 있지는 않지만 사후에도 줄곧 누구에게나 전방위적인 영향력을 행사하는 베일 속의 인물)는 바르가스 요사의 소설 이상으로 신화를 영속시키고 있다고 주장할 수 있을 것이다. 유니오르가 유머러스하게 "세계 최초의 아랫도리 공화국"(217)이라고 부르는 것을 둘러싼 숱한 루머와 일화, 전설을 회상하고

---

11) 도미니카의 유명 여배우 마리아 몬테스와 도미니카의 난봉꾼 포르피리오 루비로사, 그리고 트루히요의 아들 람피스 같은 다른 인물들 역시 각주에서 간략하게 언급되고 있다.

있다는 것은 의심할 여지 없이 이 전설적인 역사적 인물에 대해 도미니카인들뿐만 아니라 작가 자신도 매혹을 느끼고 있음을 보여준다. 이러한 맥락에서, 『오스카 와오의 짧고 놀라운 삶』의 각주 9는 호아킨 발라게르가 "바르가스 요사의 『염소의 축제』에 친절한 인물로 묘사되었다"(90)라는 논쟁의 여지가 있는 의견을 주장한다. 외견상 이러한 부정확성을 바로잡을 의도로, 디아스는 자신의 인물을 "선거 도둑", "악마 발라게르"라고 부르는데, 단지 트루히요의 악한 본성 앞에서 빛을 잃은 발라게르의 악한 본성에 의심의 여지를 남기지 않으려는 듯하다. 마찬가지로, 잘 알려진 수많은 트루히요의 별명 중에서 일부를 사용하는 것 외에도, 디아스는 마치 독자들이 절대로 스스로를 폭군과 동일시하려는 유혹에 빠지지 못하도록 하려는 듯〔베르톨트 브레히트(Bertolt Brecht)라면 이렇게 했을 것이다〕 종종 그를 "실패한 소도둑"이라고 부른다. 그러나 몇몇 구절은 실제로 과장된 마치스모[12] 속에서 트루히요가 모든 도미니카인들을 통틀어 가장 도미니카인답다는 인상을 준다: "평균적인 도미니카 남자가 나쁘다고 생각한다면, 트루히요는 그보다 5,000배쯤 더 나쁜 놈이었다. 그 인간은 다음번 아랫도리를 찾는 일만 전담하는 첩자를 전국 방방곡곡에 수백 명이나 두었다"(217). 사실, 한 인터뷰에서 디아스는 이러한 가정을 확인시켜준다: "(트루히요는) 뼛속까지 근본적으로 도미니카인이며, 그래서 남성성과 독재, 권력에 관한 글을 쓰는 도미니카 작가에게 그는 빼놓을 수 없는 인물이다"(O'Rourke, 2007).

트루히요 시대에 대한 디아스의 해석은 전기나 역사 기록으로 위장한 트루히요의 정치선전물을 포함해 그 시대에 관한 소설과 역사서의 독서를 통해 조정되었다: 헤수스 갈린데스의 『트루히요 시대』(1958); 로버트

---

12) 남성우월주의를 뜻하는 스페인어 ― 옮긴이.

D. 크래스웰러의『트루히요: 한 카리브 독재자의 생애와 시대』; 아마도 또한 호세 알모이나(José Almoina)의『카리브 총독의 철권 통치』(1949)와 『나는 트루히요의 비서였다』(1950), 그리고 베르나르트 디드리히 (Bernard Diederich)의『트루히요: 염소의 죽음』(1978; 트루히요의 암살을 서술한 부분). 디아스가 이 시기에 대한 그의 재창조를 이러한 다른 텍스트들과 차별화하려는 의식적인 노력을 기울이고 있지만, 그의 주된 메시지와 결론 중 일부는 이전 작품들의 그것과 일치한다. 요컨대, 아벨라르 루이스 카브랄 박사는 알바레스의『나비들의 시절』에서 보이는 가부장적 태도와 독재자에 대한 남성의 복종에 대한 비난을 떠올려준다: "그 자신만의 방식으로, 교황은 트루히요주의자였어, 라고 미네르바가 말했다. …… 그의 충고는 언제나 이랬다. 벌집을 건드리지 마, 벌집을 건드리지 마. 지금까지 계속 악마를 권좌에 있게 한 건 그와 하이미토 (Jaimito), 그리고 그 밖의 겁에 질린 녀석들 같은 자들이야'(Álvarez, 1994: 179). 그뿐만 아니라, "우리가 아직 연인이던 마지막 며칠 가운데 어느 날 밤 롤라가 말했다. 우리 모두가 1,000만 명의 트루히요야"(324)라는 유니오르의 설명도 마찬가지 결과를 가져온다.

사실, 특히 다른 트루히요 독재 소설들에 대한 디아스의 논평에서 일종의 영향의 불안〔헤럴드 블룸(Harold Bloom)의 용어를 사용하자면〕이 감지된다는 주장이 정당하게 제기될 수 있을 것이다.

한편, 그는 트루히요의 통치를 스페인 정복자들에 의한 타이노족[13]의 식민화와 반복적으로 연결시키고 있는데〔각기 다른 각주에서 요약된 아투에이(Hatüey)와 아나카오나(Anacaona)의 이야기[14]들을 보라〕, 내가 다른 지면

---

13) 서인도제도의 절멸한 원주민 부족 — 옮긴이.
14) 아투에이는 오늘날의 도미니카공화국과 아이티가 있는 에스파뇰라 섬과 쿠바에

에서 지적한 것처럼,[15] 이 또한 훌리아 알바레스의 이야기를 비롯해 트루히요 독재를 다룬 다른 많은 소설들에서 매우 중요하다. 신통하게도, 디아스는 그의 글쓰기에 영향을 미쳤을 것으로 내가 주장하는 이 작품들을 읽었다는 사실을 결코 숨기지 않는다. 그래서 화자는 어느 시점에서 분명히 말한다: "『나비들의 시절』에 나오는 미라발 자매처럼 누군가가 다가와서 가난한 장학생의 친구가 되어주는 건 영화에나 나오는 얘기였다. 여기에 미란다(이 구절에서 디아스는 아마도 미네르바 미라발을 언급하고 있는 것으로 보인다)는 없었다. 모두 그녀를 외면했다"(83). 이와 유사하게, 유니오르가 "늙은 쌍판은 그렇게 갔다. 트루히요의 시대도 그렇게 갔다(어느 정도는)"(155)이라고 결론지을 때, 디아스는 불가피하게 트루히요의 31년 철권통치의 정치적 유산과 그 결과〔흥미롭게도, 벨리의 성(姓)인 카브랄은 우라니아라는 인물의 성과도 일치한다〕라는 바르가스 요사의『염소의 축제』의 영역에 발을 들여놓는다. 그리고 위에서 언급한 것처럼, 표면적으로는 체제의 잔학한 행위를 철저히 묵인하는 아벨라르 루이스 카브랄의 이야기에서 알바레스의 엔리케 미라발은 물론 바르가스 요사의 아구스틴 "세레브리토" 카브랄 또한 떠올리게 된다. 물론, 아벨라르는 그의 딸에 대한 트루히요의 욕망에 결코 굴복하

서 스페인 정복자들과 싸웠던 타이노족 추장. 아나카오나는 에스파뇰라 섬 출신의 타이노족 원주민 여자로 스페인에 맞선 저항의 상징이었으며 '황금 꽃(Flor de Oro)'으로 불렸다 ― 옮긴이.

15) 도미니카 문학에 나타난, 미 해병대와 타이노족 이미지와 트루히요 독재 사이의 관련성에 대한 연구를 보려면, 로페스-칼보,『신과 트루히요: 도미니카 독재자의 문학적·문화적 표현』(2005)의 제5장을 참조할 것. 또한 유니오르(혹은 디아스)가 다른 각주에서 이렇게 언급하는 대목을 참조하라: "물론 다른, 더 나은 시작으로 얘기를 이끌어갈 수도 있다. 나라면 스페인의 신대륙 '발견'이라든지 미국의 1916년 산토도밍고 침공부터 시작하겠다"(211).

지 않는다는 점에서 뒤의 인물과 명백한 차이가 있긴 하다.

디아스가 자신의 소설에서 언급하지 않은 바스케스 몬탈반의『갈린데스』조차 아벨라르 루이스 카브랄의 투옥의 이면에 숨겨진 이유에 대한 설명들 중 어느 것이 역사적 진실인지를 결코 알아낼 수 없다는 점에서『오스카 와오의 짧고 놀라운 삶』과 공통점을 지니고 있다. 두 소설 모두 작가들이 트루히요 독재를 비난하고 있다는 데는 의심의 여지가 없지만, 복합적인 관점으로 인해 두 경우 모두 미스터리는 미해결 상태로 남아 있다. 그러나 더 흥미로운 것은, 일종의 오이디푸스 콤플렉스적 행동으로, 디아스가 이번에는『오스카 와오의 짧고 놀라운 삶』에서 문학비평가의 역할을 맡아 바르가스 요사의 플롯이 전혀 독창적이지 않다는 입장을 공개적으로 표명하고 있다는 사실이다:

하지만 우리 솔직해지자. '트루히요가 원했던 여자' 얘기는 사실 우리 섬에선 흔한 일이다. 키릴 새우만큼이나. (아, 그렇다고 서인도제도에 키릴 새우가 흔하다는 얘긴 아니지만, 이쯤 말하면 당신도 무슨 뜻인지 알아먹었으리라 본다) 흔해도 너무 흔해서 마리오 바르가스 요사는 소재를 쉽게 건질 수 있었다. 그냥 입만 열면 되었다. 이런 악당 이야기는 거의 모든 사람의 고향에 하나쯤 있기 마련이다. 풀어나가기 쉬운 얘기이기도 하다. 본질적으로 '뻔하니까'(244).

실제로 이것은 헤럴드 블룸이 말하는 환생(apophrades)의 (소설에서의) 좋은 예다.16)

---

16) 헤럴드 블룸은 '환생(apophrades)' 또는 '죽은 자의 귀환(the return of the dead)'을 다음과 같이 정의한다: "대부분의 경우 유아론(唯我論)에 해당하는 상상적 고독

4. 마술적 사실주의에 진 의식하지 못하는 빚

다른 자리에서 나는 『족장의 가을』(1975)에서 가브리엘 가르시아 마르케스(Gabriel García Márquez)가 그린 폭군의 주된 실제적 영감의 하나는 바로 라파엘 트루히요라고 주장한 바 있다.[17] 같은 맥락에서, 디아스의 소설에는 또한 가르시아 마르케스의 글쓰기 스타일의 흔적이 있다. 실제로, 그의 소설에서 일부 문장의 어조도 가르시아 마르케스의 단편소설에서 직접 취한 것으로 보인다. 가령, "독실한 신자들이여, 이야기 하나를 들려주겠다. 도미니카 신앙 역사상 이런 기도는 일찍이 없었다"(139)라는 그의 문장을 「마마 그란데의 장례식」을 시작하는 문장과 비교해보라: "온 세상의 의심 많은 사람들이여, 이것은 마콘도 왕국의 절대군주 마마 그란데의 진실한 이야기다. 그는 92년 동안 통치하다 지난 9월 어느 화요일에 성인으로 죽음을 맞았고 그의 장례식에는 교황님도 참석했다"(131). 이런 맥락에서 『오스카 와오의 짧고 놀라운 삶』의 첫 장 마지막 단락에서, 화자는 우리가 읽고 있는 책이 실제로 그 자신의 사파(zafa)[18]인지, 아니면 푸쿠에 대한 그의 역(逆)주문인지를 숙고하면

에 의해 이미 마지막 국면에 처해 있는 후배 시인은 너무나 빈번하게 자신의 시에 선배 시인의 시를 노출시키기 때문에, 처음에는 시인의 일대기가 완전히 한 바퀴 돌아 다시 원점으로 돌아온 것으로 착각하게 되며, 자신의 세력이 수정비율의 적용을 주장할 수 있기도 전에 선배 시인에게 충실하게 되어버린 후배 시인의 지나친 추종을 파악하게 된다. 그러나 그 시는 선배 시인의 시에 이미 노출되었으며, 시의 불가사의한 효과는 선배 시인이 그 시를 쓴 것이 아니라 후배 시인이 선배 시인의 특징적인 시를 쓴 것처럼 보이도록 새로운 시를 창조하게 된다는 점이다"(15~16).

17) 앞에서 언급한 로페스-칼보, 2005: 제3장을 참고할 것.
18) 푸쿠의 저주를 물리치는 역주문(counterspell) — 옮긴이.

서 이렇게 고백한다: "옛날에는, 그러니까 맥콘도(McOndo)가 아니라 마콘도(Macondo)이던 당시에는, 사파가 훨씬 더 보편적이고 일반적이었다"(7). 여기에서 그는 콜롬비아 작가의 마술적 사실주의뿐만 아니라 칠레 작가 알베르토 푸겟(Alberto Fuguet)이 주도한 맥콘도 그룹의 선언문 ― 이 선언문을 통해 일단의 젊은 라틴아메리카 작가들은 마술적 사실주의의 문학 전통과 거리를 두었다 ― 도 명백하게 언급하고 있다.[19] 1997년, 푸겟이 주장하기를,

가르시아 마르케스의 상상적 공간 마콘도의 천상 세계와 달리, 나 자신의 세계는 내가 "맥콘도"라고 부르는 것 ― 맥도날드와 매킨토시, 그리고 콘도미니엄의 세계 ― 에 훨씬 더 가까운 어떤 것이다. 한때 극단적으로 정치화되었던 대륙에서, 나 자신처럼 정치에 무관심한 젊은 작가들은 지금 명백한 의제 없이 그들 자신의 경험에 대해 쓰고 있다. 케이블 TV(CNN 스페인어판)에 열중하고, 영화를 탐닉하고 인터넷에 접속된 채 남미 전역의 도시에서 살아가는 우리는 남미의 문학 풍경을 속속들이 물들이고 있는, 할라피뇨 냄새 가득하고 시에스타를 즐기는 분위기와 멀리 떨어져 있다(Fuguet, 1997).

마술적 현상이 지배하는 그림 같고, 이국적이고, 트로피컬한 저개발

---

19) 알베르토 푸겟 외에 맥콘도 그룹과 연결된 다른 작가들로는 콜롬비아의 호르헤 프랑코와 마리오 멘도사(Mario Mendoza), 푸에르토리코의 지안나나 브라스치(Giannina Braschi), 쿠바의 페드로 후안 구티에레스(Pedro Juan Gutiérrez), 볼리비아의 에드문도 파스 솔단(Edmundo Paz-Soldán), 아르헨티나의 로드리고 프레산(Rodrigo Fresán)과 마르틴 레흐트만(Martín Rejtman), 페루의 하이메 바일리(Jaime Bayly), 칠레의 세르히오 고메스(Sergio Gómez), 멕시코의 나이에프 예이아(Naief Yeyha) 등이 있다.

의 시골 배경 대신, 그들은 동시대의 도시 또는 교외 배경, 대중문화, 그리고 세계화의 결과에 천착하는 좀 더 '문화적이고 현실적인' 접근을 제안한다. 가령, 푸겟은 미국과 유럽의 비평가들과 출판사들이 라틴아메리카 문학에 대해 품고 있는 기대에 대해 불평했다. 그가 아이오와 대학교의 국제창작프로그램(IWP)에 참가하고 있을 때, '마술적 사실주의'가 결여되었다는 이유로 그의 글이 거절당했다고 설명한다: "하지만 하늘을 날아다니는 할머니들(abuelitas)과 강박적으로 구축된 가계(家系)는 나의 작품에 맞지 않는 것처럼 보였다. …… 민속과 열대의 열기를 약간 가미해 나중에 다시 오시오. 그것이 내가 들은 메시지였다"(Fuguet, 1997).

푸겟처럼, 디아스의 초국가적 성장 과정은 자신의 환경에 대한 새로운 비전에 영감을 주었다. 실제로, <판타스틱 포>에서 가져온, 책 서두의 제사(題辭)를 비롯해 대중문화〔고전적인 SF 소설, 만화책, 검마(劍魔)소설, 오래된 텔레비전 쇼, 비디오와 롤플레잉 게임, 인터넷, 할리우드 영화와 일본 애니메이션〕를 다수 인용하고 있다는 점에서 그는 칠레 작가와 맥콘도 그룹의 다른 작가들과 일치한다. 그러나『오스카 와오의 짧고 놀라운 삶』이 푸겟 소설의 통상적 주제에서 명백하게 벗어나는 지점은 그가 더 공개적으로 정치적인 함축성을 지닌다는 것(대체로 미국의 도미니카 침공과 트루히요 정권에 의해 자행된 잔학 행위에 집중되어 있다)과 빈곤과 정치적 억압, 디아스포라를 포함해 집단적인 사회적 불의에 초점을 맞춘다는 데 있다. 실제로, 디아스는 "독자가 정치적이라고 생각하지 않도록 하면서 정치를 쓰기 위한 어젠다"(Céspedes, 2000: 901)를 가지고 있다고 인정한 바 있다.

더욱이, 지방도시 바니는 물론, 심지어 1940년대와 1950년대, 그리고 더 나아가 1980년대와 1990년대 초의 수도 산토도밍고에 대한 디아스의 묘사는 분명, 푸겟이 마술적 사실주의 글쓰기를 묘사했던 것처럼, "저개발의 예찬"(Fuguet, 1997)에 맞춰져 있다. 마찬가지로, 『오스카 와오의 짧고 놀라운 삶』은 영적이고 초자연적인 현상의 이국적 세계에 대해 전형적으로 마술적 사실주의적인 관심을 나타낸다. 그래서 메타내러티브적이고 자기반영적인 수많은 구절들 중 하나에서 유니오르는 이렇게 지적한다: "하지만 진실이 무엇이든 상관없이 기억하자. 도미니카인은 카리브인이기도 하기에 극단적인 현상들에 대해 놀라운 톨레랑스를 지니고 있다. 그렇지 않았다면 우리가 무슨 수로 지금까지 살아남았겠나?"(149). 소설의 첫 단락이 전통적인 푸쿠 미신 또는 신앙에 대한 문화적 설명(또는 사전적 정의)을 제공하고 있다는 것은 당연하다: "푸쿠 아메리카누스, 또는 흔히 푸쿠라고 부르는 그것은 대개 모종의 파멸이나 저주를, 특히 신세계의 파멸과 저주를 가리킨다"(1). 푸쿠는 궁극적으로 도미니카와 미국 모두에서 가문의 다양한 세대들의 이야기에 일관성을 부여하는 '라이트모티프'가 된다(그리고 가족 연대기는 또한 라틴아메리카 마술적 사실주의의 몇몇 주목할 만한 소설들을 연상시킨다). 소설 자체가 푸쿠 이야기뿐만 아니라 사파 또는 푸쿠에 대한 역(逆)주문으로 제시되고 있다. 곧 우리는 크리스토퍼 콜럼버스가 "그 산파이자 저 위대한 유럽인 희생자들 가운데 한 사람"이었음을 듣게 되며, 스페인이 카리브 지역을 정복한 시기와 트루히요 시대 사이의 또 다른 유추에서, 우리는 "트루히요가 저주의 종이었는지 주군이었는지 아무도 모른다"(2~3)는 사실을 알게 된다.

같은 이유로, 결국 주노 디아스와 그의 문학적 분신인 유니오르가 이러한 카리브 지역의 신앙을 회의적이고 양면적인 외부자의 눈으로 본다고 생각하는 것은 우리의 몫이다. 그러나 그러한 신앙을 '뒤떨어진' 사람들의 신화나 순진한 미신으로 일축하는 것에 대한 경고 또한 찾아볼 수 있다. 이러한 맥락에서, 트루히요는 초자연적인 힘을 지닌 것으로 알려져 있다: "심지어 지식인층에서도 트루히요에 반하는 음모를 계획한 사람은 7대 이상에 걸쳐 지독한 저주를 받는다고 믿었다"(3). 실제로, 아벨라르 루이스 카브랄의 투옥 원인을 둘러싼 상반된 견해들 중의 하나는 그가 "트루히요 정권이 지닌 초능력의 근원을 폭로하는!" 책을 집필하고 있다는 것을 정부가 알아냈다고 추론한다: "대통령이 지닌 악령의 힘에 대한 책이었으며, 그 책에서 아벨라르는 국민이 대통령에 대해 수런거리는 이야기들 ─ 트루히요에게 초능력이 있다는 둥, 인간이 아니라는 둥 ─ 이 어쩌면 '사실일지도' 모른다고 주장했다는 것이다. 트루히요가 알고 보니, 그리고 근본적으로 외계에서 온 존재일지도 모른다는 얘기다!"(245) 이러한 신앙을 소설에서 가장 정신이 멀쩡한 인물들 중의 한 사람인 아벨라르의 펜에 놓음으로써 디아스는 독자들에게 의심을 심어준다. 비록 단지 몇 줄 아래서 화자가 미온적으로 그것을 철회하고 있지만 말이다: "아벨라르 박사의 잃어버린 마지막 책. 물론 그건 우리 섬에 팽배한 부두교적 상상력에서 나온 허구일 뿐 그 무엇도 아닐 것이다"(246).

트루히요를 더욱 신화화하기 위해, 화자는 뒤에서 벨리의 전 가족(마지막으로 오스카 와오를 포함해)이 독재자의 푸쿠의 결과로 죽었을 뿐만 아니라 미중앙정보국(CIA)이 도미니카의 트루히요 암살범들을 지원했다는 이유로 케네디 가문이 혹독한 대가를 치렀다는 것을 말해준다: "케네디의 정보 전문가들이 케네디에게 말해주지 않았던 것은, 마오(Mao) 제일의 부자 하바오(jabao 백인)에서 엘 부에이(El Buey)의 가난한 구에이(güey 촌부)까지, 늙은 산마코리사노(산프란시스코 데 마코리스 사람)에서 가장 어린 카라히토(소년)까지, 도미니카 사람이라면 누구나 아는 사실이었다. 즉 트루히요를 죽이는 사람은 누가 되었든, 제독한테 들러

붙었던 저주 정도야 호호테(jojote)[20]에 불과할 만큼 온 가족이 무시무시한 저주를 받게 된다는 거였다"(3). 마찬가지로, 많은 도미니카인들이 엘 헤페의 재림을 믿으며 그가 초자연적 능력을 지녔다는 것을〔"그는 잠도 자지 않고, 땀도 흘리지 않으며, 수백 킬로미터 밖에서도 어떤 일이 벌어지는지 보고, 냄새 맡고, 느낄 뿐만 아니라 이 섬에서 가장 사악한 푸쿠의 보호를 받는다고"(226)〕 거듭 상기시키는 것은 그의 이미지를 탈신화화하는 데 도움이 되지 못한다. 같은 방식으로, 디아스는 제2부 서두의 제사(題詞)에서 ≪라 나시온≫의 한 구절을 인용하면서 트루히요를 신격화하고 추앙하는 도미니카 미디어의 행태를 고발한다: "모든 인간이 반드시 필요한 존재는 아니다. 그러나 트루히요는 대체 불가능한 인물이다. 트루히요는 인간이 아닌 까닭이다. 그는 …… 우주의 힘이다 …… 그를 평범한 동시대 인물과 비교하려는 자들은 큰 착각에 빠진 것이다. 그는 …… 특별한 운명을 타고난 인물이다"(204).[21] 하지만 역사적 사실에 충실하고 ≪뉴욕타임스≫의 문학평론가 미치코 카쿠타니가 "세상 물정에 밝은 유형의 스팽글리시(a streetwise brand of Spanglish)"[22]라고 부른 바 있는 경쾌한 스타일로 쓰였다 해도, 난공불락의 "플라타노의 장막

---

20) 화덕에 굽는 넓적한 빵 ― 옮긴이.

21) 미겔 아키노 가르시아도 많은 도미니카인들이 보여주는 트루히요에 대한 맹목적인 충성을 비난하기 위해 그의 소설 『신의 사랑(Los amores del dios)』에 이 인용문을 포함시키고 있다: "새로운 메시아를 거론하면서, 언론매체는 '트루히요가 평범한 보통사람이라고 생각하는 사람들은 틀렸다. 트루히요는 보편적 영역의 우주적 힘, 즉 조국을 구원할 운명을 타고난 존재다'(31)라고 주장하곤 했다.

22) 전문을 옮기면, 디아스는 "단일 언어 사용자도 쉽게 호흡할 수 있는 세상 물정에 밝은 유형의 스팽글리시로 글을 쓴다. 즉 은어와 야단법석의 대화, 문장상의 보디랭귀지, 데이비드 포스터 웰러스 스타일의 각주 등이 많이 사용되고 있다"(Kakutani, 2007).

(Plátano Curtain)"23)을 세우고 슈타지(동독 국가보안부 — 옮긴이)보다 더 효율적인 비밀경찰을 거느렸던["만일 당신이 오늘 아침 여덟 시 사십 분에 헤페 욕을 했다면, 당신은 시계가 열 시를 가리키기도 전에 콰렌타 교도소에서 전류가 흐르는 소몰이 막대에 개처럼 휘둘리고 있을 것이다,"(225)]. 장본인인 트루히요를 "독재를 휘둘렀던 세상 모든 독재자들 가운데 가장 독재자 다운 독재자"(80)로 묘사한 것 역시 결과적으로 반(半)신화적 인물로서 의 그의 아우라와 그의 위상을 강화하는 데 기여한다.

이런 맥락에서 볼 때, 여러 면에서 디아스의 소설은 본의 아니게 『염 소의 축제』 못지않게 트루히요의 신화를 영속시키고 있다. 중요한 사실 은 아마도 도미니카 폭군의 성격과 행적은 왠지 마술적 사실주의를 연상시키는 어휘와 어조에 의지하지 않고는, 다시 말해 겉으로는 그의 신화화를 부추기고 그가 초자연적 능력을 지녔다는 믿음을 조장하지 않고는 쉽게 재창조될 수 없다는 것이다. 실제로, 한 인터뷰에서 디아스 는 이러한 입장에 동의한다: "저주와 외계에서 온 몽구스, 사우론 그리 고 다크사이드 없이는 트루히요 독재에 접근할 수 없기 때문에, (소설은) 우리의 '근대적' 정신으로는 이해가 되지 않는다. 우리는 이 픽션의 렌즈를 필요로 한다. 다른 방법으로는 그것을 볼 수 없다"(O'Rourke). 또한 소설의 첫 번째 각주에서 같은 생각을 되풀이한다: "얼핏 보면 중남미 카우디요(Caudillo)의 전범인 듯이 보이지만, 이 인간은 어떤 역사 학자나 저술가도 이를 제대로 담아내지 못했을 정도로 절대 권력을 휘둘렀다. 그는 우리의 사우론이자 아론, 다크사이드였고, 과거에도 앞

23) 물론 디아스의 용어인 '플라타노의 장막'은 냉전의 '철의 장막(Iron Curtain)'에서 영감을 받았지만, 남애리조나의 토크 라디오(청취자와의 전화 대화 및 잡담만으 로 구성되는 라디오 프로그램 — 옮긴이)에서 미국-멕시코 국경을 언급하는 용어 로 종종 사용되는 용어인 '토르티야의 장막(Tortilla Curtain)'을 상기시킨다.

으로도 영원할 우리의 독재자였으며, 너무나 기이하고, 너무나 변태인데다 너무나 무시무시해 SF 소설 작가가 지어내려도 지어내기 어려운 인물이었다"(2).

아마도 이러한 이유로 디아스는 무의식적으로 트루히요의 악마적 본성을 인간의 영역 너머로 투사하고 있는 것으로 보인다: "그러나 트루히요는 너무도 강력하고 너무도 치명적인 방사능이라 쉽사리 불식되지 않았다. 그의 사악함은 그가 죽고 난 뒤에도 쉽게 사그라들지 않았다"(156). 라틴아메리카 문학에 대한 선입견일 수도 있겠지만, 몇몇 서평에서 그의 소설을 마술적 사실주의 전통 속에 포함시키려는 경향을 찾아볼 수 있다. 가령, 이 소설을 "마술적 전개를 보이고 성적인 관심을 자극하는, 흥미진진한 21세기의 희비극"(Weich, 2007)으로 평가하는 ≪커커스 리뷰≫의 서평이나 "트로피컬 마술적 사실주의에 다소 침윤된 다세대(多世代) 이주민 가족의 연대기"로 기술한 ≪뉴욕타임스≫의 A. O. 스코트(A. O. Scott)의 서평(2007)이 그렇다. 사실, 트로피컬 엑조티시즘, 극단적 폭력과 관능주의, 제3세계의 저개발에 대한 예찬, 미신과 신화적 전설, 대중적 민속의 편입, 마술적 사실주의의 전형적인 '특수효과' (여기에서 '마술적'이거나 불합리한 요소들은 겉으로 보기에 정상적인 상황에서 나타나며, 등장인물들은 그러한 요소들에 의문을 제기하지 않고 자연스럽게 받아들인다) 등 모든 것이 이 작품 속에 들어 있다.

마지막으로, 흔히 라틴아메리카의 마술적 사실주의와 결부되는 문학적 장치를 하나 더 들자면, 순환적이든 정체적이든 아니면 단순히 사라지든 시간의 일그러짐이 그것이다. 이것은 『오스카 와오의 짧고 놀라운 삶』에 분명히 드러나는데, 여기에서 현재는 반복적으로 과거를 모방한다: "라 잉카는 16년 전 벨리의 아버지처럼, 카브랄 집안이 처음으로 트루히요 일가에 맞서야 했던 당시와 똑같은 곤경에 처했다"(158). 뒤에서, 유니오르는 이러한 순환적 시간 개념을 더 명백하게 언급한다: "어디서 많이 들어본 얘기 같지 않은가? 트루히요는 미라발 자매를 원했고, 스페인인은 아나카오나를 원했다"(244); "그들이 그(오스카)를 어디로 데려갔느냐고? 어디겠어, 사탕수수밭이지. 어디서 많이 본 듯한 장면이 아닌가"(296).

물론, 이 글은 내가 경탄할 만한 성취로 평가하는 디아스의 데뷔 소설에 대한 부정적 비평이 아니다. 가르시아 마르케스의 『족장의 가을』이나 마르시오 벨로스 마기올로(Marcio Veloz Maggiolo)의 『솜브라 카스타네다의 모호한 전기』(1980)처럼 내가 "트루히요 사이클(Trujillo cycle)"[24]

---

24) 트루히요 독재기를 다룬 소설을 열거하면 다음과 같다: 마르시오 벨로스 마기올로의 『우리는 자살자들(Nosotros los suicidas)』(1965), 『뼈의 천사들(Los ángeles de hueso)』(1967), 『사월 이후(De abril en adelante)』(1975), 『솜브라 카스타녜다의 모호한 전기(La biografía difusa de Sombra Castañeda)』(1980), 『카바레 의식(Ritos de cabaret)』(1991), 『단짝(Uña y carne)』(1999); 프레디 프레스톨 카스티요의 『학살은 걸어서 지나간다(El Masacre se pasa a pie)』(1973); 가브리엘 가르시아 마르케스의 『족장의 가을(The Autumn of the Patriarch)』(1975); 페드로 베르헤스(Pedro Verges)의 『오직 잿더미뿐(Sólo cenizas hallarás)』(1980); 에프라임 카스티요(Efraim Castillo)의 『커리큘럼(비자 증후군)〔Curriculum(el síndrome de la visa)〕』(1982); 하이메 루세로 바스케스(Jaime Lucero Vásquez)의 『엘 헤페에 저항한 익명의 사람들(Anónimos contra el Jefe)』(1987); 베르나르도 베가(Bernardo Vega)의 『도미니 칸네스(신의 개들)〔Domini Canes(Los perros del Señor)〕』(1988); 마누엘 바스케스 몬탈반의 『갈린데스(Galíndez)』(1990); 비리아토 센시온(Viriato Sención)의 『그들은 신의 서명을 위조했다(They Forged the Signature of God)』(1992); 훌리아 알바레스의 『나비들의 시절(In the Time of the Butterflies)』(1994); 마누엘 살바도르 고티에(Manuel Salvador Gautier)의 『일생(Toda la vida)』(1995); 프랭크 J. 피녜이로(Frank J. Piñeyro)의 『증오의 조난자들(Náufragos del odio)』(1995); 디오헤네스 발데스(Diógenes Valdez)의 『트루히요 시대 공룡들의 초상(Retrato de dinosaurios en la era de Trujillo)』(1997); 미겔

이라는 용어로 명명한 바 있는 작품들을 쓴 다른 작가들은 이미 트루히요 시대를 재창조하기 위해 마술적 사실주의 기법을 사용한 바 있다. 이 연구는 단순히 맥콘도 그룹 같은 신세대 라틴아메리카 작가들의 거부에도 불구하고 가르시아 마르케스가『백년 동안의 고독』(1967)을 통해 대중화한 전통적인 마술적 사실주의에 아직도 건질 만한 요소들이 있음을 확인시켜준다. 결론적으로, 주노 디아스의 산문이 불경함에도 불구하고 그의 접근은 그가 의도했던 것만큼 급진적이지 않다.

아키노 가르시아의『신의 사랑(Los amores del dios)』(1998); 미겔 A. 올긴 (Miguel A. Holguin)의『반드시 복수하리라(Juro que sabré vengarme)』(1998); 에드위지 당티카의『유골 농업(The Farming of Bones)』(1998); 카를로스 페르난 데스 카사노바(Carlos Fernández Casanova)의『교황과 트루히요(Papá y Trujillo) 』(1999); 안드레스 L. 마테오(Andrés L. Mateo)의『알폰시나 바이란의 발라드(La balada de Alfonsina Bairán)』(1999); 마리오 바르가스 요사의『염소의 축제(The Feast of the Goat)』(2001).

참고문헌

Almoina, José(Pseudonym: Gregorio R. Bustamante). 1949. *Una satrapia en el Caribe. Historia puntual del déspota Rafael Leónidas Trujillo*. Guatemala: Ediciones del Caribe.

_____. 1950. *Yo fui secretario de Trujillo*. Buenos Aires: Editora y Distribuidora del Plata.

Álvarez, Julia. 2000. "Doña Aída, with Your Permission." *Callaloo* 23. 3, pp. 821~823.

_____. 1994. *In the Time of the Butterflies*. Chapel Hill, N. C. : Algonquin Books of Chapel Hill.

_____. 1998. *Something to Declare. Essays*. Chapel Hill, N. C. : Algonquin Books of Chapel Hill.

Aquino García, Miguel. 1998. *Los amores del dios*. Santo Domingo: Única.

_____. 1996. *Tres heroínas y un tirano: la historia verídica de las hermanas Mirabal y su asesinato por Rafael Leónidas Trujillo*. Santo Domingo: Corripio.

Bloom, Harold. 1997. *The Anxiety of Influence. A Theory of Poetry*. Oxford: Oxford University Press.

Céspedes, Diógenes y Silvio Torres-Saillant. 2000. "Fiction Is the Poor Man's Cinema: An Interview with Junot Díaz." *Callaloo* 23.3(Verano), pp. 892~907.

Crassweller, Robert D. 1966. *Trujillo: the Life and Times of a Caribbean Dictator*. New York: Macmillan.

Danticat, Edwidge. 1998. *The Farming of Bones: a Novel*. New York: Soho Press.

Díaz, Junot. 2007. *The Brief Wondrous Life of Oscar Wao*. New York: Riverhead Books.

_____. 1997. *Drown*. New York: Riverhead Books.

Diederich, Bernard. 1978. *Trujillo: the Death of the Goat*. Boston: Little, Brown.

Fuguet, Alberto. 1997. "I am not a magic realist!" Salon.com, June 11, 1997. accessed

May 29, 2008. http://www.salon.com/june97/magical970611.html

Galíndez, Jesús. 1984. *La era de Trujillo*. Santo Domingo: Taller.

García Márquez, Gabriel. 1976. *The Autumn of the Patriarch*. Translated by Gregory Rabassa. New York: Harper and Row.

_____. 1998. *Los funerales de la Mamá Grande*. Barcelona: Plaza and Janés Editores.

Kakutani, Michiko. 2007. "Travails of an Outcast." *The New York Times*. 4 septiembre 2007. accessed May 15, 2008. http://www.nytimes.com/2007/09/04/books/04diaz.html

Karina. 2008. "Escritor dominicano gana el Pulitzer." accessed May 15, 2008. http://filosofandoyotrascosas.blogspot.com/2008/04/escritor~dominicano~junut~diaz~gana~el.html

Lago, Eduardo. 2008. "ENTREVISTA: Triunfo latino en las letras estadounidenses JUNOT DÍAZ Escritor y ganador del Pulitzer 2008. 'EE UU tiene pesadillas en español'." accessed May 15, 2008. http://www.elpais.com/articulo/cultura/EE/UU/tiene/pesadillas/ espanol/elpepicul/20080501elpepicul_1/Tes? print=1

Lewis, Marina. 2008. "Interview with Junot Díaz." *Other Voices* 36. accessed May 15, 2008. http://www.webdelsol.com/Other_Voices/DiazInt.htm

López-Calvo, Ignacio. 2005. "God and Trujillo." in *Literary and Cultural Representations of the Dominican Dictator*. Gainesville, Florida: University Press of Florida.

O'Rourke, Meghan. "The Brief Wondrous Life of Oscar Wao. Questions for Junot Díaz." Slate.com. Nov. 8, 2007. accessed May 15, 2008. http://.slate.com/id/2177644/

Scott, A. O. 2007. "Dreaming in Spanglish." The New York Times.com Sept. 30, 2007. accessed May 29, 2008. http://www.nytimes.com/2007/09/30/books/review/Scott~t.html? page wanted=print

Vargas Llosa, Mario. 2001. *The Feast of the Goat*. Translated by Edith Grossman. New York: Farrar, Straus, and Giroux.

Vázquez Montalbán, Manuel. 1992. *Galíndez*. Translated by Carol and Thomas

Christensen. New York: Atheneum.

Veloz Maggiolo, Marcio. 1984. *La biografía difusa de Sombra Castañeda*. Santo Domingo: Taller.

Weich, Dave. 2007. "Junot Díaz out of the Silence." Powells.com. accessed May 15, 2008. http://www.powells.com/authors/junotdiaz.html

제11장

베이비, 네가 싫다 해도 어쩔 수 없어!

국경 르포 ― 젖과 꿀이 흐르는 땅인가, 공포의 땅인가

바르바라 레나우드 곤살레스 _정지현 옮김

멕시코 최북단에서 세 시간 거리에 위치한 도시, 샌안토니오에 사는 프랭크, 테노츠, 그리고 비키는 서로 아는 사이다. 그들은 경계지역에서의 삶이 수반하는 격정적·정치적 상황으로 인해 죽을 만큼 괴로웠던 적이 있다. 상이한 두 세계 사이에 위치한 경계지역은 어떤 다른 새로운 세계로 형성되어가는 과도기에 있다. 그 새로운 세계는 형형색색의 이미지들로 채워지고, 그 세계 속에 사는 이들만 이해하는 언어로 소통하며, 항상 정체성의 문제로 고민한다. 또한 경계지역에서 일어나는 재편성의 과정은 대개 폭력적이기 마련이다. 이 르포에 등장하는 '죄인들(culpables)'의 이름 및 구체적인 인적 사항을 제외한 모든 이야기가 실화임을 밝혀둔다.

바르바라 레나우드 곤살레스 Barbara Renaud González   텍사스 출신의 작가 및 저널리스트로 ≪더 네이션(The Nation)≫, ≪더 프로그레시브(The Progressive)≫ 와 같은 매체에 여러 편의 아티클을 기고했다. 페미니즘 운동과 더불어 반전과 이주인권을 위한 사회운동 역시 활발히 펼치고 있다. 2009년에는 치카나 소설 『제비야, 왜 날 떠났니?(Golondrina, Why did you Leave me?)』를 출판했다.

* 이 글은 ≪Nueva Sociedad≫ 236호(2011)에 실린 글을 옮긴 것이다.

멕시코 국경으로부터 세 시간 떨어진 샌안토니오의 달빛 없는 새벽. 아직 다섯 시도 채 되지 않았지만, 동네 학교 교장 프랭크는 자신의 집 앞마당에 핀 부겐빌레아 꽃이 시들었는지 말았는지 살펴볼 겨를이 없다. 여섯 시까지 학교로 출근해 자신의 주특기인 모두에게 고함지르는 일을 해야 하기 때문이다. 막 오십 줄로 들어선 프랭크는 연 8만 달러를 벌지만 여교육감이 벌어들이는 것과 비교했을 때 썩 만족스럽지 못하다. 여교육감은 뼛속까지 공화당 지지자인 라티나로, 본인의 옅은 색 눈동자를 초록색이라 굳게 믿고 싶어하는 수많은 백인 여자들 중 한 명이다. 금발로 염색한 그녀가 일 년에 벌어들이는 돈은 20만 달러 가까이 되며 차는 렉서스를 몬다.

"헤이 유!" 프랭크가 가장 즐겨 사용하는 표현이다. 사실 프랭크의 본명은 프란시스코 칼비요(Francisco Calvillo)로, 대학교 야구팀 선수 생활을 지낸 적이 있고 매우 야심 찬 데다가 경영학 석사 학위까지 취득했다. 마침 텍사스 주에서 동네 학교를 '아트 아카데미'로 바꾸려는 계획을 가지고 있었고, 프랭크만큼 그 지역 학교 직원들을 잘 부릴 수 있는 사람은 없었기 때문에 그가 승진 대상자로 낙점될 수 있었다. 프랭크는 "아이, 뚜!(¡Ay, tú!)[1]"라고 머릿속에 떠올렸다가 이내 그것이 더럽게 게이 같은 표현이라 생각한다. 아이들은 프랭크를 무서워했고 특히 선생들은 그만 보면 공포에 떨었다. 헤이 유! 프랭크 사전에 칭찬은 없다. 왜냐하면 그는 전교생 900명이 의무적으로 치러야 하는 TAKS[2] 점수를 통해서 교육감을 감동시킬 야심 찬 계획을 세우고 있기 때문이다. 헤이

---

1) "Hey, you"의 스페인어식 표현 — 옮긴이.
2) Texas Assessment of Knowledge and Skills의 약자로 텍사스 주에서 시행되는 수학능력평가.

베이비, 네가 싫다 해도 어쩔 수 없어! 헤이 유! 프랭크의 미들 스쿨에서는 총이나 마약, 엉덩이가 보일락 말락 하는 핫팬츠 따위는 절대로 허용되지 않는다. 6학년에서 8학년까지의 학급을 두고 있는 이 중학교로 샌안토니오의 가장 가난한 동네 아이들이 등교한다. 이들 중 3분의 1은 최근에 부모님과 함께 '선을 넘어온' 아이들이다.

프랭크는 가난한 사람들을 혐오한다. 그의 고향 이글 패스(Eagle Pass)는 멕시코 코아우일라(Coahuila) 주 피에드라스 네그라스(Piedras Negras)시의 동쪽 국경 지역에 위치한 도시로, 프랭크는 야구를 위해 처음으로 그곳을 떠나 샌안토니오로 넘어온 이후로는 단 한 번도 고향으로 돌아갈 생각을 하지 않았다. 고향을 떠나 목격한 다양한 문화의 융합, 수많은 엘리트 멕시코인들, 그링고(gringo)들의 우월함은 프랭크에게서 귀향욕구를 앗아갔다. 그리고 현재 그링고들에게 프랭크는 굉장히 소중한 존재다. 그도 그럴 것이 프랭크는 완벽하게 영어를 구사할 줄 아는 데다가 그링고 관청 감독관들과 그 어떤 주제로도 언쟁을 벌이려 하지 않기 때문이다. 심지어 그들이 '불법 외계인 족속'이라는 표현을 거침없이 사용할 때에도 말이다. 프랭크처럼 교사직에 종사하는 이들은 보통 교외에 거처를 정하게 된다. 교사들의 대부분이 멕시코인 선조의 피를 물려받았음에도 멕시코인 학생들을 다루기란 여간 골치 아픈 일이 아니다. 문제아 무리 중에는 시력을 거의 잃은 파비안 오예르비데스(Fabián Oyervides)라는 학생이 한 명 있는데, 그의 음악적 재능은 뛰어날지 몰라도, 그는 친형과 함께 쌍으로 꽤나 반항적으로 구는 문제아다.

프랭크는 매해 여름마다 교육감 자격증 취득 준비를 위해 샌안토니오 소재 텍사스 대학교에서 강의를 듣는데, 그곳에서 스스로를 치카나로 여기는 한 여선생 때문에 돌아버리기 일보 직전이다. 지니(Jeanie)라고 불리기도 하는 마리아 에우헤니아(María Eugenia)는 가장 급진적인 사고를 가진, 매우 훌륭한 선생님이다. 하지만 교육감 꿈나무들 중에서 그녀를 좋아하는 남자는 아무도 없고 여자도 있어봐야 손에 꼽을 것이다. 마리아 에우헤니아는 땅딸막하고 통통한 데다가 피부색이 까무잡잡한 것만으로도 모자라 멕시코 전통의상 우이필레(huipile)만 입고 다닌다. "나 멕시코 사람이오"라고 말하는 듯한 그녀는 실제로도 멕시코 태생이며 머리카락 군데군데 보이는 회색 줄을 항상 자랑스럽게 풀어헤친 채로, 화장은 생략한 완벽한 민낯으로 돌아다닌다. 하지만 그보다도 더 충격적인 것은 그녀의 의사 남편이다. 마치 자신이 멕시코 농부이기라도 한 듯이 조잡한 가죽끈 샌들을 신고 수다 떠는 꼴을 누가 보기라도 한다면! 종양학 전문의라는 사람이 저런 샌들을 신고, 치카노에 대해 논한다고? 보는 사람 민망하니까 제발 좀 그만 하라고!

'리더십 이론'에 대해 강의하는 지니 선생은 8살에 국경선을 넘었다. 그 당시 그녀의 아버지 마르셀리노는 악명 높은 '브라세로 프로그램(Bracero Program)' 목화농장에서 고된 노동에 시달린 지 십 년 차였다. 마르셀리노는 딸들에게 매우 난폭하게 굴었는데, 지니의 여동생이 아버지의 아이를 가진 후에야 그는 철창신세를 피할 수 없게 되었다. 그제야 비로소 지니는 자신의 바지 속을 더듬는 아버지의 손에서 벗어나 학업에 집중할 수 있는 기회를 얻게 되었다. 지니는 멕시코의 유서 깊은 가문 출신으로 큰할아버지가 바로 그 유명한 작곡가 몬카야(Moncaya)셨고, 지니의 아버지도 열두 시간 동안 목화 농장에서 짐승처럼 일하고 집에 돌아와서는 옷장 속으로 몰래 기어들어가 클래식 음반을 듣곤 했다고 이야기했다.

지니와 그녀의 남편은 텍사스의 하버드라 불리는 라이스 대학교에서 처음 만났고, 그들의 만남은 마치 두 개의 혜성이 결합해서 새로운 세계를 창조해낸 것과도 같았다. 남편 닥터 가베 후아레스 3세(Gabe

Juárez III)도 결코 평범한 집안 출신은 아니었다. 닥터 가베의 아버지도 의사로서, 멕시코 혁명 시기에 텍사스로 건너온 뒤 여섯 명의 아이들에게(변호사 한 명을 빼고 다 의사) 항상 이렇게 이야기하곤 했다. 그들의 친할아버지는 신문기자였는데 플로레스 마곤(Flores Magón) 형제[3]와의 친분 때문에 살해당했으며 외할아버지는 훌륭한 화가였지만 텍사스에서 생존을 위해 중고차를 팔다가 요절하셨다고. 북에서의 삶이 외할아버지를 죽인 게야. 닥터 가베의 형제들은 단 한 명을 제외하고 모두 다 진보 진영 지지자들이다. 그들 중 제외된 한 명은 베트남전에 그린베레로 참전했었다. 틀림없이 그곳에서 무슨 짓을 당한 거라고 닥터 가베는 지니에게 말한다. 베트남에서 세뇌교육을 당했을 거라고. 동생은 그곳에서 돌아온 이후로 한동안 형제들이 아메리카 대륙에서 이뤄낸 일들에 대해서 듣고 싶어하지조차 않았으니까.

***

지니와 닥터 가베 사이에서 태어난 외아들 마리오 테노츠티틀란, 또는 줄여서 테노츠는 서른 가까이 된, 하버드를 졸업했음에도 공부와는 상당히 거리가 먼 청년이다. 테노츠는 아코디언 연주자다. 그의 연주를 본 사람들은 손가락에서 불꽃이 튄다고, 그가 아마 세상에서 가장 훌륭한 연주자일 것이며 어쩌면 이미 고인이 된 에스테반 호르단(Esteban

---

3) 헤수스, 리카르도와 엔리케 플로레스 마곤 형제(Jesús, Ricardo, Enrique, Flores Magón, 1871~1930, 1874~1922 그리고 1877~1954)는 오악사카 출신의 신문기자이자 정치가로 포르피리오 디아스(Porfirio Díaz)의 독재 정치에 전면으로 맞섰다. 리카르도와 엔리케는 디아스에 대항하는 봉기와 파업을 선도했고 그로 인해 쫓기다 결국 망명길에 올랐다.

Jordán)보다도 뛰어날 것이라고 입에 침이 마르도록 칭찬했다. 테노츠는 폴카 장르에 락, 탱고, 와팡고(huapango)⁴⁾ 등 원하는 건 뭐든지 다 맛깔스럽게 섞어줄 테니까 누구든지 말만 하라고 큰소리치면서, 자신이 이 시대를 위한 새로운 재즈를 만들었으니 산타나(Santana)는 이제 "키스 마이 애스"나 하라고 으스댔다. 테노츠는 로스 뉴 타말레스(Los New Tamales)라는 그룹을 결성했고, 이들은 부르는 곳이면 어디든 달려가 연주하는 것으로 먹고산다. 샌안토니오의 브래큰리지(Brackenridge) 원형극장(누군가 게이로 사는 게 힘들어서 이곳에서 자살했다는데 이 사실은 일급 비밀이다)에서부터 동네 학교나 양로원까지, 부르는 곳이 어디든지 간에 테노츠는 아코디언을 들고 가 저렴한 가격으로 고객을 만족시킨다. 첫 음반을 내기 위한 준비를 하고 있고, 아코디언 연주자로서의 벌이가 시원치 않아 보석 보증인으로 투잡을 뛴다. 그렇게 번 돈을 가지고 동네에다 작은 평수의 집 한 채를 샀는데, 두 번째 직업 때문에 테노츠는 온종일 감옥에 갇힌 멕시코 남자들만 만나는 격이다. 그리고 이런 테노츠 때문에 부모님은 머리가 지끈거린다.

테노츠와 미치도록 사랑에 빠진 한 여자가 있다. 프랭크 학교 교감 비키 게레로 가메스(Vicky Guerreo Gámez)는 치카노 예술 파티에서 처음으로 테노츠를 만났다. 비키는 학부 시절부터 친하게 지내온 플라멩코 댄서 친구가 있었고, 여자치고는 키가 꽤 큰 편이었는데 마침 테노츠는 그녀보다 키가 조금 더 큰데다가 덩치까지 좋았으니 그녀가 첫눈에 반한 것도 무리는 아니었다. 테노츠는 돈이 없고 비키는 일 년에 6만 달러를 벌지만, 어차피 그가 좋아하는 건 비키의 돈이 아니라 그녀의

---

4) 멕시코 민속 음악장르 중 하나. 3/4박자와 6/8박자가 섞여 있어 템포가 다소 느리다는 특징이 있다 — 옮긴이.

큰 가슴이었으니 아무래도 좋았다. 그리고 테노츠의 아코디언은 비키를 울게 하고 소리 지르게 했으며 그와 동시에 절정에 이르게 했다. 어느 날 교장 프랭크가 비키에게 퇴근 후 칵테일이나 한잔하자며 데이트 신청을 했지만 그녀는 적당한 핑계를 대며 응하지 않았다. 왜냐하면 아코디언 없이는 한 발짝도 움직이지 않는 딴딴한 테노츠가 「헤이 베이비, 케 파소?(Hey baby, ¿qué pasó?)」와 같은 올드송으로 비키의 귓가를 간지럽게 하고, "너는 나의 베이비돌이야, 맞지? 우리 사랑이 그럴 만한 가치가 있는지 알고 싶어……"와 같은 달콤한 대사로 사랑 고백을 하는 마당에 비키가 배 나온 늙은 남자를 만날 이유가 없었다. 비키는 학생들에게 소리 지르는 걸 무척이나 싫어했다. 그녀는 잘사는 북쪽에서 공부하는 뺀질거리는 아들놈 한 명이 있는데 이 동네에는 얼씬도 못하게 한다. 8학년에 재학 중인 축구선수 아들은 엄마와 그 유명한 테노츠와의 관계에 대해선 전혀 모르고 있다. 아마 알면 난리가 날 것이다. 비키는 아들 마르키(Marky)가 태어난 이후에 남편과 이혼 도장을 찍었다. 이유는 남편이 천하에 둘도 없는 개자식이기 때문이었다. 비키네 가족은 전형적인 중산층으로 도시에서 멀리 떨어진 교외에 살았는데, 그곳은 다름 아닌 1960년대에 인종 분리 정책이 위헌 판결을 받으면서 그링고들이 흑인들로부터 도망가기 위해 버리고 간 동네였다. 그 당시만 하더라도 라티노들은 그링고들과 함께 움직였다. 1960년대 이후 몇십 년간은 그링고들이 가는 곳에 라티노들도 따라가 자리를 잡았다. 무엇보다 그링고들이 다니는 학교가 교육의 질이 더 높았기 때문이었다. 어쨌든 간에 그링고들과 엘리트 라티노들이 떠난 자리는 멕시코 노동자들과 그곳을 빠져나가지 못한 흑인들로 채워졌다.

비키의 오빠는 아메리칸 항공 조종사다. 이 남매의 선조는 아주 오래 전부터 텍사스에 살았다. 고조할머니는 멕시코 타마울리파스(Tamaulipas) 주, 마타모로스(Matamoros) 시의 반대편에 있는 경계도시 브라운즈빌(Brownsville)에서 태어났다. 그래서 이들 남매의 선조들은 미국과 멕시코 사이에 전쟁이 터지기 전부터 텍사스 땅을 아주 잘 알았다. 하지만 모든 가족이 그러하듯이 내부 다툼이 있었고 곧 두 파로 나뉘었다. 비키의 증조부 중 한 분은 제1차 세계대전에 참전하는 것을 피하고자 강 건너 멕시코로 떠났다. 전쟁이 끝난 뒤 증조부가 돌아오자 가족들은 그를 강제로 고해성사시켰고, 이 사건은 가문의 큰 수치로 남았다. 아마도 돈 많은 무역가 아버지와 교사 어머니 덕에 훌륭한 가문으로 존경받던 때라 더더욱 그랬을 것이다.

　사람들은 비키가 조금 검은 편이라고 말하는데, 샌안토니오에서는 절대 이런 발언을 공개적으로 해서는 안 된다. 비키가 가지고 있는 사진 속 발보아(Balboa) 태생 증조할머니는 검은 피부의 인디언 여자처럼 보였다. 하지만 고조할아버지는 독일인이었기 때문에 비키 남매는 독일 성 프란츠(Franz)를 갖게 되었다. 교외에 있는, 겉만 그럴싸하게 꾸며놓은 집들은 십중팔구 싼 벽돌을 쓰고, 타일 카펫을 깔며, 추위라고는 모르는 땅에 살면서도 벽난로를 설치하고, 7, 8, 9월에 비 한 방울 안 내리는 채로 사십 도 가까이 온도가 오르는 것을 대비해 에어컨은 필수적으로 설치한다. 비키가 사는 곳은 부모님 집과 비슷하지만 조금 더 작다. 방 세 칸에 화장실 두 개. 어렸을 적 그녀는 샌안토니오의 북쪽, 스페인어로는 '엘로테(Helote)'라고 하고 그링고 스타일로는 '젤로테(Jelote)'라 발음하는 지역에 위치한 방 다섯 개에 화장실 세 개가 딸린 집에서 자랐다. 테노츠와 마찬가지로 비키는 자신이 특권층에 속한다는 사실을 충분히 인지하며 컸지만, 그렇다고 해서 된장녀는 아니다. 부모님이 어렸을 때부터 끊임없이 그녀의 뿌리에 대해서 가르쳤기 때문이다. 하지만 그녀는 치카나가 아닌, 히스패닉이다.

***

    92세의 제2차 세계대전 참전 용사 클레오파스 마르틴(Cleofas Martin) 씨는 삼 년간 태평양 전선에서 군 복무했다. 테노츠의 아코디언 연주를 들은 마르틴 씨는 수도 없이 많은 신청곡을 요청했고, 연장자를 무척이나 공경하는 테노츠는 기꺼이 부탁받은 신청곡들을 연주했다. 참전용사는 일회용 종이컵에 나오는 따뜻한 커피를 한잔하자며 양로원의, 온통 바퀴 달린 의자를 타고 다니는 사람들로 가득한 조그만 광장으로 테노츠를 데려갔다. 참전용사는 귀가 거의 들리지 않았고 하고 싶은 이야기는 많았다. 그는 테노츠에게 전쟁에 대해, 어떻게 한 달 걸려서 배를 타고 일본으로 넘어갔는지에 대해, 막상 전쟁이 시작되었을 때 기관포 쪽에 있어서 아무것도 보지 못했던 일에 대해, 자신이 부대의 유일한 멕시칸-아메리칸이었고 흑인들은 유색 부대에 따로 배치되었다는 것들에 대해 이야기해주었다. 그때 테노츠가 그의 귀에 대고 이제 게이들도 군대에서 '커밍아웃'할 수 있다고 말하자 마르틴 씨는 놀란 듯한 표정으로 아무 말도 하지 않는다. 참전용사는 자신이 군에 입대한 이유가 못된 아버지 때문이라고 했다. 그의 아버지는 다른 형제들처럼 멕시코-미국 전쟁 이후로 몇천 에이커나 되던 소유지를 전부 잃었다. 이어서 마르틴 씨는 할아버지도 땅 때문에 어느 그링고에게 살해당했다고 전해 들었다는 이야기를 했다. 하지만 아무에게도 말하지 말라고 당부하면서, 언젠가는 멕시코인들이 다 되찾을 땅이라고도 했다. 마르틴 씨에게는 자식이 다섯 있고 그중 세 명이 군인인데 만약 그들 중 게이가 있더라도 상관없을 거라고 말했다. 버락 오바마에게 투표했고 힐러리 클린턴도 매우 좋아한다. "지금이 몇 년도지? 2005년인가." "아니에요." 테노츠가 설명한다. "지금은 2011년이에요." 그러자 참전용사가 놀란다. 또

참전용사 할아버지는 자신을 도와주고 싶어하는 한 예쁜 보조 간호사에 대해 이야기한다. 테노츠에게 그녀를 도와서 그의 아들들과 연락이 닿을 수 있게 해달라고 부탁한다. 대관절 그의 자식들은 어디에서 뭐하는 거람? 자식들은 수개월간 그를 방문하지 않았고 그는 돈이 필요했다. 그 돈으로 어린아이를 혼자 키워야 하는 불쌍한 보조 간호사를 도와주고 싶다는 것이다. 그들은 함께 살게 될 테지만 플라토닉한 관계를 유지할 계획이니 자신에 대해 나쁘게 생각하지 말라는 말도 덧붙였다. "사모님은요?" "마누라는 멕시코 사람이었지. 그 사람이 자식들에게 멕시코를 잊지 말라고 가르쳤어. 그래서 자식들은 전부 다 스페인어를 할 줄 알고 여기저기 여행도 많이 다녔어……. 한 놈은 폴란드에서 영어하고 스페인어를 가르쳐. 그리고 손자 한 명은 런던에서 뭘 조종한다든가 했는데……. 그게 뭔지 누가 알겠어." 더불어 손자의 아빠 되는 사람이 사실은 흑인이라고 고백하면서, 당시에는 엄청난 스캔들이었지만 자신은 한 번도 그 사실에 대해 신경 써본 적 없다고 말했다. "세상은 변하기 마련이야."

***

마르틴 씨의 손자, 그래픽 아티스트 앙헬로 호프만(Angelo Hoffman)은 샌프란시스코에서 공부하던 중에 운 좋게 장학금을 지원받게 되어 현재 런던에서 유학 중이다. 지금 그는 스카이프(skype)를 통해 여동생 데시레(Desiree)와 수다를 떨고 있다. 사실 데시레는 바로 그 참전용사가 있는 양로원의 보조 간호사로 근무하고 있다. 그러나 그녀는 앙헬로의 할아버지를 한 번도 만나본 적이 없으므로 이 사실에 대해 전혀 모르고 있다. 데시레는 앙헬로에게 11살짜리 아들 로엘(Royel)이 학교에서 문제아 무리와 어울리면서 말썽을 일으키고 다니며, 그 때문에 교장이 아들을 윽박지른다는 이야기를 털어놓는다. 또한 커뮤니티 칼리지에서 알게된 바이런(Byron)이라는 잘생긴 흑인과 사랑에 빠졌다는 이야기도 한다. 그녀는 바이런이 한때는 어려운 시절을 겪은 사람이지만 지금은 건축공부와 버스 운전을 병행하고 있으며, 성실하고, 딸이 둘 있지만 함께 살진 않는다고 설명한다. 그리고 무엇보다 로옐과 잘 지내서 좋다고 말한다. 하지만 엄마에게는 절대 말하지 않을 거라는 결심 또한 털어놓는다. 엄마가 데시레의 아빠이자, 전 남편이자, 둘의 아버지이기도 한 남자를 여기저기 대책 없이 씨 뿌리고 다닌 죄로 아직까지 얼마나 증오하는지는 두말하면 잔소리기 때문이다. 데시레에게는 군인 그링고를 아버지로 둔 여자 형제가 한 명 있다. 그녀는 카운슬러를 목표로 샌안토니오의 텍사스 대학교에서 공부하는데, 데시레는 가난한 동네에 사는 반면 자기는 최북단의 교외에서 산다며 엄청나게 뻐긴다. 바네사(Vanessa)의 아버지는 공군 장교로 오바마를 극도로 싫어해서 대통령의 이름조차 언급하지 못하게 할 정도다. 똑같은 이유에서 데시레의 어머니, 지금의 그의 아내가 과거에 흑인과 결혼했었다는 사실을 떠올리고 싶어하지 않는다. 남편의 정치성향을 따라서 데시레의 엄마도 공화당 티 파티에 참여하게 되었는데, 그러자 이번에는 티 파티에서 격이 낮은 사람들, 즉 하층계급 사람들과 어울린다며 협조하기를 거부했다. 그는 아내가 가졌던 아이가 데시레였다는 사실은 안중에도 없다는 듯이 그녀가 17살 나이에 임신했다는 이유를 들어 호되게 그녀를 나무라곤 했다. 손자가 학교에서 좋은 점수를 받아오는 것에 대해선 별 관심이 없고 오로지 문제아 무리가 그를 매우 따른다는 것에만 신경을 썼다. 데시레는 앙헬로에게 양로원에서 일하는 보조 간호사들 중에는 멕시코 출신 한 명, 콜롬비아 출신 한 명, 과테말라 출신 두 명에 도미니카 공화국 출신 한 명이 있다고 전하며 그들이 시급 8달러 50센트, 최소임금보다 더 많이 번다고 말한다.

데시레와 함께 야간근무를 하는 얏실(Yatzil)이라는 멕시코 여자는 오악사카(Oaxaca) 출신이다. 그녀는 자신이 양로원에서 노인들의 엉덩이를 닦거나, 음식을 입에다 떠먹여 주거나, 빗질을 해주거나, 손톱을 잘라주거나, 옷을 입혀주거나 하는 일을 하지 않을 때면 레스토랑 타코 카바냐(Taco Cabañ)의 바닥을 걸레질하고 있을 거라고 말했다. 그녀에게 아이 셋을 남겨두고 추방당한 남편에게 보낼 돈을 마련해야 하기 때문이다. 그녀는 대체 누가 남편을 신고했는지 궁금할 따름이라고 했다. 얏실도 서류가 없기는 매한가지였으나 운 좋게도 그녀의 어머니가 실력 좋은 밀입국 주선업자를 소개해주었다. 아코디언 연주자 테노츠 집에서 멀지 않은 곳에 세들어 사는 룸메이트들에게는 안타깝게도 그런 운이 따라주지 않았다. 그 룸메이트 중 한 명은 국경을 넘는 과정에서 밀입국 주선업자들 두 명에게 성폭행을 당해 아이를 갖게 되었고, 낳은 아이를 뉴욕 시에 사는 어느 부부에게 줬는데, 그들이 사진을 보내겠다고 약속을 해놓고도 아무 소식이 없다며 대체 어떻게 된 일인지 모르겠다고 했다. 멕시코 시티에서 온 암베르 라바고(Amber Rabago)는 아이들을 못 본 지 6년이 다 되었고 매일 밤을 남자들과 보낸다. 얏실은 양로원에 자신이 머물만한 곳을 마련해주겠다는 참전용사가 있다고 이야기하며 그 제안을 받아들이려고 한다고 말했다. 치러야 할 대가가 있겠지? 그래 봤자 사람 한 명 돌보는 것, 그뿐인 걸 뭐. 그래, 나 그 사람하고 결혼할 거야, 왜 안 하겠어? 어차피 그 영감은 살 날도 얼마 안 남았을 텐데 …….

***

앗실이 퇴근해서 집에 도착하자 이웃들이 찾아와서 이번 주 일요일에 바비큐 요리를 저렴하게 팔 예정이니 꼭 들르라고 말한다. 메인 메뉴로는 치킨 바비큐, 소시지, 멕시코 강낭콩요리, 멕시코 볶음밥, 양배추를 잘게 썰어 마요네즈에 버무린 코울슬로를 준비할 예정이고, 그 외에도 흰 빵 두 덩이, 할라피뇨에 음료수까지 제공할 것이다. 이 모든 것이 단, 돈 6달러! 오랄레![5] 정말 맛있겠는걸. 이것이 바로 웨스트사이드 동네, '우에소(Hueso)'로 더 잘 알려진 곳의 후한 인심이다. '우에소'는 샌안토니오에서 가장 가난한 동네로, 돈 없는 멕시코인들, 흑인들, 아시아인들, 각지의 이민자들이 모이는 곳이다. 그리고 지금도 계속해서 모여들고 있다. 앗실의 이웃들은 그녀가 복지국에서 받은 수표를 받았다. 복지국은 18살 미만의 아이가 있는 여자에게 지원금을 지급하는데, 물론 여러 까다로운 조건이 붙는다. 이 오래된 동네는 1990년대 초부터 지금까지 다운타운으로 향하는 다리를 건너자마자 보이는 곳, 알라모(Alamo)에서 1마일 떨어진 곳에 위치해 있다. '우에소'에는 목재로 지어진 집이 태반이며 범죄율이 높아서 앞마당은 철재로 만든 울타리로 두르고 핏불테리어 같은 개를 묶어놓는다. 하지만 모든 집들이 다 이렇진 않다. 어떤 집들의 앞마당에는 부겐빌레아, 히비스커스, 허브식물 등이 피어 있고 아이들이 뛰어논다. 집은 청록색, 노란색, 분홍색, 보라색으로 칠하거나 교외의 잘 사는 동네처럼 흰색으로 칠하기도 한다. 이곳 사람들은 음식을 살 때 론스타 카드를 사용한다. 물론 론스타 카드로 담배나 맥주를 구입할 수는 없다. 그리고 월초에는 항상 바비큐

---

5) "¡Órale!" 멕시코에서 쓰이는 얼씨구! 정도의 긍정적 감탄사 — 옮긴이.

요리를 팔아서 짭짤한 수익을 낸다. 동네에서는 항상 아코디언 연주자 테노츠의 음악이 들리고, 몇몇은 실제로 그와 친분이 있다. 이곳은 북쪽 동네처럼 조용하지 않다. 결혼해서든 아니든 간에, 텍사스인들과 이민자들이 함께 살아가는 이 동네에서 어떤 사람들은 란디 가리바이(Randy Garibay) 특유의 치카노 소울 스타일의 음악을 듣고, 또 어떤 이들은 래퍼 에미넴의 음악을 듣는다. 물론 대부분이 바차타와 레게톤을 즐겨 듣는 것은 말할 필요도 없다.

'우에소'에서는 집도, 손톱도, 머리카락도 다 금색이나 붉은색으로 색을 입힌다. 어떨 때는 한꺼번에 두 가지 색으로 염색하는 경우도 있다. 심지어 개들까지도 (푸들은 무조건 분홍색으로) 그 색으로 염색시킨다. 다른 한편, 동네의 모든 벽면에는 아즈텍인들, 유명한 음악가들 또는 과달루페 성모를 그려 넣는다. 셀레나를 그릴 때도 있다. 비키는 테노츠에게 그녀의 중학교에 와서 공연해 달라고 부탁했으나 그는 자신의 어머니, 지니가 그 학교 교장 선생이 '남성우월주의자', 인종차별주의자에 멍청이라 했다고 대꾸했다. 하지만 테노츠는 사랑하는 베이비돌의 마음을 상하게 할 수는 없기에 싫다고는 말하지 않았다. 어차피 프랭크라는 교장 따위는 신경도 안 쓰니까.

테노츠가 비키에게 절대 발설할 수 없는 사실은 따로 있었다. 최근에 '라 플라카(La Flaca)[6]라는 플라멩코 댄서를 알게 되었다는 사실 말이다. 그녀는 클럽 카르멘에서 눈물을 흘리지 않고는 볼 수 없을 정도로 아름다운 솔레아를 춘다. 클럽 카르멘은 매주 금요일 밤마다 플라멩코 공연을, 토요일 밤에는 라틴재즈 공연을, 수요일 밤에는 테노츠가 가장 좋아하는 콜트레인(Coltrane)의 공연을 선보인다. 그곳에서 테노츠는 라 플라

---

6) 스페인어로 깡마른 여자를 의미한다 ― 옮긴이.

키타를 만났고, 그녀와는 함께 늦잠을 잘 수 있다는 점이 참 좋았다. 비키는 항상 새벽 다섯 시에 일어나기 때문에 테노츠를 일찍 집에서 내보내려 했다. 게다가 비키는 항상 힘이 넘쳐서 테노츠를 붙잡고 놔주려 하지 않았다. 그의 위에 올라타서는, '자기야 나를 만족시켜 줘!'라고 하면서 그를 죽이려 들었다. 반면 라 플라키타는 특별한 취향 없이 모든 것을 좋아했고, 마리화나를 폈다. 오랄레! 게다가 비키에 대해 전혀 알려고 들지 않았다. 라 플라키타는 자신의 어머니가 푸에르토리코인이고 아빠는 아르헨티나인이라는 것과 '더러운 전쟁'이 끝난 뒤 샌안토니오에 오게 되었지만 아빠는 그들과 함께 살지 않는다고 말했다. 엄마는 아빠가 영어 과외선생하고 소파에 뒤엉켜 있는 것을 발견했는데, 아빠는 단지 누워서 공부하는 것일 뿐이라고 말했다고 한다. 하지만 라 플라키타는 테노츠처럼 스스로를 치카나라고 생각한다. 그녀는 비키처럼 정치적으로 이편저편 옮겨다니는 것이 아니었다. 그건 아마도 라 플라키타가 쿠바, 스페인 그리고 베네수엘라 등지로 공연을 다녀서 일지도 모른다. 그녀의 곱슬거리는 긴 머리와 커피색 눈동자를 본 사람은 아무도 그녀가 텍사스 출신일 거라고 생각하지 않았다. 그럼에도 라 플라키타는 스스로를 원주민 집시라고 여겼고, 그녀가 춤을 출 때에는, 그녀의 열정적인 춤사위에 클럽 관객들은 모두 숨을 죽였다. 춤을 추지 않을 때에는 에타 제임스(Etta James)의 블루스를 즐겨 들었다.

비키는 테노츠가 확답을 할 때까지 그를 들들 볶았고, 결국 테노츠는 그룹 멤버들과 함께 학교로 공연하러 가겠노라고 말했다. 테노츠는 멤버들에게 청바지와 검정 셔츠를 드레스 코드로 정해주었다. 멤버들의 대다수는 교사였고 이들과 함께하는 퍼커셔니스트만 남아프리카에서 왔는데, 타악기를 신들린 듯이 잘 다뤘다. 이 멤버들과 더불어 공연할 메인 보컬로 테노츠는 자신이 개인적으로 좋아하는 마리아치 전문 여가

수를 섭외했다. 그는 멤버들에게 그녀가 엄청 섹시하다고 설명하면서, 그가 평상시에는 마리아치를 연주하지 않지만 빈 앤드 치즈 타코보다 맛있을 베이비를 위해서라면 기꺼이 그녀의 달콤한 콘트랄토와 호흡을 맞추는 마리아치 펑크가 될 준비가 되어 있다고 큰소리쳤다. 그리고 만약 그녀가 허락하기만 한다면 침대까지 모실 각오도 되어 있다고.

하지만 사실 테노츠가 공연을 결심한 가장 큰 이유는 그 학교에 다닌다는, 모든 악기를 다룰 줄 알지만, 앞이 거의 보이지 않는다는 천재 소년에 관한 이야기를 비키에게 들어서였다. 비키는 아이가 학교를 그만두고 음악의 길을 택할까 봐 걱정이 되었다. 아이의 부모는 둘 다 멕시코에서 왔는데 최근에 아빠는 추방당했고 엄마는 가족의 생계를 위해 꾸리기 위해 직업을 두 개로 늘렸다. 아이들이 셋이나 되는 데다가 태어날 때부터 시력이 좋지 않은 막내아들을 어떻게 해야 좋을지 모르는 상황 속에서 아빠까지 추방당하고, 막내의 학업 성적은 계속해서 곤두박질치고 있었다.

***

비키가 프랭크에게 테노츠와 로스 뉴 타말레스를 소개하는 자리에는 시장 엑토르 델루나(Héctor DeLuna)도 초대를 받았다. 델루나는 테노츠의 부모님과 부자 동네에서 이웃지간으로 지내는 사이였기 때문에 테노츠와 그의 부모님을 아주 잘 알았다. 그래서 테노츠를 보자마자 그가 건넨 첫인사는, "어이! 정신 나간 놈, 어머니는 잘 계시느냐"였다. 멕시칸-아메리칸으로 예일에서 공부한 시장은, 그제서야 교장 프랭크가 민주당에 표를 내줄 사람이 아니라는 것과 오바마 대통령에게는 더더욱 아니라는 사실을 간파하고는, 자신이 적군의 영토에 들어왔음을 깨달았다. 그는 "칭가오!"⁷⁾라고 머리 속으로 중얼거린다. 시장은 자신이 스페인어를 못한다고 말하는데 그건 순전히 거짓말이다. 그는 단지 표백한 멕시코인을 좋아하는 그링고들의 표가 필요했을 뿐이다. 그리고 스페인어는 못한다고 하면서도 육두문자는 다 꿰고 있다.

눈치 빠른 프랭크는 당연히 시장이 테노츠에게 건넨 인사를 들었고, 순간 비키의 엉덩이는 결코 자신의 것이 될 수 없으리라는 생각이 그의 뇌리를 스쳤다. 타코 두 개를 99센트 주고 사 먹을 철면피 음악가에게 이미 그녀의 엉덩이를 빼앗겼기 때문이다. 한편 비키는 테노츠가 평상시에 마리아치를 연주하지 않는데도 불구하고 마리아치 여가수를 데려온 것을 보고는 어떤 상황인지 직감했고, 울며불며 소리 지르고 싶은 강한 충동을 느꼈다. 프랭크는 갑자기 혈압이 상승하면서 배가 부풀어 오르기 시작했고, 고함을 지르고 싶었지만 그럴 수는 없었다. 900명의 아이들이 교사들을 따라 강당으로 들어섰다. 서프라이즈! 아들 파비안이 노래하는 것을 듣기 위해 얏실이 양로원 유니폼을 입은 채로 학교에 도착했다. 파비안은 곧 테노츠를 만나게 될 것이다. 아이는 한 번도 얼굴을 보지 못한 아빠를 닮아 잠이 많다 …… 아빠는 언제 돌아와? 쿰비아 타임! 음악이 시작되기 전 테노츠가 던진 마지막 말이다.

첫 곡은 「상한 슈퍼 타코의 발라드(El corrido del Super Taco gone bad)」가 되겠습니다.

---

7) "Chingao" 스페인어로 아, 씹, 할, 젠장. 시장은 스페인어를 못한다고 하지만 생각은 스페인어로 한다는 것이 드러나는 대목이다 ― 옮긴이.

제12장

'저쪽'에서의 나의 인생

레이나 그란데 _신찬용 옮김

레이나 그란데는 불법 이민에 얽힌 자전적 이야기와 이민 작가로 입문하기까지의 과정에 대해 강렬하고 애잔하게 토로하고 있다. 어린 시절 부모 모두가 미국으로 떠난 후 조부모와 함께 고향에 남겨진 형제들이 경험해야 했던 외로움과 가난, 비참함에 대해서 이야기한다. 또한 불법 월경 이후 미국 땅에서 느껴야 했던 두려움과 실망, 좌절, 극복에 대해서 진솔하게 고백하고 있다. 소설 창작이 그녀에게 삶의 방식이자 위로였고 정신적 구원이었음을 드러내고 있다.

레이나 그란데 Reina Grande 1975년 멕시코 출생. 미국도서상, 아스틀란문학상, 라티노 우수도서상, 국제 라티노 북어워드 등을 수상한 젊은 여류 작가로서 불법 월경과 이민이라는 자전적 경험을 바탕으로 소설을 창작하고 있다. 소설로는 *Across A Hundred Mountains*(2006), *Dancing with Butterflies*(2009), 회고록으로 *The Distance Between Us*(2012)가 있다.

* 이 글은 2011년 4월 인천 문화재단 주최 제2회 아시아·아프리카·라틴아메리카 문학포럼(AALA) 자료집에 번역, 게재된 글을 재단의 허락을 얻어 수록했다.

"오래 있진 않을 거야" 하고 어머니가 말씀하셨다.

"얼마나 오래 계실 건데요?" 우린 궁금했다. 아니 꼭 알고 싶었다. 하지만 어머니는 "너무 오래 있진 않는다니까"라고만 하셨다.

나와 우리 형제들은 어머니가 가시는 그곳이 며칠, 몇 주 거리가 아니라는 걸 잘 알고 있었다. "그리 오래 있진 않을 거야"라는 말은 수개월이 될지도 모를 일이었다. 몇 년, 또는 영원이 될 수도 있다.

외할머니는 큰 언니와 오빠와 나에게 강가에 사는 어느 우는 여자가 아름다운 노래로 아이들을 꾄다는 내용의 '요로나'[1]에 대한 얘기를 들려주셨다. 할머니는 우리가 하느님과 성자들에게 기도하면 우릴 그녀로부터 보호해주실 거라고 말씀해주셨다. 그러나 그 울보 여인보다도 더 강력한 힘을 가진 다른 뭔가가 존재한다는 사실에 대해선 말씀해주시지 않았다. 그것은 미국이라는 나라였다. 미국은 요로나와는 달리 아이들이 아니라 대부분 부모들을 앗아가 버렸다.

난 그 나라가 어디 있는 줄도 몰랐고 멕시코에 있는 우리 고향 사람들 모두가 왜 한결같이 그곳을 일컬어 '저쪽(El otro lado)'이라고 불렀는지도 몰랐다. 내가 아는 것이라곤 우리 부모님이 그곳에 가셨다는 사실뿐이다. 그리고는 '저쪽'이 2년 전에 우리 아버지를 꾀어 데리고 간 후 이젠 어머니마저 그곳에 데려가고 있는 것이다.

1978년에 내가 두 살하고 4개월이 되었을 때, 아버지는 꿈을 좇아 북쪽으로 향하셨다. 그는 반짝반짝 빛나는 콘크리트 바닥과 햇볕이 잘 들어올 수 있도록 높고 널찍하게 만든 창문과 엄마가 바르는 푸른 아이섀도 색으로 칠한 벽과 방 세 개 달린 집을 짓고자 하셨다. 집에는 TV, 스테레오, 냉장고, 스토브도 두고자 하셨다. 물론 전기와 가스와

---

1) La llorona. '울보 여인'이라는 뜻.

수도도 갖춘 집이다. 실내 욕실도 있으면 더욱 좋겠다고 생각하셨다. 끈적거리는 무더운 여름에 마치 빗속에 서서 비를 맞고 있는 것처럼 그런 샤워기를 갖춘 욕실 말이다.

그게 바로 우리 아버지가 꿈꾸신 집이다. 그러나 멕시코에 머물러 있기만 하면 결코 그 집을 지을 수가 없었다. 비록 그간 벽돌공으로 많은 집을 짓긴 하셨지만, 멕시코 페소 화폐가치가 떨어진 데다 인플레로 인해 그런 집을 지을 만한 충분한 재료를 구할 돈을 벌지 못하셨다. 결국 꿈속의 집을 지을 수 있는 유일한 길은 '저쪽'에 가서 일하시는 도리밖에 없었다.

하지만 캘리포니아 센트럴밸리의 들판에서 2년을 일하시고도 집을 지을 수 있을 만큼의 충분한 돈을 모으지는 못하셨다. 어머니가 그냥 돌아오시라고 하셨는데도 집을 다 짓기 전에는 돌아올 수 없다고 하셨다. 그는 하는 수 없이 또 다른 행운을 잡아보고자 로스앤젤레스로 옮겨 가셨는데 다행히도 얼마 있지 않아 관리직을 하나 구하셨다. 아버지는 그 도시에서 얻게 되는 기회들로 인해 흥분하셨다. "내가 있는 곳으로 건너왔으면 좋겠어." 아버지는 어느 날 전화로 엄마에게 말씀하셨다. "여긴 일자리가 있단 말이야. 분명히 우리 둘이면 좀 더 빨리 집을 지을 수가 있을 거야."

1980년 1월 해가 쨍쨍 쬐던 어느 날, 우리 오빠와 언니 그리고 나는 보잘것없는 봇짐을 싸서 친할머니 댁으로 가시는 어머니를 따라나섰다. 우리는 앞으로 이곳에서 살아가야만 했다. 그때 할머니 댁의 현관계단 앞에서 어머니한테 달라붙어 제발 가지 마시라고 애원하던 모습이 지금도 생생하다. "제발 가지 마요, 엄마." 나는 울면서 애원했다. "집은 필요 없어요. 엄마만 있으면 돼요. 아빠만 있으면 된단 말이에요."

"아빠한테 그렇게 전해줄게." 어머니가 말씀하셨다. "그렇게도 꿈에 그리던 집보다도 가족이 함께 사는 것이 얼마나 더 중요한지를 깨닫게 해줄 거야. 하지만 내가 안 가면 네 아빠가 어찌 돌아오시겠니." 어머니는 팔을 벌려 우리를 안아주셨고 우린 어머니의 품에 안겼다. 그리고는 우리를 꼭 껴안아주셨다. 나는 어머니가 언니의 머리카락으로 눈물을 훔치는 모습을 보았다. 마고 언니는 어머니의 눈물을 보지 못했지만 난 보았다. 그리곤 나를 껴안자 어머니의 눈물이 내 머리카락 속으로 사라져갔다. 아마 그때 내 머리에 스며든 어머니의 슬픔의 무게를 평생 잊지 못할 것이다. 그래도 차라리 내 마음속에 담아두는 것보다는 나았다. 심장은 슬픔에 겨워 어느새 터져버렸기 때문이다.

"이제부터 네가 제일 어른이니까 모두의 엄마 노릇을 해야 해." 어머니는 큰 언니에게 부탁했다. 마고 언니는 고개를 끄덕였고 우리를 잘 보살피겠다고 약속했다. "그리고 너희들은 말을 잘 들어야 해," 어머니가 카를로스와 나한테 얘기하셨다. "할머니 말씀도 잘 듣고."

"전화하실 거죠? 마고가 물었다.

"그리 해보도록 할게. 하지만 전화비 너무 비싼 거 알지 않니. 될 수 있으면 편지로 쓸게." 어머니는 작별 키스를 해주셨다. 어머니가 뺨에다 뽀뽀를 해주실 때 어머니의 흔적이 오래도록 남을 수 있도록 난 애본 립스틱으로 붉게 칠한 어머니 입술에다 뺨을 힘주어 밀었다. 어머니가 저만치 걸어가시자 샌들 밑에 돌들이 이리저리 튕기며 태양 아래 어머니의 검은 머리카락만이 이글이글 타오르는 듯 보였다. 그렇게 어머니는 길이 굽은 곳에서 이내 사라지셨다. 이제 어머니의 남은 흔적이라곤 아무것도 없었고 할머니가 우리더러 안으로 들어오라는 말도 잊은 채 우리가 서 있는 더러운 땅바닥에 신발 자국만이 덩그러니 남아 있었다. 우리 머리카락에 묻어 있던 어머니의 눈물마저 뜨거운 태양 아래 어느새 다 사라져버렸다. 이제 남은 거라곤 내 뺨에 남은 어머니의 입술 자국뿐이었다. 그것도 곧 사라지겠지만.

우리 형제들이 친할머니 에빌라의 보살핌 아래 같이 살게 하신 분은 아버지셨다. 근데 아버지는 할머니가 우리 어머니를 전혀 좋아하지 않으셨다는 것과 우리가 그 자식이다 보니 할머니가 덩달아 우리조차 좋아하지 않을 거란 사실을 잊으신 것 같았다. 할머니와 함께 지내는 일이 유쾌한 일이 아니라는 걸 깨닫는 데는 그리 오래지 않았다. 할머니는 아버지와 어머니가 우리를 보살펴달라고 보내주신 돈을 자신을 위해 써버렸다. 우리 형제들은 누더기 옷에다 맨발로 다니기 일쑤고 머리에는 이가 득실거리고 위장 속에는 촌충이 가득했다.

설상가상으로 아버지 친척들과 이웃들이 우릴 불쌍한 고아 자식들이라고 놀려대기 시작하니까 부모가 없는 서러운 고통은 단 한 순간도 잊을 수가 없었다.

어쨌든 나는 나의 부모를 잊지 않으려 최선을 다했다. 벽에는 8×10 크기의 아버지 흑백사진 하나가 걸려 있었기 때문에 마치 액자 속의 그분 마냥 우리 아버지를 알 수 있었다. 난 아버지의 얼굴을 기억하기 위해 사진을 뚫어지게 쳐다보았다. 검은 곱슬머리와 두툼한 입술, 푹 퍼진 코, 그리고 흑갈색의 눈은 살짝 왼쪽을 향하고 있어서 난 그의 눈길이 나를 외면하기보다는 지금 날 바라보고 계셨으면 하는 바람이었다. 그러나 아버지의 시선은 그 자리에 얼어붙어 있었기 때문에 나로선 어찌할 도리가 없었다. "아빠와 엄만 언제 돌아오세요?" 나는 액자 속의 그분에게 물었다. 하지만 아무런 대답도 없었다.

언니는 가끔 나를 어도비 벽돌로 지은 할머니 집 옆의 작은 오두막 창고로 데려갔다. 오두막은 대나무와 마분지로 만들어졌고, 그 안에는 큼직한 토기 그릇과 과자 굽는 번철과 부엌에 놓을 자리가 없어 여기에

다 둔 여러 가지 물건들이 있었다. 나는 이 오두막에서 태어났다. 내가 태어나기 전 우리 부모님은 마고와 카를로스와 더불어 여기에서 사셨는데, 월셋집을 구할 필요가 있었던 것이다.

마고 언니와 나는 더러운 마루에 앉아 있었다. 어둠 속에 숨어 있는 전갈에 물릴 수도 있어서 그렇게 하지 않는 게 나았는데도 말이다. 아무튼 마루에 앉아선 마고 언니가 내가 태어날 적 얘기를 들려주곤 했다. 언니는 커다란 세 개의 돌 위에 놓인 큼직하고 둥글게 생긴 번철과 잿더미를 가리키면서 내가 태어날 때 엄마가 페타테(petate)라 불리는 밀집방석 바닥에 웅크리고 앉아 천장에 매달린 끈을 붙잡고서 배에 힘주던 얘기를 들려주었다. 어머니는 그때 9일 전에 돌아가신 외할아버지의 죽음을 애도하던 상중이셨다. 아무튼 어머니는 산파가 시키는 대로 힘껏 배에다 힘을 주었다. 뒤에서는 번철 아래에 이글거리며 타오르는 불꽃이 어두운 방을 밝혀주었다. 내가 태어나자 어머니는 팔로 나를 안으시고는 불 있는 쪽으로 몸을 돌려 내가 따뜻한 열기를 받을 수 있게 하셨다. 언니의 이야기를 듣다 보니 어느새 나는 눈을 감고서 그때의 뜨거운 열기를 느낄 수 있었고 내 귀에 아직도 들리는 듯 어머니의 심장이 고동치는 소리를 들을 수 있었다.

마고 언니는 더러운 바닥 한 곳을 가리키더니 내 탯줄이 거기에 묻혔다고 말해주었다. 그것은 나와 엄마를 연결해주는 끈과 같은 것이었다고 했다. 그리고는 "우리가 지금 엄마와 멀리 떨어져 있어도 괜찮아. 저 끈은 영원히 그곳에 있잖아"라고 언니가 말했다.

나는 내 배꼽을 만져보고는 언니가 말해준 것을 곰곰이 생각해보았다.

어머니가 미국으로 떠나신 지 1년이 되던 해 우리 집 건축이 드디어 시작되었다. 그러면 머지않아 부모님도 돌아오실 거로 생각했다. 할머니가 아버지한테 집을 지을 수 있도록 땅을 내어 주셔서 이제 아버지가 저축하신 돈을 가지고 건축자재와 일손을 구할 수 있게 된 것이다. 우리 형제들과 난 우리 집을 할머니 집 옆에다가 짓는 것이 그리 행복하지는 않았다.

일꾼들이 와서 내가 태어난 허름한 오두막 창고를 허물었다. 대나무로 지어진 것이어서 허무는데 그리 오랜 시간이 걸리지는 않았다. 왠지 무너진 오두막을 보니 슬퍼졌다. 그곳을 깨끗이 치운 후에 일꾼들은 기초공사를 다지기 시작했다. 우리는 할 수 있는 한 일꾼들을 거들어 주었다. 할머니는 우리 각자에게 양동이 하나씩을 쥐여주었고 우린 양동이 가득 자갈과 반죽을 날랐다. 그리고는 회반죽을 벽돌 틀에 넣고 손으로 반반하게 문질렀다. 밤이 되자 너무 아파서 잠을 잘 수가 없었다. 그래도 매일같이 우린 집 짓는 일에 최선을 다했다. 손가락이 너무 아프거나 회반죽을 벽돌 틀 있는 데로 들고 가면서 자꾸만 무릎이 접히려 할 때마다 조금만 더 서두르면 그만큼 빨리 우리 가족이 함께 살 수 있다고 속으로 되새겼다. 그 생각이 우리로 하여금 더욱 힘이 솟게 해주었다.

집 짓는 일은 중단되다가도 부모님이 돈을 보내주시면 또다시 시작되었다. 어떤 때는 두서너 달 송금이 끊겨 아무것도 지을 수가 없었다. 그러다가 어느 날 사람들이 휘파람 불고 웃으면서 망치를 두드리고 삽을 푸는 소리에 눈을 떠 밖에 나가 보면, 중단된 일을 다시 시작하는 일꾼들을 볼 수 있었다. 그러면 우리도 팔을 걷어붙이고 거들기 시작했다.

4년 후 1985년 5월에 아버지는 멕시코로 돌아오셨다. 그때 아버지와 어머니는 이혼하신 상태고 아버지는 재혼하셨다. 그들은 비록 길은 달리하셨지만 아무튼 우리에게 꿈에 그리던 집을 지어주고자 하셨다. 아버지가 여길 들른 이유는 두 눈으로 직접 집을 보길 원하셨기 때문이다. 아버지가 아직 미국에 계실 때 멕시코 경제는 더욱 나빠졌다. 일자리는 없고 페소화는 계속해서 떨어졌다. 인플레도 계속 치솟았다. 미국에서 아버지는 요양병원의 관리직 일자리를 갖고 계셨는데 심각한 경제난을 겪고 있는 멕시코에 돌아온다고 그걸 포기할 순 없었다. 아버지는 오신지 이틀 뒤에 우리에게 새로운 계획에 대해 말씀해주셨다.

그는 나와 우리 모두를 미국으로 데려가고자 하셨다. 미국은 꿈을 이루기 위해 열심히만 일한다면 그 뜻을 이룰 수 있는 나라라고 말씀하셨다. 우리 숙모는 아버지가 8년이나 걸려 지은 집 안으로 얼른 들어가버렸다. 우리는 단 하룻밤도 그 집에서 보내지 않았다.

우리는 코요테(밀입국 브로커)의 도움을 받아 미국과 멕시코 국경을 넘기로 했다. 그러나 두 번이나 붙잡히고 말았다. 세 번째 시도는 밤에 이뤄졌다. 우리는 흙길을 따라 어둠 속으로 깊이 들어갔다. 마치 졸린 눈 같은 가느다란 달빛, 우리 이전에 국경을 넘다가 죽은 사람들의 해골 손가락처럼 우리 다리를 붙들어 매는 덤불. 아버지는 코요테를 따라 계속 앞으로 가셨다. 우리 형제들은 한 줄로 쭉 아버지를 따라갔다. "이번이 마지막이야" 아버지가 경고하셨다. "뛰어!"라고 코요테가 말하면 우리 발은 날개를 단 듯했다. 그가 "엎드려! 하면 어느새 도마뱀이 되어 좁은 바위 사이를 지나 차갑고 습한 땅을 배로 바짝 기어서 앞으로 나아갔다. 마침내 우리는 언덕에 서서 저 멀리 반짝거리는 불빛을 바라보았다. "바로 저기요!" 코요테가 말했다. 나는 우리 가족을 반 토막 낸 그곳을 내 두 눈으로 직접 보았다. 자식들을 뒤에 남겨둔 채 나의 부모님을 데리고 간 곳이다.

우리 형제들은 미국에 도착해서 얼마지 않아 바로 학교생활을 시작했다. 5학년에 들어간 첫째 날에 난 교실의 한쪽 구석에 배치되었다. 그때는 몰랐지만 난 영어를 할 줄 모르고 선생님은 스페인어를 할 줄 몰랐기 때문에 그 구석에 1년 내내 지내야만 했던 것이다. 이거야말로 뭔가 잘못되었다는 생각에 혼란스러웠다. 내 인생에 처음으로 버림받은 자가 된 느낌이었다. 나는 내 고향이 그리웠다. 내 나라 말을 쓰고 피부 색깔 따위에는 전혀 관심도 갖지 않는 그곳에 다시 돌아가고 싶은 마음이 간절했다.

이 모진 고통 가운데에도 멕시코는 나에게 향수를 불러일으켰다. 우리 집의 지붕 위에 앉아 있는 비둘기 한 마리의 울음소리가 거실의 히터 구멍을 타고 내려와 전에 우리 할머니 집에 있던 집비둘기의 쿠쿠쿠 울음소리에 잠을 깼던 기억이 났다. 한밤중에 피게로아 거리와 평행으로 난 철로 위를 달리는 기차의 기적소리는 우리 오두막을 지나며 마치 굉음을 내는 마라카스[2] 같이 대나무의 덜걱덜걱 대는 기차소리만 같았다. 언니와 나는 콩을 끓이기 전에 깨끗이 씻어내면서 겉에 묻은 흙을 떼어내 그것을 맛보기 위해 혀로 촉촉하게 적셨다. 멕시코의 맛을 느끼기 위해서였다.

비단 학교만이 내가 버림받은 느낌을 받은 곳은 아니다. 새로 마련한 집은 내 기대와는 너무 달랐다. 지난 8년간의 이별은 우리와 아버지 사이에 엄청난 공백을 만들어놓았다. 이제 우리는 스스로를 챙겨나가야 했다. 언제까지 아버지와 의붓어머니가 우리더러 무엇을 하고 어떻게 행동하고를 일러줄 수만은 없었다. 근데 아버지는 아버지 노릇을 하는 것을 잊으셨다. 우린 미국에 도착하면서 아버지가 아버지 노릇하신다고 기껏 말과 물리적인 행동을 남용하고 계시다는 것을 알게 되었다. 지난

---

2) 딸랑이처럼 생긴 악기의 일종.

오랜 세월을 아버지와 함께 보내기를 소원했건만 지금 와서 함께 사시는 그분이 우리가 그토록 고대했던 분과 다르다는 사실에 우린 실망했다. 액자 속의 그분은 여차하면 우릴 혁대로 두들겨 패시는 알콜중독자가 되신 것이다. "난 너희들을 위해 돌아왔어. 안 그래?" 아버지는 내 얼굴을 주먹으로 때리고 코를 부러뜨려 내 하얀 테니스화에 핏방울이 뚝뚝 떨어지던 날에 그리 말씀하셨다.

그러면서도 잠시 제정신이 드실 때엔 우릴 부엌의 식탁에 앉히고는 장래의 꿈에 대해 말씀하셨다. 우리가 대학에서 받을 학위, 훌륭한 경력, 건강보험, 집 장만하는 일, 연금계획 등 여러 가지 새로운 계획들에 대해 말씀해주셨다. 비록 우리가 미국에 불법 체류자이긴 하지만, 이런 것들은 그에게 하등의 문제가 되는 것 같지가 않았다. 아버지는 우리 셋 모두가 그의 꿈을 이루길 원하셨기 때문에, 우리가 그렇게 하지 못하는 경우 멕시코로 되돌려 보내겠다고 위협하셨다. 우리는 다시는 아버지와 떨어져 사는 것을 원치 않았기 때문에 학교에서 우등생이 되었고 아버지를 기쁘게 해드리기 위해 최선을 다했다. 그렇지만 아버지의 술버릇은 해가 갈수록 더욱 악화되어서 우리는 우리 인생에 두 번째로 아버지를 잃게 되었으니 이번에는 술 때문이었다.

어머니는 재혼해서 두 아이를 갖게 되셨다. 어머니가 사는 데는 차로 25분 거리에 불과했지만 우리는 한 달에 한 번씩만 보러 갔다. 어머니는 나름대로 자기 인생을 살아가셨기 때문에 우리 셋에 대해서는 그다지 관심이 많아 보이지 않았다. 1980년 1월 해가 쨍쨍 내리쬐던 어느 날 우리 곁을 떠나가신 그 어머니는 더 이상 존재하지 않는다. 여기 계신 아주머니는 그저 냉담 그뿐이었다. 언니가 얘기해준 어머니와 우리 사이를 연결해주던 탯줄은 이제 끊겨버렸다. 우리가 멕시코에 있을 때에 어머니는 미국에 계셨기 때문에 우리들 사이에 공백이 생긴 것이다.

그러나 우리 사이에 벌어진 공백은 뭔가 모를 추상적이고 손에 잡히지 않는 것이 되고 말았다. 보이지는 않지만 느낄 수는 있는 그 무언가.

　이제 글 쓰는 일이 나의 구원자가 되었다. 나는 내 과거를 잊지 않으려고 소설을 쓰기 시작했다. 나의 현재를 탈피하기 위한 방편이었다. 미래를 만들어가기 위해서다. 산타크루스에 있는 캘리포니아 대학에서 공부를 시작할 즈음 나는 작가가 되고 싶은 뜻이 있음을 알게 되었다. 할머니들에 대해, 이웃에 대해, 그리고 가난한 멕시코 동네 사람들에 대한 이야기를 썼다. 알코올중독자 아버지와 이제는 내 곁에 안 계신 어머니에 대해서도 쓰고, 갱들로 득실거리는 로스앤젤레스의 뒷골목에 대해서도 썼다. 글 쓰는 일이 내게 생존의 길을 제시해주었다.

　1997년에 나는 첫 번째 소설, 『일백 개의 산을 넘어(Across a hundred mountains)』를 쓰기 시작했다. 이민자들의 경험을 다룬 작품은 많이 있어도 그 뒤에 남아 있는 자들, 특히 남겨진 아이들의 경험을 자세히 그린 작품은 지금껏 구경해보지 못했다. 내가 이민생활에 관해 읽은 책들은 미국에서 이민자들이 겪는 인종차별과 박탈감, 버둥대며 살아가는 모습들이 전부였지만, 어느 하나 고향에 남겨진 사람들의 두려움이나 고독, 유기감 등에 대해서 다루지 않았다. 『일백 개의 산을 넘어』는 한 아버지가 미국으로 떠나가고 홀로 고향에 남겨진 멕시코의 어느 어린 소녀에 대한 이야기로 나의 과거를 회상하며 쓴 것이다.

　이 소설을 쓰는 일은 내게 하나의 치유의 경험이 되었다. 그로 말미암아 내가 어릴 때부터 내면에 품고 산 두려움, 원한, 분노, 좌절 같은 모든 나쁜 감정들을 다 풀어놓을 수 있게 되었다. 그뿐 아니라 아버지와 그가 선택한 인생에 대해서도 이해할 수 있게 되었다. 소설을 다 끝마쳤을 때 난 이미 깨끗이 치유된 느낌을 받았다. 이젠 어린 시절의 추억을 가지고 내 인생을 계속 꾸려나갈 수 있게 되었다. 우리 부모님이 아이들을 뒤에 남겨두면서까지 쓰라림과 분노보다도 더 값진 것을 성취하기 위해 엄청난 희생을 치르셨다는 사실도 깨달았다. 그래서 난 그 모든 일을 너그럽게 이해하기 시작한 것이다.

우리로서는 다행히도 아주 적절한 때에 미국에 들어왔다. 1986년에 레이건 대통령의 이민법개정 및 이민단속법(IRCA)이 바뀌면서 우리 부모님은 합법적인 체류자가 될 수 있었다. 우리 형제들은 아버지의 합법적인 신분을 통해 혜택을 입었고, 1990년에는 마침내 나도 그린카드를 손에 쥐어 내가 세운 목표를 성취하는 데 아무런 장애물도 없다는 걸 알게 되었다.

그렇게 조금씩 조금씩 바뀌어갔고, 어느새 내 꿈이 되어버린 아버지의 꿈을 현실로 이룰 수 있었다. 1999년에 나는 가족 중에서 처음으로 대학 학위를 취득했다. 산타크루스에 있는 캘리포니아 대학에서 창의적 글쓰기 전공으로 학사학위를 받았다. 2002년에는 26세의 나이에 미국 시민권 취득은 물론 집도 장만했다. 2003년에는 교사자격증을 취득해 로스앤젤레스 통합학교지역에서 직장을 얻게 되었다. 2006년에는 『일백 개의 산을 넘어』가 사이먼 앤드 슈스터 출판사에서 출간되어 미국도서상, 아스틀란문학상을 받고, 2010년에는 영화로 각색된 라티노우수도서상을 받았다. 이 소설은 현재 고등학교와 대학에서 널리 읽히고 있다. 2008년에 나는 창작 전공으로 문학예술 석사학위를 수여받았다. 그리고 2009년에 나의 두 번째 소설인 『나비와 춤을(Dancing with butterflies)』이 발간되고 국제라티노도서상을 받았다.

현재 나는 저술활동과 나의 일상생활 속에 늘 함께 공존하는 두 세계에서 살아가고 있다. 미국은 나로 하여금 글 쓰는 일을 사랑하게 만들었다. 내게 출판과 내 이야기를 함께 나눌 기회를 제공해주었다. 멕시코는 내게 글을 쓸 소재를 제공해주었다. 그 모든 것이 나의 성격을 만들어갔다. 나는 열정적이고 강인한 사람이 되었다.

한 달 반 전에 우리 아버지는 간암 진단을 받았다. 그의 나이 63세다. 의사들은 아버지의 회복 가능성에 대해서 회의적이다. 그의 간은 지금까지 오랜 세월 동안 마셔온 술 때문에 너무도 손상되어서 어떤 치료도 잘 이겨낼 수가 없다. 남은 유일한 희망이라곤 간이식뿐이고, 우리 형제들은 그게 거의 불가능하다는 걸 잘 알고 있다.

내가 처음 아버지를 잃은 것은 내 나이 두 살 때였다. 그때 아버지를 잃은 것은 꿈을 잃은 것이다. 두 번째로 아버지를 잃은 것은 바로 알코올 중독 때문이다. 그러나 이번에는 아버지를 영영 저세상으로 떠나보내는 일이다. 처음 두 번은 그나마 견딜 만한 것이었다. 그가 미국으로 떠나가셨을 때 난 언젠가 아버지가 돌아오실 거라는 희망을 붙잡을 수 있었다. 알코올중독자가 되셨을 때엔 언젠가 아버지가 완쾌되실 거라는 희망이 있었고 마침내 그렇게 되셨다. 아버지는 지난 10년 동안 절주를 하셨다. 헌데 이번에 아버지를 잃으면 왠지 마지막이 될 것만 같다. 더 이상 붙들 것도 없다. 아버지가 떠나가시고 나면 다시는 그를 볼 수 없을 것이다.

그러나 이젠 내가 무엇을 해야 할지를 알기에 비록 아버지가 안 계시더라도 그 고통을 잘 이겨낼 준비가 되어 있다. 필요한 것은 아버지가 날 위해 무엇을 하셨는가를 기억하는 일이다. 그는 비상(飛上)할 기회로 가득 찬 나라, '저쪽'으로 나를 데리고 오셨다. 나를 살아남은 자로 만들어주셨다. 큰 꿈을 품을 수 있도록 가르쳐주시기도 하셨다. 내가 비록 멕시코의 초라한 오두막집 더러운 마룻바닥에서 태어났을지라도 아메리칸 드림을 꾸며 살 수 있게 된 것은 아버지 덕분이다. 그것은 곧 아버지의 꿈이셨다. 내가 그 사실을 잊지 않는 한, 우리 아버지 역시 결코 내 곁을 떠나지 않으실 것이다.

미국-라티노 연대표

1803   미국, 루이지애나 매입. 미시시피 강 서부 개척의 발판 마련.

1810   미겔 이달고(Miguel Hidalgo) 신부, 멕시코 독립 전쟁 선언. 이후 11년 동안
        전쟁 지속.

1819   시몬 볼리바르(Simón Bolívar), 앙고스투라(Angostura) 의회 연설에서 유럽과
        미국의 침략에 저항할 수 있는 통일된 라틴아메리카에 대한 이상을 표출.
        스페인, 수년에 걸친 국경 분쟁 끝에 「애덤스-오니스 조약(Adams-Onís
        Treaty)」으로 미국에 플로리다 매각.

1821   멕시코, 「코르도바 조약(Treaty of Córdova)」으로 스페인으로부터 독립.

1821   중앙아메리카, 스페인으로부터 독립 선언.
        유럽계 미국인 스티븐 오스틴(Stephen Austin), 텍사스 정부로부터 300여
        가구를 지배할 수 있는 허가받음. 멕시코의 일부였던 텍사스는 스페인으로
        부터 독립.

1823   제임스 먼로(James Monroe) 미 대통령, 의회연설에서 미 대륙에 대한 유럽
        열강의 식민지화를 거부하는 먼로 독트린(The Monroe Doctrine) 선언. 오늘
        날까지 서반구에서 미국의 개입을 정당화하고 있음.

1824   멕시코, 노예무역 폐지.

1829   비센테 게레로(Vicente Guerrero) 멕시코 대통령, 노예제도 폐지.

1832   샘 휴스턴(Sam Houston) 전 미국 국회의원, 텍사스 도착.

1836   백인 텍사스 주민들과 멕시코 엘리트, 텍사스의 독립 선언.
        안토니오 로페스 데 산타 안나(Antonio López de Santa Anna) 멕시코 대통령
        과 텍사스 반체제 인사들, 「벨라스코 조약(Treaty of Velasco)」 체결. 그러나
        멕시코 의회에서 비준을 얻지 못함.

1845	제임스 포크(James Polk) 미 대통령, 국정연설에서 양국 간 긴장을 유발시켰다는 이유로 멕시코를 비난하고 텍사스와 오리건 합병, 캘리포니아 매입을 통한 미국 영토 확장을 공표함.
1846	멕시코-미국 전쟁 발발.
1848	멕시코, 「과달루페 이달고 조약(Treaty of Guadalupe Hidalgo)」으로 52%에 달하는 영토를 미국에 넘겨주고 보상금으로 1,500만 달러를 받음.
1849	「과달루페 이달고 조약」 5조에 따라 국경 설정을 위한 측량 조사가 샌디에이고에서 시작됨.
1850	미국과 영국, 「클레이턴-불워 조약(Clayton-Bulwer Treaty)」 체결. 양국은 지협지대(地峽地帶)에 건설할 운하 또는 철도를 공동관리하는 동시에 중앙아메리카 전역에서 중립을 지키며, 단독으로 식민지를 건설하지 않을 것을 결정함.
1853	피에르 술레(Pierre Soulé) 미상원의원, "쿠바 문제(The Cuban Question)"라는 연설로 스페인으로부터 쿠바를 매입하려는 의지 표명.
1854	쿠바 매입 내용의 미국 비밀문서인 오스텐드 성명(The Ostend Manifesto)이 작성됨.
1856	윌리엄 워커(William Walker), 노예제 기반 구축을 목적으로 니카라과 정부 전복시킴.
1859	후안 코르티나(Juan Cortina), 남부 텍사스에서 반란을 일으켰으나 이후 15년간 기마경찰대(Texas Rangers), 군대, 지방 정부 당국으로부터 쫓기게 됨.
1868	푸에르토리코 독립시위대(600~1,000명, 대부분 푸에르토리코 태생), 스페인으로부터의 독립을 요구했으나 반란 실패함.
1875	「북쪽 국경에 관한 멕시코 위원회의 보고서(Report of the Mexican Commission on the Northern Frontier Question)」가 발표됨. 티부르시오 바스케스(Tiburcio Vásquez), 캘리포니아를 근거로 도당적 의적(social bandit) 행위를 일삼다가 살인 혐의로 처형당함. 플로리다에 위치한 쿠바 시가 공장 근무자들, 근무환경 개선과 임금 상승을 요구하며 파업.

1877	엘패소 소금 전쟁 발발. 유럽계 미국인의 소금 매점매석이 멕시코계 미국인의 반발을 일으킴.

1877 엘패소 소금 전쟁 발발. 유럽계 미국인의 소금 매점매석이 멕시코계 미국인의 반발을 일으킴.

1880 멕시코시티와 엘패소 간 철도 개통. 미국으로의 이민이 가속화됨.

1882 「중국인 배제법(Chinese Exclusion Act)」 채택으로 10년간 중국인의 유입이 금지됨. 미국 역사상 외국인의 이민을 배제한 최초 법안. 1892년과 1902년에 걸쳐 영구적 금지로 개정되었으며, 1965년까지 발효되었음.

1894 알리안사 이스파노 아메리카나(Alianza Hispano Americana) 상호공제조합 애리조나 주 투손에 설립. 멕시코 사람에 대한 적대적인 반응이 상승하는 데 대응하고자 함. 1932년까지 1만 1,000명의 회원 수를 보유했으며 평등권 소송에 적극적이었음.

1895 호세 마르티(José Martí), 쿠바의 시인이자 쿠바 독립의 순교자. 두 번째 쿠바 독립운동을 전개함.

멕시코-미국 간의 국경 싸움이 심화됨. 멕시코계 미국인 빅토르 오초아는 「중립법(Neutrality Laws)」을 위반하고 혁명 단체를 멕시코로 침투시켰다는 혐의로 형을 선고받음.

1898 스페인과 미국 간에 전쟁 발발. 「텔러 수정안(The Teller Amendment)」을 통해 미국은 쿠바에 대해 '주권, 관할권, 지배권을 행사할 의도가 없음'을 밝히고 '쿠바 국민에게 정부와 지배권을 넘겨줄 것'을 결의했으며, 미 의회에서 통과.
미국과 스페인, 「파리 조약(Treaty of Paris)」 체결. 미국의 푸에르토리코 점령 시작.

1900 「포래커 법안(Foraker Act)」 미 의회 통과. 푸에르토리코 지배 구조 수립.

1901 그레고리오 코르테스(Gregorio Cortez), 멕시코 출신의 가난한 농장 노동자로 동생에게 총을 쏜 보안관에게 복수한 후, 열흘 동안의 대대적인 수색 기간 동안 텍사스 레인저(Texas Rangers)와 법의 집행을 교묘하게 피함. 민속 발라드인 코리도를 통해 불멸의 영웅으로 기억됨.

1902 파나마, 혁명을 통해 콜롬비아로부터 독립. 얼마 후 미국과 「파나마 운하 조약」을 체결함.

1903	미국, 「플랫 수정(The Platt Amendment)」을 맺고 쿠바를 보호국으로 삼음.
1904	니카라과의 시인 루벤 다리오(Rubén Darío)의 시, <루스벨트에게 바침(To Roosevelt)>에서 미국의 개입과 교묘한 지배에 대한 분노를 표출함.
1910	멕시코 혁명으로 이후 10년간 멕시코 국민의 10%가 미국으로 이주함.
1912	뉴멕시코와 애리조나, 백인 인구의 증가로 미국의 주(州)로 인정받음.
1914	미국, 멕시코 베라크루스로 6개월간 군대 파견. 독일이 증기선에 무기를 실어 멕시코로 수출하는 것을 구실삼아 해군 파견함. 미국 증기선 항구 폭격.
1916	퍼싱 장군, 멕시코 혁명을 이끌며 뉴멕시코 주의 콜럼버스를 침략한 판초 비야(Pancho Villa)를 체포하기 위한 멕시코 원정대를 지휘.
1917	「문맹테스트 이민법(The Literacy Act)」 시행으로 유럽 이민자 숫자가 감소하면서 멕시코 노동자에 대한 수요 증가. 「존스 법(The Jones-Shafroth Act)」, 「포래커 법안」을 개정해 푸에르토리코인들에게 시민권을 부여함.
1918	미국 시민권을 부여받은 푸에르토리코인, 미군 징집 대상이 됨. 많은 수의 멕시코계 미국인들은 군대 복무.
1921	「이민법(The Immigration Act)」, 아시아인을 제외하고 유럽인들에 대한 쿼터제를 도입했고 비시민권자와 결혼한 미국 태생의 여성에 대한 시민권을 박탈함. 수천 명의 멕시코 노동자들, 경기 불황에 따라 국외 추방과 본국 송환을 당함.
1924	「이민법」, 아시아인을 제외하고 출생지에 따른 정책을 수립. 1910년 인구조사 대신에 1890년 인구조사 통계를 사용한 쿼터제를 실시하며 이민자 수를 감소시킴.
1925	아돌포 로모(Adolfo Romo) 대 템피 교육구(Tempe School District) 소송, 미국 최초 인종 차별 철폐 사례 다룸.
1927	멕시코 노동조합(CUOM, Federation of Mexican Workers Union), 로스앤젤레스에 설립.
1928	캘리포니아 주 임페리얼 밸리 노동조합(Imperial Valley Worker's Union) 파업.

1929	중남미계 시민총연맹(LULAC, The League of United Latin American Citizens) 텍사스에 설립. 대공황 시작. 60만에서 100만 명에 달하는 미국 태생 멕시코인들의 60% 이상 1936년까지 본국 송환됨.
1933	캘리포니아 주, 산 호아킨 계곡의 목화밭 노동자들(80%가량 멕시코인)이 현재까지 캘리포니아 역사상 가장 큰 규모의 농업 파업 시위를 함.
1936	페드로 알리비수 캄포스(Pedro Alibizu Campos) 푸에르토리코 독립을 요구하는 국민당 총수. 미국 정부를 전복하려 했다는 명목으로 유죄 선고받음.
1941	프랭클린 루스벨트(Franklin Roosevelt) 미국 대통령, 6월 25일 소수민족에 대한 평등한 고용기회를 요구하는 「행정명령 8802(Executive Order 8802)」에 서명함.
1942	슬리피 라군(Sleepy Lagoon) 사건 발생. 약 20여 명의 멕시코 청년들이 로스앤젤레스에서 살인죄로 기소됨. 브라세로 프로그램, 멕시코인들이 미국 내에서 일시적으로 농업관련 노동을 할 수 있도록 허용. 450만 명이 넘는 멕시코인들이 참여함.
1943	주트 슈트 폭동(The Zoot Suit Riots)이 로스앤젤레스에서 발생. 해군과 라티노 청년들과의 싸움에서 시작됨.
1947	오렌지 카운티의 웨스트민스터 교육구(Westminster School District of Orange County) 대 멘데스(Mendez) 사례. 인종 차별 정책을 폐지함으로써 멕시코계 어린이들에 대한 법적 차별을 철폐.
1948	루이스 무뇨스 마린(Luis Muñoz Marín) 푸에르토리코 민선 총독은, 실업 문제를 완화시키기 위해 '장화 끈 매기 작전(Operation Bootstrap)' 실시. 미국 산업계가 저렴한 노동력을 활용하도록 면세 정책을 포함.
1949	에드워드 로이벌(Edward R. Roybal), 1887년 이후 최초의 멕시코계 미국인이 로스앤젤레스 시의회 의원으로 선출됨.
1950	약 4만 명의 푸에르토리코인 미국으로 이주.
1952	「월터-맥케런 법안(Walter-McCarran Act)」 통과. 체제에 관한 정치적 이견을 밝힌 경우 미국 입국 거절, 강제 추방, 시민권 박탈을 당할 수 있음.

1953	불법 이민 노동자 강제 송환 정책(Operation Wetback) 실시로 1955년까지 미국 내 불법 멕시코 노동자 추방. 매년 100만 명의 멕시코인들이 추방당함.
1954	푸에르토리코 출신의 롤리타 레브론(Lolita Lebrón)은 푸에르토리코 독립혁명가들과 함께 워싱턴 의회에서 총격전을 벌여 5명의 의원이 부상당함. 에르난데스 대 텍사스 사건 판결, 역사적인 미국 대법원 판결로 14차 미국 헌법 수정 조항에 따라 멕시코계 미국인과 타 인종 그룹은 동등한 보호를 받을 수 있다는 입장을 유지함. 하코보 아르벤스(Jacobo Arbenz) 과테말라 대통령, CIA가 지원한 쿠데타로 전복됨. 군부 독재자들은 정부를 장악한 후 1990년 중반까지 20만 명이 넘는 국민을 살해함. 이를 계기로 과테말라 국민들의 미국 이주가 가속화됨.
1959	쿠바의 지도자 피델 카스트로(Fidel Castro), "혁명은 이제 시작되었다"라는 대중 연설문 발표. 쿠바인들의 미국 이민 시작. 쿠바의 독재자 풀헨시오 바티스타(Fulgencio Batista)가 전복된 후, 많은 지지자들이 미국으로 이민을 가기 시작함. 캘리포니아에 멕시코계 미국인 정치협회(Mexican American Political Association, MAPA) 설립.
1960	존 F. 케네디(John F. Kennedy)를 미국 대통령으로 선출시키기 위한 히스패닉계의 투표수 획득을 목표로 비바 케네디(Viva Kennedy) 정치 클럽 설립.
1961	푸에르토리코 출신 안토니아 판토하(Antonia Pantoja), 푸에르토리코인 지역사회 활성화를 위해 '뉴욕에서 열망(Aspira in New York City)'을 설립. 멕시코계 미국인 사회운동가 헨리 곤살레스(Henry González), 텍사스 의회 의원으로 선출됨.
1962	농장 노동자 세사르 차베스(César Chávez), 돌로레스 우에르타(Dolores Huerta) 등과 함께 전국 농장 노동자연합(National Farm Workers Association, NFWA) 설립. 뉴멕시코 주의 전도사 레이에스 로페스 티헤리나(Reies López Tijerina), 미국 정부에서 무상으로 불하받은 스페인과 멕시코의 토지를 되찾기 위한 연합 동맹(Alianza Federal de Mercedes) 초기 계획 작성.
1963	텍사스 주 크리스틸시티 시의회 선거에서 전미(全美) 트럭 운전사 조합의 지역조합원인 후안 코르네호(Juan Cornejo)가 이끄는 멕시코계 미국인이 승리함.

1965	뉴욕에 거주하는 푸에르토리코인의 인구가 100만 명을 넘어섬. 1945년에는 1만 3,000명, 1955년에는 70만 명이었음.
	농업 노동자 조직위원회(The Agricultural Workers Organizing Committee, AWOC), 캘리포니아 주 델라노에서 파업. 세사르 차베스와 전국 농장 노동자연합(NFWA)과 연합.
	미 해군, 도미니카 공화국에 대한 패권을 공고히 하고자 산토 도밍고 침략. 도미니카 공화국 노동자 계급의 미국 이주가 증가함.
	푸에르토리코 독립운동가 페드로 알비수 캄포스(Pedro Albizu Campos) 사망.
	「이민법(1965년)」 통과. 이 법에 따라 미국의 이민 정책은 '출생지'에서 '가족 우선순위'를 따르게 됨. 최초로 라틴아메리카 출신 이주자들이 쿼터제에 포함됨.
	「투표권법(Voting Rights Act)」에 따라 인두세 폐지, 법적인 게리맨더링 종료.
1966	활동가이자 시인, 권투선수인 로돌포 "코르키" 곤살레스(Rodolfo "Corky" Gonzales), 정의를 위한 십자군(The Crusade for Justice) 창설.
1967	멕시코계 미국인 청소년단체(The Mexican American Youth Organization, MAYO)가 텍사스 주 샌안토니오에 위치한 세인트 메리스 칼리지(St. Mary's College)에 설립됨.
1968	호세 "차차" 히메네스(José "Cha Cha" Jiménez), 푸에르토리코 출신의 범죄조직 영로즈당(Young Lords)을 정치 및 인권단체로 재조직.
	멕시코시티에서 벌어진 틀라텔롤코 대학살(Tlatelolco Massacre)로 인해 미국 치카노(Chicano) 학생들 격분함.
	전미 인종 국가 위원회(The National Council of La Raza, NCLR), 라티노 결집을 위해 설립.
	「초·중등 교육법(Elementary and Secondary Education Act, ESEA)」의 「이중언어 교육법(Bilingual Education Act 또는 Title VII)」 창설, 영어 교육과 다문화 인식을 높여줌.
1969	덴버청소년회의(Denver Youth Conferences), 치카노 정체성을 채택하고 아스틀란 영적 기획(Plan Espiritual de Aztlán)을 선언함.
	산타바바라 기획(Plan of Santa Barbara), 대학들의 치카노 연구에 대한 움직임을 통합하고 아스틀란의 치카노 학생 운동(Movimiento Estudiantil Chicano/a de Aztlán, MEChA) 설립.

1970	텍사스의 운동가 호세 구티에레스(José Angel Gutiérrez)와 멕시코계 미국인 청소년단체(MAYO) 봉사자들, 텍사스 주 크리스털시티의 교육위원회 장악. 치카노 정당인 인종연합당(La Raza Unida Party, LRUP), 텍사스 주 크리스털시티에서 설립.
1973	살바도르 아옌데(Salvador Allende) 칠레 정부, 미 CIA의 지원으로 전복.
1974	치카나 연구·교육 센터(The Chicana Research and Learning Center), 미국 최초 멕시코계 미국인 여성들을 위한 조직으로 텍사스 주 오스틴에 설립. 라우(Lau) 대 니콜스(Nichols) 소송사건, 공민권법 제5장의 출신지에 따른 학습의 불평들을 금지한다는 조항에 따라 영어 미사용자도 특수 지원을 받을 수 있도록 허용함. 산업사회재단(Industrial Areas Foundation, IAF)의 연합 단체인 공공서비스조직위원회(Communities Organized for Public Service, COPS), 텍사스 서부와 남부에서의 민중지지를 얻기 위해 텍사스에 설립.
1978	캘리포니아 대학교 이사회 대 바키(University of California Regents v. Bakke) 사례, 소수집단우대정책이 역차별을 야기할 경우 제한이 부과된다고 판결.
1979	아나스타시오 소모사(Anastasio Somoza) 니카라과 독재 정권 전복을 계기로 중미 전 지역에서 시민전쟁이 발발. 미국으로의 대규모 이주 시작.
1980	마리엘리토(Marielitos) 발생, 약 12만 5,000명의 사람들에게 쿠바를 떠나도록 마리엘 항구를 개방해 대부분 미국으로 이주.
1986	「63조 개정 기획안(Initiative Proposition 63)」 통과. 본토 주민 조직들의 지지에 힘입어 영어가 캘리포니아 주의 공용어가 됨. 「이민 개혁 및 규제법(Immigration Reform and Control Act)」에 따라 불법 체류자 라티노에게 사면권을 부여함.
1992	「엘살바도르 평화 협정(The Salvadoran Peace Accords)」 체결로 내전이 종식되고 선거 구조가 정립됨.
1993	세사르 차베스(César Chávez) 전국 농장 노동자연합 회장, 애리조나 주 유마에서 사망.
1994	「북미자유무역협정(NAFTA)」 시행. 멕시코시티와 미국으로 대규모 농민 이주로 멕시코의 민영화와 자영 자급농장의 쇠퇴가 가속화됨.

「187조 개정안(Proposition 187)」, 불법 이민자에게 사회복지 및 의료·공공서비스를 제공하지 않는다는 내용으로 캘리포니아에서 압도적 다수표를 획득하며 통과.

1996   멕시코계 미국인 미겔 콘트레라스가 로스앤젤레스 노동자협회의 재무국장(executive secretary - treasurer of the Los Angeles Federation of Labor)으로 선출됨.

1998   「22조 개정안(Proposition 22)」, 압도적 다수표를 획득하며 통과. 캘리포니아 공립학교에서 이중언어 교육과정이 없어짐.

2000   푸에르토리코 비에케스 섬에서 미 해군 포탄 훈련에 반대하는 시위대 체포 및 가혹행위 발생.

2004   『경계 / 프론테라: 새로운 메스티사(Borderlands / La Frontera: The New Mestiza)』(1987)의 작가 글로리아 안살두아(Gloria Anzaldúa) 암으로 사망.

2005   안토니오 비야라이고사(Antonio Villaraigosa), 로스앤젤레스 시장으로 취임. 미국 통치 사상 최초의 멕시코계 미국인 시장이 됨.

2006   전국적으로 수백만 명이 「이민개혁법(H.R.4437)」 반대 시위에 참가.

2007   미국 내 거주하는 라티노 인구가 4,270만 명으로 가장 큰 소수집단이 됨. 이는 1,300만 명 증가한 수치임(자연증가 800만 명, 이주민 500만 명). 라티노의 수감자 숫자는 백인보다 3.3배 많음(살인죄 수감자는 4.2배, 마약 중죄 수감자는 5.8배).

2009   소니아 소토마요르(Sonia Sotomayor)가 첫 여성 라티노 대법관에 임명.

2012   현재 라티노 인구수는 5,000만 이상임.

SNUILAS
서울대학교 라틴아메리카연구소

서울대학교 라틴아메리카연구소(SNUILAS)는 1989년 스페인중남미연구소로 발족하여 2008년 확대 재편된 국내 라틴아메리카 연구의 산실이다. 라틴아메리카의 33개 독립국과 1개 준독립국, 인구 약 5억 5,000만 명의 광대한 지역을 연구대상으로 하는 서라연은 총서, 학술지, 웹진, 이슈 등을 발간하고 있으며, 다양한 분과학문 출신의 연구진이 학제적 연구를 통해 지식의 식민성 극복과 학문의 대중적 소통을 지향하고 있다.

옮긴이

강성식, 서울대학교 서어서문학과
성유진, 서울대학교 서어서문학과 대학원
박은영, 서울대학교 서어서문학과 대학원
이은아, 서울대학교 라틴아메리카연구소
김현균, 서울대학교 서어서문학과
최수진, 서울대학교 국제대학원
정지현, 서울대학교 서어서문학과 대학원
신찬용, 전북대학교 스페인·중남미어문학과

한울아카데미 1562

라티노/라티나: 혼성문화의 빛과 그림자

ⓒ 서울대학교 라틴아메리카연구소, 2013

엮은이 | 김현균·이은아
펴낸이 | 김종수
펴낸곳 | 도서출판 한울
편집책임 | 염정원
편집 | 조수임

초판 1쇄 인쇄 | 2013년 6월 20일
초판 1쇄 발행 | 2013년 6월 28일

주소 | 413-756 경기도 파주시 파주출판도시 광인사길 153
한울시소빌딩 3층
전화 | 031-955-0655
팩스 | 031-955-0656
홈페이지 | www.hanulbooks.co.kr
등록번호 | 제406-2003-000051호

Printed in Korea.
ISBN 978-89-460-5562-9 93950

* 책값은 겉표지에 있습니다.